BIBLIOTHÈQUE

FRANÇAISE.

ABRÉGÉ

DE

L'HISTOIRE GÉNÉRALE

DES VOYAGES;

PAR J.-F. LAHARPE.

TOME TREIZIÈME.

PARIS,

MÉNARD ET DESENNE, FILS.

1825.

ABRÉGÉ

DE

L'HISTOIRE GÉNÉRALE

DES VOYAGES.

TROISIÈME PARTIE.

AMÉRIQUE.

LIVRE PREMIER.

PREMIÈRES DÉCOUVERTES ET PREMIERS ÉTA-
BLISSEMENS DES ESPAGNOLS DANS LE NOU-
VEAU-MONDE.

CHAPITRE II.

Nouvelles découvertes et nouveaux crimes. Vasco
Nugnez de Balboa, Las-Casas.

L'ÎLE d'Espagnola n'avait pas cessé, depuis
plus d'un an, d'être en proie à de nouvelles
guerres, qui s'étaient terminées par le massacre d'une infinité d'insulaires, et par le supplice

de Cotubama, le dernier de leurs souverains.
Il fut pendu à San-Domingo : ses sujets, pressés de toutes parts, furent réduits à de si
cruelles extrémités, qu'étant blessés à mort,
ils s'enfonçaient de rage leurs flèches dans le
corps, les retiraient, les prenaient avec les
dents, et les mettaient en morceaux, qu'ils
jetaient aux chrétiens. D'autres ayant été faits
prisonniers, et se voyant forcés par leurs vainqueurs de courir devant eux pour leur montrer les chemins, se précipitaient volontairement sur les pointes des rochers. Le succès des
armes castillanes, et la nouvelle de la mort
d'Isabelle, mirent le comble à l'infortune de
ces misérables Américains. Le salaire même
qu'un ordre de cette princesse leur faisait accorder pour leurs services, et qui était d'une
demi-piastre chaque mois, parut une charge
trop pesante. Il fut retranché tout-à-fait, et
tous ces malheureux furent condamnés au travail, sans distinction d'âge, de sexe ou de
rang, et sans autre obligation pour ceux qui
les employaient que de les instruire des principes du christianisme. Mais les soins d'Ovando
se portaient sur la recherche de l'or. Il en faisait quatre fontes chaque année, deux à Buéna-
Ventura, pour les vieilles et les nouvelles mines
de Saint-Christophe, et deux à la Conception
de Vega, pour les mines de Cibao. Dans la
première de ces deux villes, chaque fonte four-
nissait de cent dix à cent vingt mille marcs.
Celles de la Conception donnaient ordinaire-

ment cent vingt ou cent trente, et quelquefois cent quarante mille marcs; prodigieuses sommes dont la renommée fit tant de bruit en Espagne, que bientôt il ne se trouva plus assez de navires pour le passage de ceux qui s'empressaient d'aller partager tant de trésors. Mais il ne fut pas long-temps nécessaire de passer la mer. La plupart des seigneurs et des ministres demandèrent des départemens dans Espagnola, et n'eurent pas de peine à les obtenir. Ils y établirent des agens qui eurent à pousser tout à la fois leurs intérêts et ceux de leurs maîtres. Les insulaires en devinrent les victimes. On les ménagea d'autant moins, que ceux qui succombaient sous le poids du travail étaient aussitôt remplacés, en vertu des provisions de la cour. Le gouverneur général n'osant rien refuser à ces impitoyables maîtres, et moins encore châtier leur cruauté, on ne peut imaginer sans horreur combien de malheureux furent sacrifiés en peu de mois à l'avidité des grands et de leurs émissaires.

Jusqu'alors on n'avait fait passer dans l'île qu'un fort petit nombre de femmes castillanes, et la plupart des nouveaux habitans s'étaient attachés à des filles du pays, dont les plus qualifiées avaient été le partage des gentilshommes; mais les unes et les autres n'avaient pas le titre de femmes, et plusieurs même de leurs amans étaient mariés en Castille. Ovando ne trouva pas d'autre expédient, pour remédier à ce désordre, que de chasser de l'île ceux qui, étant mariés, refusèrent de faire venir leurs femmes, et d'obliger les autres, sous la même peine, d'épouser leurs maîtresses ou de s'en défaire. Comme ceux-ci embrassèrent presque tous le premier de ces deux partis, on peut dire que les trois quarts des Espagnols qui composent aujourd'hui cette colonie, sont descendus de ces anciens mariages. En 1507, il n'y restait déjà plus que soixante mille indigènes, c'est-à-dire la vingtième partie de ce qu'on y en avait trouvé dans l'origine de l'établissement. Ce nombre ne suffisant point pour tous les services auxquels ils étaient employés, Ovando résolut d'y transporter les habitans des îles Lucayes, qui avaient été découvertes dans le premier voyage de Christophe Colomb. Il fit goûter cette proposition à la cour, sous prétexte de procurer les lumières de la religion à des peuples auxquels on ne pouvait fournir un assez grand nombre de missionnaires, et Ferdinand donna dans le piége. La permission ne fut pas plus tôt publiée, que plusieurs particuliers, ayant équipé des bâtimens à leurs frais pour aller faire des recrues aux Lucayes, mirent toutes sortes de fourberies pour engager ces insulaires à les suivre. La plupart les assurèrent qu'ils venaient d'une région délicieuse où étaient les âmes des premiers parens des Américains, qui les invitaient à venir partager leur bonheur. Ces artifices en séduisirent plus de quarante mille; mais, lorsqu'en arrivant à Espagnola, ils reconnurent qu'on les avait trompés, le chagrin en fit périr un grand nombre, et d'autres formèrent des entreprises incroyables pour se dérober à leurs tyrans. Un navire espagnol en rencontra plusieurs à cinquante lieues en mer, sur un tronc d'arbre autour duquel ils avaient attachés des calebasses remplies d'eau douce. Ils touchaient presqu'à leur île, mais on ne manqua pas de les faire rentrer dans l'esclavage. La violence qui fut employée après la ruse rendit en peu d'années les Lucayes absolument désertes.

Jean Ponce, qui commandait à Salvaléon, ville nouvelle d'Espagnola, qu'Ovando avait fait bâtir sur le bord de la mer, à vingt-huit lieues de San-Domingo, ayant appris de quelques Américains qu'il y avait beaucoup d'or dans l'île de Boriquen, que Christophe Colomb avait nommé *Saint-Jean*, et qui a pris ensuite le nom de *Portoric*, obtint du gouverneur général la permission de la visiter. Il se mit dans une caravelle, que ses guides firent aborder sur la côte d'une terre dont le seigneur, nommé *Agueynaba*, était le plus riche et le plus puissant de l'île ; il y fut reçu avec la plus sainte preuve de l'amitié des Américains, qui consistait à prendre le nom de ceux qu'ils voulaient honorer singulièrement. Ainsi le cacique se fit nommer, dès le premier jour, *Jean Ponce Agueynaba*. Il conduisit son hôte dans toutes les parties de l'île, et sur les bords des deux rivières nommées *Manatuabon* et *Cabuco*, dont le sable était mêlé de beaucoup d'or.

Ponce en fit faire des épreuves, et se hâta de porter cette heureuse nouvelle au gouverneur. Une partie de ses gens qu'il avait laissée dans l'île y fut si bien traitée dans son absence, qu'également attiré par la richesse du pays et par l'humanité des habitans, il y revint pour former une colonie. L'île est éloignée de douze ou quinze lieues de la pointe occidentale d'Espagnola. Elle a quelques ports d'une bonté médiocre, à l'exception de celui qui fut nommé *Puerto Rico*, d'où s'est formé *Portoric*; sa longueur est d'environ quarante lieues sur quinze ou seize de largeur, et son circuit de cent vingt : elle est située entre le 19ᵉ. et le 18ᵉ. degré de latitude nord.

La même année apporta des changemens qui rendirent à la réputation de Colomb un éclat qu'elle semblait avoir perdu depuis la mort d'Isabelle. Don Diègue Colomb, l'aîné des deux fils de l'amiral, avait poursuivi avec chaleur les droits qu'il avait hérités de son père. Les plus fortes oppositions étaient venues du roi même; mais, après avoir long-temps essuyé les lenteurs de ce prince, il avait obtenu enfin la permission de recourir aux voies communes de la justice. Un mémoire composé de quarante-deux articles, qui ne contenaient que les anciennes conventions du roi et de la reine avec l'amiral, avait fait ouvrir les yeux au conseil. Après une exacte discussion, on avait reconnu la justice d'une demande si bien établie, et le jeune Colomb avait gagné son procès d'une seule voix. Cependant il aurait eu peine à vaincre l'irrésolution du roi, s'il n'eût trouvé dans une alliance fort honorable des secours qui lui firent surmonter tous les obstacles. Il épousa Marie de Tolède, fille de Ferdinand de Tolède, grand commandeur de Léon, grand veneur de Castille, frère du duc d'Albe, et cousin-germain du roi catholique, dont le duc d'Albe était d'ailleurs fort aimé. Le premier effet de ce mariage fut de porter les deux frères à solliciter fortement, l'un en faveur de son neveu, et l'autre pour son gendre. Ovando fut révoqué, et don Diègue fut nommé pour le remplacer, mais avec le simple titre de gouverneur général, quoiqu'en faveur d'une alliance qui l'approchait de la maison royale, on le trouve souvent honoré de la qualité de vice-roi, et dona Maria de Tolède, son épouse, de celle de vice-reine.

Il paraît que la disgrâce d'Ovando ne vint pas seulement du crédit de la maison de Tolède, et que la reine Isabelle, pour assurer la punition du massacre de Xaragua, dont elle avait toujours parlé avec horreur, avait prié Ferdinand de rappeler un officier qui avait répondu si mal à sa confiance. Il ne paraît pas pourtant qu'il joignît l'avarice à la cruauté, s'il est vrai, comme on le rapporte, qu'en partant pour l'Espagne, il fut obligé d'emprunter cinq cents écus d'or pour les frais de son voyage.

Le roi, qui avait conçu de trop grandes espérances des nouvelles découvertes de Christophe Colomb pour ne pas s'assurer la possession de tant de riches contrées, résolut d'y établir sa puissance sur des fondemens solides. Alphonse d'Ojéda, dont la hardiesse et le courage étaient célèbres, lui parut propre à cette entreprise, mais les courses et les aventures d'Ojéda ne l'avaient point enrichi. Loin de pouvoir fournir aux frais d'un armement considérable, il luttait alors contre sa mauvaise fortune dans Espagnola, d'où il ne paraît pas qu'il fût sorti depuis le second voyage qu'il avait fait avec Améric Vespuce. Jean de la Cosa, qui estimait son caractère, apprenant l'obstacle qui pouvait faire renoncer à ses services, offrit non-seulement de lui porter les ordres et les instructions de la cour, mais de l'aider de son bien pour une dépense dont le roi ne voulait pas se charger. Le ministre des Indes accepta cette proposition ; mais, dans le même temps, un gentilhomme fort riche, nommé *Diégo de Nicuessa*, qui s'était fait connaître avantageusement à la cour, arriva d'Espagnola, chargé d'une commission qui regardait cette colonie. Instruit de ce qui se ménageait en faveur d'Ojéda, il demanda que l'entreprise fût partagée entre eux, et son crédit le fit écouter. On forma deux provinces de cette partie du continent où l'on voulait s'établir ; on en régla les limites, et les provisions de deux gouverneurs furent expédiées. Le partage d'Ojéda fut tout l'espace qui est

depuis le cap de Veda, auquel il avait donné
le nom, jusqu'à la moitié du golfe d'Uraba,
et ce pays fut nommé *la Nouvelle Andalousie.*
Nicuessa obtint ce qui est depuis le même
golfe jusqu'au cap Gracias à Dios, et cette
province reçut le nom de *Castille d'Or.* Jean
de la Cosa fut créé sergent-major et lieutenant-
général du gouvernement d'Ojéda, avec droit
de survivance pour son fils. On abandonna
aussi la Jamaïque en commun aux deux gou-
vernemens pour en tirer des vivres et d'autres
secours.

Don Diègue avait reçu ordre, à son départ
d'Espagne, de faire un établissement dans l'île
de Cubagua, qu'on appelait communément
l'île des Perles. Plusieurs habitans s'offrirent
pour cette entreprise, surtout ceux qui avaient
à leur service des esclaves lucayes. Ces infor-
tunés avaient une facilité extraordinaire à demeurer long-temps sous l'eau, et l'expérience
avait appris qu'ils étaient moins propres au
travail des mines. L'amiral profita de cette
connaissance ; et, pendant plusieurs années,
il se fit dans cette île des fortunes immenses
par la pêche des perles. Herréra fait monter
le seul quint de la couronne à quinze mille
ducats ; mais bientôt les plongeurs, qui furent
peu ménagés, périrent presque tous, et les
perles disparurent en même temps des côtes
de l'île. Elle est éloignée d'Espagnola de plus
de trois cents lieues : sa situation est au 10e
degré de latitude nord. Comme la terre en est

sèche et stérile, sans eau douce et sans autres plantes que quelques gaïacs et des broussailles, elle fut bientôt abandonnée de ses nouveaux habitans, qui passèrent à la Marguerite. Ils ne regrettèrent qu'une jolie ville qu'ils avaient bâtie dans un excellent port sous le nom de *Nouvelle-Cadix*, et une fontaine odoriférante, dont l'eau passe pour médicinale, et surnage sur celle de la mer. Les insulaires naturels avaient le corps peint, et vivaient des huîtres dont ils tiraient les perles. On remarqua que les pourceaux qu'on avait apportés de Castille, et qui multiplièrent beaucoup, prirent une forme qui les faisait méconnaître : leurs ongles, s'il en faut croire l'historien, s'allongèrent d'un demi-pied en hauteur.

Dans le cours de la même année 1508, l'établissement de Portoric, dont Jean Ponce avait jeté les fondemens sous les auspices de la paix, fut achevé par la violence. Agueynaba était mort ; et son frère, qui lui avait succédé, n'avait pas hérité de son affection pour les Espagnols. Ponce commença par bâtir une bourgade, et voulut faire ensuite des départemens à l'exemple d'Espagnola ; mais il reconnut qu'il s'était trop flatté en croyant pouvoir disposer des insulaires comme d'un peuple conquis. Si la réputation des Espagnols, qu'ils regardaient encore comme autant de dieux descendus du ciel, leur avait d'abord imposé, ils n'eurent pas plus tôt senti la pesanteur du joug, qu'ils cherchèrent les moyens de s'en délivrer :

ils s'assemblèrent, et le premier objet de leurs délibérations fut de s'éclaircir sur l'immortalité de ces cruels étrangers. Un cacique, nommé *Brayau*, fut chargé de cette commission. Les Espagnols étant accoutumés, dans leurs courses, à se loger familièrement chez les insulaires, un jeune homme, nommé *Salcedo*, passa chez Brayau, qui le reçut avec de grandes apparences d'amitié. Après s'être reposé quelques jours, il prit congé de son hôte, qui, le voyant chargé d'un paquet, l'obligea de prendre quelques habitans pour le porter et pour l'aider lui-même dans quelques passages difficiles. Salcedo arriva au bord d'une rivière qu'il fallait traverser. Un de ses guides, chargé des ordres secrets du cacique, se présenta pour le charger sur ses épaules; et lorsqu'il fut au milieu de la rivière, il le laissa tomber. Les Américains qui le suivaient se joignirent à lui pour tenir long-temps l'Espagnol au fond de l'eau; et le voyant enfin sans aucune marque de vie, ils tirèrent le corps sur la rive. Cependant, comme ils ne pouvaient encore se persuader qu'il fût mort, ils lui firent des excuses de lui avoir laissé avaler tant d'eau, en protestant que sa chute les avait beaucoup affligés, et qu'ils n'avaient pu faire plus de diligence pour le secourir. Leurs discours étaient accompagnés des plus grandes marques de douleur, pendant lesquels ils ne cessaient point de retourner le cadavre, et d'observer s'il donnait quelque signes de vie. Cette comédie dura trois jours, c'est-à-dire jusqu'à ce qu'ils furent rassurés par la puanteur qui commençait à s'exhaler du corps. Brayau, qu'ils informèrent aussitôt de leur découverte, ne voulut s'en rapporter qu'à ses yeux. Il fit son rapport aux autres caciques ; et, se désabusant tous ensemble de la prétendue immortalité de leurs tyrans, ils prirent la résolution de s'en défaire à quelque prix que ce fut. Leur entreprise fut conduite avec beaucoup de secret ; et les Castillans étant sans défiance, ils en massacrèrent une centaine avant que les autres eussent ouvert les yeux sur le danger. Un officier, nommé *Sotomayor*, fut enveloppé dans ce nombre. Il avait eu, dans son département, le frère d'Agueynaba ; et, quoique averti par la sœur de ce cacique dont il était aimé, il négligea ses avis et ceux d'un Castillan qui savait assez la langue pour avoir compris que les Américains chantaient déjà sa mort avant qu'il fût assassiné.

Ponce, alarmé pour lui-même, rassembla aussitôt tout ce qui restait de Castillans dans l'île ; et pressant les Américains dans leurs retraites, malgré l'arrivée des Caraïbes qu'ils appelèrent à leur secours, il en tira une vengeance qui leur ôta pour jamais l'espérance de rentrer en liberté. Tous ses gens étaient d'anciens soldats exercés à combattre les sauvages dans les guerres d'Espagnola ; mais aucun d'eux ne contribua plus à la victoire qu'un grand chien dont l'histoire fait un éloge singulier, et dont le nom mérite bien de figurer parmi de tels héros : il s'appelait *Bezerrillo* (1). Cependant l'île n'aurait pas été facilement subjuguée, si les habitans, qui virent leurs ennemis se multiplier de jour en jour par les secours qu'ils recevaient d'Espagnola , n'avaient eu la simplicité de se persuader que ces nouveaux Castillans étaient ceux mêmes qu'ils avaient tués , qui ressuscitaient pour combattre. Dans cette idée, qui leur fit regarder la résistance comme une folie , s'étant abandonnés à la discrétion de leurs vainqueurs, ils furent employés au travail des mines , où ils périrent presque tous.

La Jamaïque fut mise la même année sous le joug. L'amiral don Diègue Colomb y envoya Jean d'Esquibel, avec un corps de troupes, et l'ordre d'y faire un établissement en son nom.

Cependant Alphonse d'Ojéda était parti pour la conquête du Darien ; et l'on remarque que le fameux François Pizarre, qui fut depuis le

(1) Les historiens assurent qu'il savait distinguer les Américains ennemis et ceux qui vivaient en paix ; aussi redoutaient-ils plus dix Castillans avec ce chien que cent Castillans sans lui ; avant la guerre ils lui donnaient, pour l'apaiser , la même portion qu'à un arbalétrier, non-seulement en vivres, mais en or, en esclaves et autres choses que son maître recevait ; entre plusieurs preuves de discernement de cet animal, on rapporte que les Castillans ayant un jour résolu de faire dévorer une vieille Américaine qui leur déplaisait , ils la chargèrent d'une lettre qu'elle devait porter à quelque distance , et lorsqu'ils la virent sortir, ils lâchèrent Bezerrillo. Cette femme , le voyant accourir avec fureur , prit une posture suppliante , lui montra la lettre , et lui dit : « Seigneur « chien , je vais porter cette lettre à des chrétiens ; ne me « faites pas de mal. » A ces mots le chien s'adoucit, la flaira, leva la jambe , pissa contre elle , et revint sans lui nuire.

conquérant du Pérou, était de cette expédition, et que Fernand Cortez, qui devait en être, fut retenu par une maladie. L'escadre arriva au port que Rodrigue Bastidas avait découvert en 1501, et qu'il avait nommé *Carthagène*. Les Espagnols n'y avaient encore aucun établissement : ils savaient que les habitans du pays étaient de haute taille, extrêmement braves ; qu'ils avaient l'usage d'empoisonner leurs flèches, et que les femmes n'y excellaient pas moins que les hommes à tirer de l'arc et à lancer la zagaie. Christophe Guerra et d'autres Espagnols, qui avaient visité cette côte depuis Bastidas, les avaient peu ménagés ; et, pour s'établir dans leur pays, il fallait se préparer à la guerre : la Cosa, qui craignait leurs flèches venimeuses, était d'avis d'abandonner leurs côtes, et de passer dans le golfe d'Uraba, dont les habitans étaient moins féroces ; mais Ojéda, se fiant à son courage et au bonheur qu'il avait eu dans toutes ses expéditions de ne recevoir aucune blessure, rejeta ce conseil timide, et prit le parti d'attaquer les Américains, qui se disposaient à l'investir : il en tua un grand nombre. Quelques prisonniers qu'il força de lui servir de guides le conduisirent à la vue de leurs habitations. Les fugitifs s'étaient ralliés dans un champ voisin, et parurent prêts à soutenir une seconde attaque : leurs armes étaient des boucliers et des épées d'un bois très-dur, des arcs et des flèches garnies de pointes d'os fort aiguës, et des zagaies qu'ils lançaient fort habilement ; mais au signal de l'intrépide Ojéda qui fit retentir le nom de *Saint-Jacques* avec un cri terrible, les Castillans se firent jour au travers de ces barbares, et couvrirent en un moment la terre de morts ; le reste de leurs ennemis se sauva par la fuite, à la réserve de huit qui, n'ayant pu joindre les autres, se retirèrent dans une de leurs cabanes ; et se défendirent si vivement à coups de flèches, que les Castillans n'en osaient approcher. Ojéda leur reprochant d'être arrêtés par huit hommes nus, un d'entre eux s'élança, tête baissée, au travers des dards et des flèches, et touchait déjà au seuil de la maison, lorsqu'il fut frappé, au milieu du sein, d'un coup de flèche qui le fit tomber mort. Ojéda, furieux de la perte d'un si brave homme, fit mettre le feu de plusieurs côtés à la maison, qui fut consumée en un instant avec les huit guerriers : soixante prisonniers qu'on avait enlevés dans le combat furent envoyés aux vaisseaux ; et, pendant le reste du jour, on continua de faire main-basse sur tous les Américains qu'on put découvrir.. Le lendemain, Ojéda s'étant saisi de la bourgade d'Yurbaco, n'y trouva que des maisons nues et désertes ; tous les habitans s'étaient retirés dans les montagnes avec leurs familles et tous leurs biens : ces apparences de consternation portèrent trop facilement les vainqueurs à se disperser ; les habitans, qui les observaient de leur retraite, jugeant que dans cette séparation ils auraient peine à se rassembler, fondirent sur eux de divers côtés avec des cris épouvantables. La Cosa fut un des premiers qui furent surpris dans des cabanes où ils étaient à se reposer : il se défendit vaillamment jusqu'à ce qu'ayant vu tomber la plupart de ses gens, et sentant lui-même la force du venin dans une infinité de blessures qu'il avait reçues des flèches américaines, il dit à un brave Castillan qui se trouvait près de lui, et qui n'avait point encore été blessé : « Sauvez-vous, s'il se peut ; » Dieu vous a conservé pour rendre compte » de notre malheur au commandant. » Ce soldat fut le seul en effet qui eut le bonheur d'échapper à la fureur des ennemis.

Ojéda ne fut pas moins maltraité. Après avoir perdu tous ses gens dans un enclos où ils avaient été percés de flèches, il ne dut la vie lui-même qu'à son agilité, qui le fit passer comme un éclair au milieu des ennemis ; il se sauva dans l'épaisseur des bois et des montagnes, sans autre guide que le hasard, et courant toujours vers la mer. Les Castillans de l'escadre, surpris de ne pas recevoir de ses nouvelles, visitèrent la côte dans leurs barques, et le trouvèrent à peu de distance du rivage, sous des mangles fort épais, où il s'était retiré l'épée à la main, et son bouclier percé de trois cents coups de flèches. La fatigue, la douleur et la faim l'avaient tellement affaibli, qu'il fut long-temps sans pouvoir prononcer un seul mot : il ne fut rappelé à la vie qu'à force de soins, et par la force naturelle de sa constitution. Cette défaite avait coûté soixante et dix hommes aux Castillans ; c'était pour eux une perte considérable. Pendant qu'Ojéda s'abandonnait au regret d'avoir perdu tant de braves gens, surtout la Cosa, qu'il regardait comme le meilleur de ses amis, et dont il se reprochait amèrement d'avoir négligé les conseils, il aperçut au large plusieurs navires qui cherchaient à s'approcher de la côte ; c'était Nicuessa, dont l'arrivée imprévue lui causa d'autres inquiétudes. Les différens qu'il avait eus avec lui dans Espagnola lui firent appréhender que ce nouvel ennemi ne saisît l'occasion de se venger ; il pria ses gens de le laisser seul, et d'aller au-devant des vaisseaux qui paraissaient. Nicuessa ne fut pas peu surpris des tristes informations qu'il reçut ; mais, jugeant des alarmes d'Ojéda par les précautions avec lesquelles il entendait parler de lui, il protesta fort noblement qu'il s'en croyait offensé, et que, respectant l'infortune de son rival, il voulait oublier leurs anciennes querelles pour l'assister de toutes ses forces, et venger avec lui le sang espagnol indignement répandu par des barbares. Ojéda, qui fut instruit de cette déclaration, y prit confiance avec la même noblesse. On débarqua quatre cents hommes des deux escadres ; les deux gouverneurs se mirent à leur tête ; on marcha vers le village d'Yurbaco, où l'on ne douta point que l'orgueil de la victoire n'eût rassemblé les Américains, et l'ordre fut donné de les traiter sans pitié.

Ils y étaient dans une profonde sécurité, lorsque les cris d'une sorte de perroquets rouges, d'une grosseur extraordinaire, qu'ils appelaient *guacamayas*, et que nous avons nommés *aras*, les avertirent que leurs ennemis pensaient à la vengeance; mais l'attaque fut si brusque, que ceux qui n'avaient pas profité de cet avis pour prendre la fuite, furent passés au fil de l'épée, ou tués à coups d'arquebuses. Les vainqueurs mirent le feu à toutes les parties de l'habitation; ils attendaient au passage le reste de ces malheureux échappés à leur première furie, et que l'impétuosisé des flammes forçait d'abandonner leurs retraites : le massacre fut si général, qu'on ne fit aucun prisonnier. Lorsqu'on ne vit plus d'ennemis, on se livra au pillage, et le butin fut considérable : Nicuessa eut pour sa part la valeur de vingt mille pistoles. Dans les recherches qu'on fit aux environs de la bourgade, on trouva sous un arbre le corps de la Cosa, monstrueusement enflé par la force du poison. Ce spectacle causa tant d'horreur aux Castillans, qu'ils n'osèrent passer la nuit dans un lieu si redoutable.

Après cette expédition, les deux chefs, unis désormais d'intérêt et d'amitié, se séparèrent pour suivre le cours de leur fortune. Nicuessa prit la route de Véragua, tandis qu'Ojéda, qui voulait prendre celle du golfe d'Uraba, fut arrêté par les vents contraires, dans une petite île voisine de la côte, où il enleva quelques habitans et de l'or. De là étant entré plus heureusement dans le golfe, il chercha iuutilement la rivière de Darien; et s'étant arrêté devant les montagnes qui sont à la pointe orientale du golfe d'Uraba, il y jeta les fondemens d'une ville qu'il nomma *Saint-Sébastien*, dans l'espérance que la protection de ce saint le garantirait des flèches empoisonnées. Cette colonie fut la seconde que les Castillans formèrent dans le continent. Celle de Véragua avait été la première.

Les habitans du pays étant des Cannibales auxquels il était difficile de résister avec si peu de forces, Ojéda prit le parti d'envoyer un de ses navires à Espagnola, avec son or et ses prisonniers, sous la conduite d'un officier nommé *Enciso*, auquel il recommanda de lui amener des hommes, des armes et des provisions. Ensuite il tourna tous ses soins à se retrancher dans un fort de bois contre les attaques des Américains. Mais les vivres lui ayant manqué, ses gens se virent forcés d'en chercher dans les campagnes et les habitations voisines. Ils y trouvèrent de toutes parts un grand nombre d'ennemis si peu traitables et si bien armés, qu'ils furent réduits à se tenir renfermés dans leurs retranchemens, où ils essuyèrent bientôt toutes les horreurs de la famine. Il en était déjà mort un grand nombre, et les autres s'attendaient au même sort, lorsqu'un bâtiment parti d'Espagnola vint mouiller à la vue de Saint-Sébastien. Il était commandé par Bernardin de Talavera, qui, s'étant échappé d'une prison où il était retenu pour ses crimes, avait trouvé le moyen de s'associer soixante-dix hommes, recherchés comme lui par la justice, et s'était saisi, avec leur secours, d'un navire génois qu'il avait rencontré au cap de Tiburon. Cette troupe de fugitifs avait mis à la voile sans aucune vue bien déterminée, et la Providence avait dirigé leur route vers Saint-Sébastien, dont les habitans étaient à la veille de mourir de faim. Le gouverneur acheta toutes les provisions du vaisseau ; et Talavera, qui n'avait pas de meilleur parti à prendre, s'engagea sous ses ordres avec toute sa troupe. Mais la distribution des vivres entre des gens affamés fit quantité de mécontens dont Ojéda eut beaucoup de peine à calmer les plaintes ; d'ailleurs il s'était flatté en vain que les Américains respecteraient ses nouvelles forces, et lui laisseraient quelque repos. Ils n'en parurent pas moins acharnés à la perte des Espagnols. Dans toutes les sorties de la garnison espagnole, ils s'étaient aperçus que le général leur tuait seul plus de monde que tous ses gens ensemble. L'espérance de défaire aisément le reste, s'ils pouvaient vaincre un ennemi si terrible, leur fit mettre quatre de leurs meilleurs archers en embuscade, avec ordre de ne tirer que sur lui. Ojéda sortit le premier du fort, et, dans l'ardeur qui le portait toujours à donner l'exemple, il s'avança vers un gros d'ennemis qui feignaient de fuir pour l'attirer dans le piége. Les quatres archers lui tirèrent plusieurs

coups dont l'un lui perça la cuisse. Il retourna
au fort avec d'autant plus d'inquiétude pour sa
vie, qu'il n'avait jamais vu couler son sang, et
que la flèche était empoisonnée. En effet, tous
ses gens s'attendaient à le voir mourir dans
une espèce de rage, comme il était arrivé à
tous ceux qui avaient reçu quelque blessure.
Mais son courage lui fit imaginer un remède
qui aurait épouvanté tout autre que lui. Il fit
rougir au feu deux plaques de cuivre, qu'il
donna ordre à son chirurgien de lui appliquer
aux deux ouvertures de la plaie. En vain le
chirurgien refusa d'obéir, dans la crainte d'a-
voir la mort de son général à se reprocher :
Ojéda jurant qu'il le ferait pendre, s'il tardait
à le satisfaire, il se rendit; et le malade soutint cette cruelle opération avec une constance
héroïque. Il avait reconnu que le venin des
flèches était froid au dernier degré. La chaleur du feu consuma toute l'humeur froide;
mais elle causa une si violente inflammation
dans la masse du sang, qu'il fallut employer
un tonneau entier de vinaigre à mouiller des
linges pour le rafraîchir.

Sa guérison ne servit qu'à le replonger dans
d'autres peines. On avait déjà vu la fin des vivres qu'il avait achetés de Talavera. Enciso ne
revenait point. La crainte de nouvelles extrémités qui paraissaient inévitables porta tous
les Castillans, non-seulement à demander leur
départ, mais à faire des complots secrets pour
se saisir des deux brigantins. Ojéda ne vit pas

d'autre remède au désordre que l'offre d'aller lui-même à Espagnola pour hâter le secours qu'il en attendait, et d'ajouter que, s'ils ne paraissaient point dans l'espace de cinquante jours, ils seraient dégagés de l'obéissance qu'ils lui avaient jurée. Cette proposition ayant satisfait les plus mutins, il s'embarqua sur le navire génois, après avoir nommé, pour commander dans son absence, François Pizarre, qui se formait, dans une si rude école, à toutes les grandes entreprises auxquelles il était destiné par la fortune.

Aussitôt que le vaisseau fut en mer, Ojéda se crut en devoir d'agir en maître. Talavera, qui ne lui avait pas vendu son bâtiment, et qui conservait le même empire sur son équipage, commença par le mettre aux fers ; mais sa captivité dura peu. Talavera et tous ses gens sentirent le besoin qu'ils avaient d'un tel chef, lorsque, après avoir été fort maltraités par la tempête, ils eurent échoué sur la côte de Cuba ; la nécessité de résister aux attaques des insulaires qui se présentaient sans cesse lui fit déférer le commandement.

Dans un pays qu'il ne connaissait point, il ne vit pas d'autre ressource que de se rapprocher de la Jamaïque, où il espérait pouvoir se rendre aisément avec quelques canots qu'il comptait enlever aux Américains ; il suivit les côtes pendant l'espace de cent lieues, et le détail de ses peines est incroyable dans le récit des historiens. Un marais fort humide, qu'il rencontra au bout de cette marche, et dont il se flatta de trouver bientôt la fin, n'avait pas moins de trente lieues de longueur. Cependant, comme il s'y trouvait engagé, sans aucune apparence de pouvoir pénétrer dans les terres, au milieu d'une multitude innombrable d'ennemis, il continua cette route, souvent avec de l'eau jusqu'à la ceinture, manquant de vivres, n'ayant pour boire que de l'eau bourbeuse où il marchait, et trop heureux lorsqu'il pouvait rencontrer quelques mangliers pour s'y percher pendant la nuit. Enfin, réduit à trente-cinq hommes de plus du double qu'il avait en arrivant dans l'île, et si faible, qu'il avait peine à se traîner, il entra sur les terres d'un cacique dans lequel il trouva quelques sentimens de pitié : il obtint du temps et du secours pour rétablir ses forces. De là étant passé chez un autre cacique qui ne le reçut pas avec moins d'affection, et qui n'était éloigné que d'environ vingt lieues de la Jamaïque, il fit passer dans cette île un Castillan nommé *Pierre d'Ordas* pour aller demander du secours à Esquibel, quoique cet Espagnol fût son ennemi.

Ordas présenta au gouverneur de la Jamaïque une lettre de son général, qui le conjurait de ne le pas abandonner dans son infortune. Esquibel heureusement se piqua de générosité, et se hâta d'armer une caravelle qu'il fit partir sous les ordres de Pamphile de Narvaëz. Ce secours arriva heureusement à Cuba : et Narvaëz, qui rendait justice au mérite d'Ojéda, lui tendit la main avec autant de respect que d'amitié. Esquibel le reçut dans sa maison, et le fit servir avec les plus grands honneurs; après quelques jours de repos, il le fit conduire à Espagnola. Talavera n'eut pas la hardiesse de le suivre dans un lieu où il ne pouvait éviter le châtiment de ses crimes; mais, ayant demeuré trop long-temps à la Jamaïque, il n'y fut pas moins arrêté par l'ordre de l'amiral, et condamné au dernier supplice.

En arrivant à San-Domingo, Ojéda eut le chagrin d'apprendre qu'Enciso en était parti depuis long-temps pour conduire à Saint-Sébastien un grand convoi d'hommes et de vivres. Comme dans toute sa route il n'en avait appris aucune nouvelle, il ne douta point qu'il n'eût péri dans les flots, ou par les armes des Américains; et, loin de perdre courage, il se flatta que le secours de ses amis lui ferait bientôt réparer toutes ses pertes; mais son terme était arrivé : il mourut si pauvre, qu'on ne lui trouva pas de quoi le faire enterrer. Dans le peu de séjour qu'il avait fait à San-Domingo, il avait donné une nouvelle preuve de cette intrépidité qui l'avait rendu célèbre pendant toute sa vie. Il fut attaqué la nuit par plusieurs personnes qui croyaient avoir à lui reprocher la perte de leurs biens, et qui avaient juré d'en tirer vengeance. Loin d'être effrayé du nombre, il se jeta au milieu d'eux, comme il avait toujours fait dans les combats; et son épée seule, qu'il maniait avec une adresse surprenante, le délivra heureusement de tous ses ennemis. Jamais personne en effet ne fut plus propre pour un coup de main, et pour l'exécution des grandes entreprises qui ne demandent que du courage et de la fermeté. Jamais on n'eut le cœur plus haut ni plus de mépris pour la fortune ; mais il avait besoin d'être conduit : il manqua toujours de prudence et de bonheur.

D'un autre côté, les habitans de Saint-Sébastien ayant vu expirer les cinquante jours pendant lesquels ils avaient promis d'attendre leur gouverneur, pressèrent Pizarre de leur faire quitter un pays où il ne leur restait aucune assurance de s'établir ; mais, lorsqu'ils voulurent s'embarquer, les deux brigantins qu'ils avaient conservés se trouvèrent trop petits pour contenir soixante hommes, dont leur troupe était encore composée. Ils convinrent entre eux d'attendre que la misère et les flèches des ennemis eussent diminué ce nombre ; et ce qu'ils désiraient arriva plus tôt encore qu'ils ne l'avaient prévu. Alors ils tuèrent quatre chevaux, qu'ils avaient épargnés dans les plus grandes extrémités, parce que la seule vue de ces animaux épouvantait les Américains ; et les ayant salés pour leur unique provision, ils se partagèrent sur les deux bâtimens. Pizarre monta l'un, et donna le commandement de l'autre à un Flamand qui entendait fort bien la navigation ; mais ils n'étaient pas bien loin de la côte, lorsqu'un furieux coup de mer ouvrit le brigantin du Flamand, et l'ensevelit dans les flots à la vue de l'autre, sans qu'il fût possible d'en sauver un seul homme. Les vents ne cessant point d'être contraires, Pizarre se vit forcé de retourner au continent vers le port qui avait reçu le nom de *Carthagène*. En approchant du rivage, il découvrit en mer un navire et un brigantin : c'était Enciso qui revenait d'Espagnola avec cent cinquante hommes d'élite, et toutes les provisions nécessaires pour l'établissement d'une colonie. Comme il croyait encore Ojéda dans sa fortune, il ne douta point, à la vue de Pizarre et de sa troupe, qu'ils ne fussent des transfuges qui avaient abandonné leur général ; et Pizarre ne guérit ses soupçons qu'en lui montrant par écrit la commission qu'il avait reçue d'Ojéda : mais ils n'en furent pas plus disposés à s'accorder, lorsque Enciso eut déclaré qu'en vertu de leurs conventions avec le gouverneur, ils devaient retourner tous et l'attendre à Saint-Sébastien. Cette proposition les ayant fait frémir, ils le conjurèrent avec les dernières instances de ne les pas reconduire dans un lieu dont le seul nom devait leur faire horreur après ce qu'ils y avaient souffert ; et s'il ne voulait pas leur permettre de retourner à Espagnola, ils le priaient de consentir du moins qu'ils allassent joindre Nicuessa dans la Castille d'or. Enciso se garda bien de permettre que cette province fût peuplée aux dépens de la Nouvelle-Andalousie ; il employa les promesses et l'autorité pour les engager à le suivre ; mais ils ne furent pas long-temps sans voir toutes leurs craintes vérifiées. En entrant dans le golfe d'Uraba, le navire d'Enciso toucha si rudement contre la pointe orientale, qu'il fut brisé en un instant, et qu'on eut à peine le temps de sauver les hommes avec une fort petite partie des provisions : ainsi la colonie se trouva réduite en peu de jours à vivre de bourgeons de palmiers. Pour comble de disgrâce, les habitans avaient réduit en cendres la forteresse et toutes les maisons. Un assez grand nombre de porcs du pays, qui descendirent des montagnes, furent pendant quelques jours une ressource pour les Castillans ; mais lorsqu'elle fut épuisée, il ne leur resta plus d'espérance que dans la guerre. Enciso partit pour chercher des vivres à la tête de cent hommes bien armés. Il n'alla pas loin : trois Américains l'arrêtèrent avec autant de gloire pour eux que de perte et d'humiliation pour les Espagnols ; ils eurent l'audace de venir à lui l'arc bandé ; et, tirant leurs flèches avec une vitesse étonnante, ils eurent vidé leurs carquois avant que leurs ennemis se fussent reconnus. Enciso, blessé comme la plupart de ses soldats, n'eut pas même la satisfaction d'arrêter ces trois braves qui s'enfuirent après lui avoir ôté le pouvoir d'avancer. Son retour, dans ce triste état, fut le sujet d'un nouveau désespoir pour la colonie : on ne parlait que d'abandonner cette fatale contrée, lorsqu'un

jeune homme de ceux qui étaient venus avec
Enciso proposa une ouverture qui rendit l'espérance aux plus abattus.

Il se nommait Vasco Nugnez de Balboa, et
cette occasion fut la première source du crédit et
de la réputation qui le conduisirent dans la suite
au plus haut degré de la gloire et de la fortune.
Chargé de dettes, et poursuivi par ses créanciers,
il avait trouvé le moyen de s'embarquer secrètement avec Enciso, en se faisant porter à bord
dans un tonneau ; il avait attendu, pour se faire
voir, que le vaisseau fût assez loin en mer ; et
Enciso, fort irrité de cette tromperie, l'avait
menacé de le dégrader dans la première île dé-
serte, parce que, suivant les lois que le gouverneur d'Espagnola avait portées en faveur
des créanciers, il méritait la mort ; mais adouci
par ses soumissions et par les instances de ceux
qui avaient demandé grâce pour lui, Enciso
s'était déterminé à lui pardonner.

Cet aventurier, âgé de trente-cinq ans, et
qui joignait à une belle figure beaucoup d'esprit, de vigueur et d'intrépidité, voyant manquer le courage à tous ses compagnons, et
cherchant à se distinguer par quelque service
important, leur dit que, dans le voyage qu'il
avait fait avec Bastidas, il avait pénétré jusqu'au
fond du golfe, et qu'il se souvenait d'y avoir
visité, à l'ouest d'une belle et grande rivière,
une bourgade abondante en vivres, dont les
habitans n'empoisonnaient point leurs flèches.
Ce récit fit renaître l'espérance des Castillans.

Il se hâtèrent de passer le golfe, dont la largeur n'est que de six lieues, et, trouvant la rivière telle que Balboa l'avait représentée, ils reconnurent que c'était celle du Darien; mais à leur arrivée ils aperçurent un corps d'environ cinq cents Américains, qui s'étaient rassemblés au pied d'une colline, et qui semblaient résolus de s'opposer à leur descente. Le témoignage de Balboa, qui les avait assurés que ces barbares n'empoisonnaient pas leurs flèches, ne leur ôtait pas un reste de défiance. Enciso leur fit jurer qu'ils mourraient plutôt que de fuir; après quoi il fit sonner la charge. Les Américains soutinrent le premier choc; mais, s'étant bientôt ébranlés, ils prirent la fuite avec beaucoup de confusion : les Castillans marchèrent vers la bourgade qu'ils trouvèrent abandonnée, mais remplie de vivres. Ils parcoururent tout le pays sans rencontrer un seul ennemi, et le butin qu'ils enlevèrent en bijoux d'or très-pur ne monta pas à moins de dix mille pesos.

Une si heureuse expédition, et l'abondance où l'on se trouva tout d'un coup, acquirent une nouvelle considération à Balboa. L'on jeta aussitôt les fondemens d'une ville, qui fut nommée *Sainte-Marie-l'ancienne de Darien*, parce qu'elle fut placée sur le bord de cette rivière. Il y a beaucoup d'apparence qu'Enciso ne fit pas réflexion qu'en transportant sa colonie sur la rive occidentale du Darien, il la tirait de la Nouvelle-Andalousie, qui était séparée de la

Castille d'or par ce fleuve. Balboa, après l'avoir adroitement engagé dans cette fausse démarche, eut soin de faire observer à ses partisans que la colonie n'était plus dans le gouvernement d'Ojéda, et que, par conséquent, Enciso, qui tenait son autorité de ce gouverneur, n'avait plus de droit au commandement. Ces insinuations avaient déjà remué les esprits, lorsque Enciso commit une autre faute en défendant la traite de l'or aux particuliers, sous peine de mort. On le soupçonna de vouloir profiter seul d'un si riche commerce, et l'indignation porta tout le monde à lui déclarer que, n'étant plus dans la Nouvelle-Andalousie, on ne reconnaissait plus sa juridiction. Les mécontens formèrent ensuite une nouvelle sorte d'administration, dont la principale autorité fut confiée à Balboa, avec deux autres officiers, qui furent Jean Sarmudio et François Valdivia. Cependant, comme ce changement ne fut pas universellement approuvé, il se forma trois partis, dont la division faillit de ruiner la colonie dans sa naissance. Les uns redemandaient Enciso, du moins jusqu'à ce que la cour leur donnât un gouverneur. D'autres voulaient qu'on fît appeler Nicuessa, et qu'on reconnût ses ordres, parce qu'on était dans son gouvernement. Enfin les amis de Balboa soutenaient leur élection, et ne croyaient digne de leur commander que celui dont ils faisaient profession de tenir la vie.

Pendant que la discorde augmentait de jour

en jour, on fut extrêmement surpris d'entendre dans le golfe le bruit de quelques pièces d'artillerie, et toutes les factions se réunirent pour y répondre. Bientôt on aperçut deux navires : ils étaient commandés par Rodrigue-Enriquez de Colmenarez, qui portait des provisions et soixante hommes à Nicuessa. Il avait d'abord été jeté par le vent au port de Sainte-Marie, éloigné d'environ cinquante lieues de celui de Carthagène; et tandis qu'il y faisait tranquillement de l'eau, un corps d'Américains qui étaient tombés sur ses gens avec leurs flèches empoisonnées lui en avait tué quarante-six; il en avait perdu sept autres, qui, s'étant dispersés dans leur fuite, n'avaient pu trouver le moyen de retourner à bord. Le chagrin de son infortune et la nécessité de se radouber l'avaient conduit au côté oriental du golfe, dans l'espérance d'y rencontrer Ojéda; mais, n'y ayant trouvé que des indices de sa mort, il avait pris la résolution de visiter toutes les parties du golfe, en tirant par intervalles et faisant allumer des feux qui pouvaient servir à rassembler les malheureux Castillans, s'il en était resté quelques-uns sur cette côte.

Son arrivée répandit une joie extrême dans la colonie; mais bientôt elle y fit succéder de nouveaux troubles. Comme son inquiétude était fort vive pour Nicuessa, qui était son intime ami, dont il n'apprenait aucune nouvelle, il prêta l'oreille aux désirs de ceux qui le demandaient pour gouverneur; et, se les étant attachés

par la facilité qu'il eut à leur donner des vivres,
il continua d'employer la même adresse pour
faire entrer les deux autres factions dans les intérêts de son ami. Il leur représenta d'ailleurs
l'avantage qui reviendrait à la colonie de joindre ses forces à celles de Nicuessa, qu'il supposait heureusement établi; et ce motif fit tant
d'impression sur ceux qui paraissaient encore
incertains, qu'ils s'accordèrent tous à le charger de cette commission.

Nicuessa était parti d'Espagnola vers la fin
de l'année précédente, avec cinq bâtimens de
différentes grandeurs, et chargés de toutes les
provisions qui convenaient à son entreprise :
une tempête les avait presque aussitôt dispersés. Lope d'Olano, son lieutenant, l'avait
quitté pendant la nuit, sous prétexte qu'il lui
était impossible de tenir la mer, et s'étant joint
au gros de l'escadre qui était entrée dans la
rivière de Châgre, il s'en était fait reconnaître
le chef, dans la fausse supposition que la caravelle du commandant avait été submergée; mais
n'ayant pu se garantir de la misère qui fit périr quantité de ses gens, il avait formé le dessein
de retourner à Espagnola.

Nicuessa, jeté seul sur une côte inconnue, y
perdit en effet sa caravelle, et se vit forcé de
chercher par terre Véragua, qui était le rendez-
vous général. Dans cette marche, un très-grand
nombre d'Espagnols périrent de misère ou par
les mains des sauvages; d'autres abandonnèrent
leur chef, sans suivre de route certaine, et souf-

frirent tous les tourmens de la faim, de la soif et de la chaleur. Enfin quatre matelots arrivèrent dans une chaloupe, à l'entrée de la rivière de Belem, où ils rencontrèrent Olano, qui avait différé jusqu'alors à mettre à la voile, et lui donnèrent avis que Nicuessa venait par terre le long du rivage. Olano crut l'occasion favorable pour rentrer en grâce ; il lui envoya sur-le-champ quelques provisions dans un brigantin : on n'alla pas loin sans le rencontrer, mais avec quelque joie qu'il dût recevoir un secours auquel il devait la vie, il demeura long-temps ferme dans la résolution qu'il avait prise de punir du dernier supplice la trahison de son lieutenant, qui avait coûté la vie à plus de quatre cents hommes. Cependant il lui fit grâce à la prière de ses gens, qui se jetèrent tous à ses pieds pour le fléchir ; mais il le retint prisonnier, dans la résolution de le renvoyer en Espagne.

Les Castillans tirèrent peu de fruit de leur réunion. Ils retombèrent bientôt dans tous les maux dont ils s'étaient crus délivrés, et la faim devint le plus pressant. Nicuessa leur permit de se répandre dans le pays, et d'employer la violence pour forcer les habitans à leur fournir des vivres ; mais ces peuples, qui étaient bien armés, se défendirent avec beaucoup de vigueur. Leur résistance ayant ôté toute ressource à leurs ennemis, on vit le besoin et le désespoir produire un effet qui était peut-être sans exemple. Trente Castillans ayant un jour trou-

vé le corps d'un Américain tué dans quelque
rencontre, et déjà presque en pourriture, le
mangèrent avidement, et moururent tous de
cet horrible festin. Enfin, Nicuessa désespérant de pouvoir s'établir au milieu d'un peuple
si peu docile, laissa une partie de ses gens dans
la rivière de Belem, sous les ordres d'Alphonse
Nugnez, et, conduit par un matelot qui avait
été du dernier voyage de Christophe Colomb, il
se rendit avec les autres à Porto-Bello. Il y
trouva le rivage couvert d'une multitude infinie d'Américains, qui, armés de zagaies, lui
tuèrent vingt hommes. Ce cruel accueil le mit
dans la nécessité d'avancer six ou sept lieues
plus loin, jusqu'au port qui avait reçu de Colomb le nom de *Bastimentos*. Il y jeta l'ancre,
en disant dans sa langue : *Arrétons-nous ici,
au nom de Dieu;* et, le trouvant commode
pour s'y établir, il y jeta aussitôt les fondemens
de la fameuse ville que cette circonstance a fait
nommer *Nombre de Dios*, nom de Dieu.

Les habitans ne s'opposèrent pas au travail ;
mais le pays n'offrait point d'alimens. Aussi la
famine y redevint-elle extrême, et les maladies,
qui s'y joignirent bientôt, enlevèrent les trois
quarts de la nouvelle colonie. Les autres étaient
si faibles, qu'ils ne pouvaient soutenir leurs
armes. Il fallait néanmoins presser l'ouvrage
pour se mettre en sûreté contre les sauvages,
dont on craignait à tous momens d'être attaqué. Le général s'empressa de donner l'exemple; mais il ne put éviter les murmures et les

malédictions de ses gens, à qui le désespoir
avait ôté le courage et la raison. Ceux qui
étaient restés sur le bord du Belem n'étaient
pas moins à plaindre. La faim les porta jusqu'à
manger des animaux venimeux : la plupart
moururent empoisonnés, et Nicuessa n'en eût
pas revu un seul, s'il ne se fût hâté d'emmener
le reste. Ensuite il fit partir une caravelle pour
aller demander du secours à Espagnola. Les
efforts qu'il fit dans l'intervalle pour se lier
avec les Américains, et pour en obtenir des vivres, furent toujours inutiles. On entreprit de
leur enlever ce qu'ils refusaient ; mais ils firent
une si furieuse défense, qu'ils forcèrent toujours les Castillans de se retirer avec perte.

Telle était la situation de Nicuessa lorsqu'il vit
arriver Colmenarez avec des propositions qui
pouvaient le dédommager de ses pertes, s'il eût
été capable d'en profiter ; mais ses malheurs l'a-
vaient aigri jusqu'à troubler un peu sa raison ,
et ce qui devait le conduire à la fortune ne servit qu'à précipiter sa ruine. Colmenarez, qui
lui portait une sincère affection , l'ayant trouvé
avec soixante hommes , tous dans le plus dé-
plorable état du monde, nu-pieds, maigres,
décharnés, leurs habits en lambeaux, fut quelque temps sans pouvoir s'expliquer autrement
que par ses larmes. Il lui apprit ensuite le sujet de son voyage, qui fut écouté avec des
transports de joie ; mais quelle fut la surprise
de ce généreux ami lorsque après lui avoir fait
une vive peinture des richesses qu'on avait

trouvées sur les bords du Darien, il l'entendit répondre, devant tous ceux qui venaient le reconnaître pour leur chef, que cette nouvelle ville ayant été bâtie sur son terrain, les fondateurs méritaient d'être punis, et qu'aussitôt qu'il y serait arrivé il ferait sentir sa colère aux coupables ! Un langage si déplacé fit une égale impression sur tout le monde ; mais, par une seconde imprudence qui mit le comble à la première, Nicuessa fit partir avant lui une caravelle pour le Darien, tandis que, dans l'espérance apparemment de trouver de l'or, il employa plusieurs jours à visiter quelques îles voisines. Ses députés portèrent la nouvelle de ses dispositions avec celle de son départ. Lorsqu'il parut à la vue du port, Balboa se présenta sur le rivage, et lui fit crier qu'il était le maître de retourner à Nombre de Dios, mais qu'on était résolu de ne le pas laisser descendre dans la province du Darien.

Une déclaration si peu attendue le jeta dans un étonnement qui lui ôta d'abord la force de répondre. Après avoir rappelé ses esprits, il représenta aux Castillans qui s'opposaient à sa descente qu'il était venu sur leur invitation, et qu'il ne pensait qu'à se rendre utile à la colonie par un sage gouvernement. Il demanda du moins la liberté de descendre et celle de s'expliquer. Il s'abaissa jusqu'à protester que, s'ils ne le jugeaient pas digne du commandement après l'avoir entendu, il consentait à se voir traité comme ils le jugeraient à propos.

On ne répondit à ce discours que par des railleries et des menaces. Comme il était fort tard, il prit le parti de jeter l'ancre, et de passer la nuit dans sa caravelle. Lorsque le jour parut, on lui fit dire qu'il pouvait débarquer ; mais au moment qu'il toucha la terre, il s'aperçut qu'on cherchait à se saisir de sa personne, et c'était en effet le dessein de ses ennemis. Il eut assez de légèreté pour leur échapper par la fuite, d'autant plus que Balboa empêcha qu'on le poursuivît. La crainte de tomber entre les mains des sauvages le fit sortir d'un bois où il s'était retiré, et s'étant approché de la colonie, il fit dire aux habitans que, s'ils ne voulaient pas le recevoir en qualité de gouverneur, il demandait d'être reçu du moins comme leur compagnon, ou d'être enchaîné, s'ils le désiraient, et qu'il aimait mieux mourir près d'eux dans les fers que de retourner à Nombre de Dios pour y périr par des flèches empoisonnées. Cette proposition ne servit qu'à lui attirer du mépris et de nouvelles injures. Cependant Balboa, qui regrettait de s'être opposé à sa réception, entreprit de faire revenir les esprits en sa faveur. Il fit même punir ceux qui l'avaient outragé, et, lui conseillant de rentrer dans sa caravelle, il lui recommanda de n'en point sortir, s'il ne le voyait lui-même au nombre de ceux qui pourraient l'inviter à descendre. De quelque source que fût parti ce conseil, le derniermalheur de Nicuessa vint de ne l'avoir pas suivi. Trois Castillans de la colonie, feignant de la chaleur pour ses intérêts, se rendirent à son bord, rejetèrent ce qui s'était passé sur l'emportement de quelques mutins, et l'assurèrent que tous les honnêtes gens le souhaitaient pour gouverneur. Il donna dans le piége malgré l'avis de Balboa. Ces trois traîtres, auxquels il ne fit pas difficulté de se fier, l'ayant livré à ses ennemis, il fut embarqué peu de jours après sur un méchant brigantin, avec dix-sept hommes, qui s'attachèrent volontairement à sa fortune. En vain prit-il le ciel à témoin de cette cruauté, et cita-t-il ses ennemis au jugement de Dieu et des hommes; on lui reprocha d'avoir fait périr une infinité de Castillans par son ambition ou sa mauvaise conduite; et les plus modérés furent ceux qui lui conseillèrent ironiquement d'aller rendre compte en Espagne des services qu'il avait rendus à la nation. Il mit à la voile sans qu'on ait jamais su dans quel lieu du monde sa mauvaise fortune l'avait conduit. Ce ne fut qu'en 1519 qu'on apprit par hasard qu'ayant été jeté par un naufrage dans de petites îles nommées les *Caimans*, au nord-ouest de la Jamaïque, et voulant passer à la terre-ferme du côté de l'Yucatan, il était tombé entre les mains d'un cacique qui le sacrifia aux idoles du pays, et qui fit un festin de sa chair.

Après son départ, Balboa se mit sans peine en possession de l'autorité. Il fit arrêter Enciso, après lui avoir reproché de vouloir usurper une place dont les provisions devaient venir du roi seul; il ne lui rendit la liberté, à la prière des principaux habitans de la colonie, qu'à condition qu'il s'embarquerait sur le premier vaisseau qu'on ferait partir pour la Castille ou pour Espagnola. Ensuite, pensant à se procurer des secours d'hommes et de munitions, il fit nommer pour cette commission Valdivia, son collègue et son ami, qui devait presser l'amiral au nom de tous les Castillans de la nouvelle fondation. D'un autre côté, il leur représenta qu'il convenait d'informer la cour de leur situation dans la province de Darien, et des richesses qu'ils se promettaient d'y découvrir; sur quoi Zamudio, son autre collègue, se laissa persuader de passer lui-même en Castille.

Les négociations dans Espagnola eurent tout le succès qu'il s'en était promis. Valdivia revint non-seulement avec des provisions et des hommes, mais avec des lettres de l'amiral, qui promettaient de plus puissans secours à la colonie. Dans l'intervalle, il était arrivé de nouveaux événemens qui avaient beaucoup relevé les espérances de Balboa; il se hâta d'en donner avis à l'amiral par le même député. Il s'était mis à la tête de cent cinquante hommes, avec lesquels il avait fait des courses dans tout le pays, jusqu'à Nombre de Dios, répandant la terreur de son nom parmi les Américains, et n'accordant son amitié qu'à ceux qui la recherchaient au prix de l'or. Cette expédition lui avait fait rassembler tant de richesses, que le quint du roi, dont Valdivia fut chargé pour le remettre au trésor royal de San-Domingo, montait à quinze cents pesos, c'est-à-dire trois cents marcs d'or.

La fortune l'avait traité encore avec plus de faveur en lui donnant les premiers indices de la plus grande et la plus heureuse de toutes les découvertes de l'Espagne. Un jour que le fils d'un cacique nommé *Comagre*, allié de la colonie, lui avait présenté beaucoup d'or, il s'éleva pour la répartition une querelle fort vive entre les Castillans. Le jeune Américain, étonné de cette furieuse passion pour un métal dont il ne faisait pas le même cas, s'approcha de la balance, la secoua d'un air d'indignation, et renversa tout l'or qu'il avait apporté. Ensuite, se tournant vers les Castillans, auxquels il reprocha de se quereller pour une bagatelle, il leur dit que, puisque c'était apparemment ce métal qui leur avait fait abandonner leur patrie, et qui leur faisait essuyer tant de fatigues, courir tant de dangers, et troubler tant de peuples qui avaient toujours vécu dans une paix profonde, il voulait leur faire connaître un pays dans lequel ils trouveraient de quoi remplir tous leurs désirs; mais que, pour y pénétrer, ils avaient besoin de forces plus nombreuses, parce qu'ils y auraient à combattre de puissans rois et des nations guerrières. On lui demanda de quel côté était le pays qui renfermait de si beaux présens du ciel. Il répondit que du sien il y avait six soleils, c'est-à-dire six journées de marche, en tirant au midi, qu'il montrait du doigt; qu'on trouverait d'abord un cacique d'une extrême richesse, et plus loin une grande mer, sur laquelle on voyait des vaisseaux un peu moins grands que ceux des Espagnols, mais équipés de voiles et de rames; et qu'au delà de cette mer, on arriverait dans un royaume où l'or était si commun, que les habitans mangeaient et buvaient dans de grands vases de ce métal, et le faisaient servir aux mêmes usages qu'il voyait faire aux Castillans de ce qu'ils nommaient du fer. Enfin le jeune cacique s'offrit de leur servir de guide avec une partie des sujets de son père. Un avis de cette importance pour tous les habitans de la colonie leur fit pardonner à l'Américain sa hardiesse et ses reproches. Balboa, en faisant partir Valdivia pour Espagnola, le chargea particulièrement de communiquer à l'amiral une nouvelle si capable de lui faire hâter les secours qu'il avait promis. Mais le malheur de l'envoyé retarda pendant plusieurs années l'honneur et l'utilité que Balboa en devait tirer.

Cependant l'humanité foulée aux pieds dans ces malheureuses contrées commençait enfin à élever sa voix, et le respect dû à la vérité oblige d'avouer que les premiers cris se firent entendre par la bouche d'un moine dominicain. Espagnola continuait de perdre ses habitans naturels, sans que les ordonnances du roi fussent capables de réprimer la tyrannie des Castillans. Un prédicateur nommé *Antoine Montesino*, qui s'était fait une grande réputation d'éloquence et de sainteté, prit un jour solennel pour monter en chaire à San-Domingo, devant l'amiral et tout ce qu'il y avait de personnes distinguées dans la colonie, et s'éleva contre l'injustice et la barbarie avec laquelle il voyait traiter les Américains. Ce reproche si juste, qui touchait les Castillans du côté le plus sensible, excita beaucoup de murmures. Les officiers royaux pressèrent l'amiral de réprimander un indiscret qu'ils accusaient d'avoir manqué de respect pour le roi. Ils reçurent ordre de se rendre au couvent pour s'expliquer d'abord avec le supérieur; mais leur surprise fut extrême lorsque ce religieux, qui se nommait le père de *Cordoue*, leur déclara que le père de Montesino n'avait rien dit à quoi son devoir ne l'eût obligé, et ne dût être approuvé de tous ceux qui respectaient Dieu et le roi. Les officiers, dans le premier mouvement de leur colère, déclarèrent à leur tour que le prédicateur se rétracterait en chaire, ou que les dominicains seraient chassés de l'île. Cependant, après quelques explications plus modérées, on convint que le père de Montesino prêcherait du moins dans un autre style, et qu'il satisferait ceux qui se croyaient offensés. Le concours fut extraordinaire à l'église; mais, loin de tenir un autre langage, le prédicateur soutint avec fermeté ce qu'il avait dit la première fois, en protestant qu'il s'y croyait également obligé par l'intérêt de l'état et de la religion. Les officiers, plus irrités que jamais, prirent le parti d'en écrire au roi. D'un autre côté, les dominicains firent partir le père Montesino pour plaider sa propre cause auprès du souverain. Il trouva la cour fort prévenue contre lui; mais, quelque répugnance qu'il eût à s'y présenter, après avoir hésité deux ou trois fois, son zèle lui fit traverser la garde du palais, et le conduisit jusqu'aux pieds du roi. Il en fut reçu avec bonté. Il n'eut pas de peine à faire comprendre à ce prince qu'on lui avait déguisé la vérité. Cependant il n'en put obtenir que des ordres pour l'assemblée d'un conseil extraordinaire, où cette grande affaire fut plaidée de part et d'autre avec beaucoup de chaleur. On peut dire que c'était le procès de l'humanité contre la tyrannie : aussi la première ne gagna pas sa cause. C'est une chose curieuse que les raisons alléguées par ceux qui justifiaient l'esclavage où l'on tenait les Américains. « Ce sont des enfans, disaient-» ils, qui, à cinquante ans, ont l'esprit moins » avancé que les Européens ne l'ont à dix. » Ce sont des enfans ! instruisez-les. Ils sont faibles ! protégez-les. Depuis quand le sentiment de la supériorité est-il l'excuse de la violence ? Ce n'est qu'une raison pour être généreux : « Mais ils vont nus, et quand on les a vêtus, » ils déchirent leurs habits. » (On répète ici littéralement ce qui fut allégué.) Quoi ! la nature ne leur a pas fait un besoin du vêtement, et vous leur en faites un supplice ! et vous vous indignez qu'ils s'y dérobent ! Vous n'avez pas plus de droit de leur faire porter des habits que de leur donner des fers. « L'oisiveté est leur souverain bien. » Pourquoi voulez-vous le leur arracher ? A quel titre leur commandez-vous le travail ? Si l'influence d'un climat brûlant leur fait du repos une nécessité, s'ils sont heureux du plaisir d'être ; tyrans du monde, qui promenez partout une activité funeste aux autres et à vous-mêmes, de quel droit tourmentez-vous leurs jours qui sans vous seraient tranquilles ? L'homme innocent couché sur sa natte serait-il moins agréable aux yeux du grand Être que l'homme ambitieux porté sur des vaisseaux au-delà des mers ? Montesino prouva qu'on exagérait les défauts et les vices des Américains, et qu'on les calomniait après les avoir égorgés. Il parla avec tant de force, que le roi, également pressé par sa conscience et par le testament de la reine Isabelle, voulut qu'on accordât quelque chose à l'équité. On régla, par provision, que les Américains seraient réputés libres, mais que les départemens continueraient de subsister dans la même forme. C'était reconnaître le droit de ces peuples à la liberté, et les retenir en même temps dans l'esclavage. Comme les bêtes de charge s'étaient extrêmement multipliées dans Espagnola, il fut expressément défendu de faire porter aux insulaires aucun fardeau, et de se servir du bâton ou du fouet pour les punir. Il fut ordonné aussi qu'on nommerait des visiteurs ou des intendans, qui seraient comme leurs protecteurs, et sans le consentement desquels il ne serait pas permis de les mettre en prison. Enfin l'on régla qu'outre les dimanches et les fêtes, ils auraient dans la semaine un jour de relâche, et que les femmes enceintes seraient exemptes de toute sorte de travail. Mais en conservant les départemens et les redevances qu'ils payaient au trésor royal, ces règlemens devenaient impraticables ; s'ils eussent pu être suivis, les possesseurs étaient réduits à l'indigence, et ne pouvaient plus payer. Aussi ces lois restèrent sans effet ;

Et le vil intérêt, cet arbitre du sort,
Vend toujours le plus faible aux crimes du plus fort.

VOLTAIRE, Mérope.

L'amiral songeait alors à peupler l'île de Cuba, dans la crainte apparemment que, s'il différait plus long-temps cette entreprise, la cour n'en donnât la commission à quelque autre, et que cette île ne fût encore séparée de son gouvernement. Il choisit Diégo de Vélasquez pour la conquérir et pour y bâtir une ville. Vélasquez était un des anciens habitans d'Espagnola. Il avait occupé les premiers emplois avec honneur sous l'adelantade Barthélemi Colomb ; et sa prudence, accompagnée d'une figure et d'un caractère aimables, lui attirait beaucoup de considération. D'ailleurs il avait tout son bien dans la province de Xaragua, et proche des ports de mer les plus voisins de Cuba. On n'eut pas plus tôt publié qu'il était chargé de l'expédition, que, tout le monde s'empressant d'en partager l'honneur avec lui, on vit arriver à Salvatiare de la Savana, où se faisait l'embarquement, plus de trois cents volontaires de toutes les parties de l'île. Il mit à la voile avec quatre vaisseaux, et la distance n'étant que d'environ dix-huit lieues d'une île à l'autre, il alla débarquer heureusement à l'extrémité orientale de Cuba, vers la pointe de Meyci.

Ce canton avait alors pour maître un cacique nommé *Hatuey*, qui était né à Espagnola, et qui, en étant sorti avec un grand nombre de ses sujets pour éviter la tyrannie des Européens, avait formé un petit état où il régnait paisiblement. Comme il craignait toujours que ces redoutables ennemis ne le suivissent dans sa retraite, il avait sans cesse des espions qui lui donnaient avis de tous leurs mouvemens. A la première nouvelle du dessein de l'amiral, il assembla les plus braves de ses sujets et de ses alliés pour leur représenter ce qu'ils avaient à redouter de la persécution des Castillans, et pour les animer à la défense de leur liberté. Mais il les assura que tous leurs efforts seraient inutiles, s'ils ne commençaient par se ménager la faveur du dieu de leurs ennemis, qui était un maître fort puissant, et pour lequel ces cruels tyrans étaient capables de tout entreprendre. « Le voilà, leur dit-il en leur montrant de l'or » dans un petit panier ; voilà ce dieu pour le- » quel ils prennent tant de peine, et qu'ils ne

» se lassent pas de chercher. Ils ne pensent à
» venir ici que dans l'espérance de l'y trouver.
» Célébrons une fête à son honneur pour ob-
» tenir sa protection. » Aussitôt ils se mirent
tous à chanter et à danser autour du panier.
Ces fêtes durent une nuit entière, suivant l'ancien usage du pays, et ne finissent ordinairement que lorsque tout le monde est tombé d'i-
vresse ou de fatigue. On remarque que les
chants de Cuba étaient plus doux et plus har-
monieux que ceux d'Espagnola. Après cette cérémonie, Hatuey rassembla tous ses Américains
pour leur dire qu'ayant beaucoup réfléchi sur
le sujet de leurs craintes, il n'avait pas encore
l'esprit tranquille, et qu'il ne voyait aucune sûreté pour eux tant que le dieu des Espagnols
serait dans leur canton. «Vous le cacheriez en
» vain, continua-t-il : quand vous l'avaleriez ,
» ils vous éventreraient pour le chercher au
» fond de vos entrailles. » Il ajouta qu'il ne connaissait qu'un lieu où ils pussent le mettre pour
s'en défaire ; c'était le fond de la mer ; et que,
lorsqu'ils ne l'auraient plus parmi eux, il se
flattait qu'on les laisserait en repos. Cet expédient leur parut infaillible, et tout l'or qu'ils
possédaient fut jeté en effet dans les flots.

Ils furent extrêmement surpris lorsqu'ils n'en
virent pas moins arriver les Espagnols. Hatuey
s'opposa d'abord au débarquement ; mais, aux
premières décharges des arquebuses, une multitude d'Américains qui bordaient le rivage prit
la fuite vers les bois, et Vélasquez ne jugea

point à propos de les poursuivre; cependant, après quelques jours de repos, voulant se délivrer d'un ennemi qui pouvait l'incommoder à sa retraite, il fit chercher le cacique avec tant de soin, qu'il s'en saisit; et, pour effrayer ceux qui conservaient encore de l'attachement pour lui, il le condamna au feu. Hatuey était attaché au poteau, lorsqu'un religieux franciscain entreprit de le convertir, et lui parla fortement du paradis et de l'enfer. « Dans le lieu » de délices dont vous parlez, lui demanda le » cacique, y a-t-il des Espagnols ? Il y en a, » répondit le missionnaire. Je n'y veux point aller, » dit le cacique; et il expira dans les flammes. Tous les caciques vinrent successivement rendre hommage au vainqueur, et la conquête d'une des plus grandes et des plus belles îles du monde ne coûta pas un seul homme aux Espagnols.

La conquête de Cuba fut comme un nouvel aiguillon qui excita plusieurs aventuriers à tenter d'autres entreprises. Ponce de Léon, qui se trouvait sans emploi dans l'île de Portoric, résolut de faire un voyage au nord, où l'on était bien informé qu'il y avait des terres à découvrir. Il aperçut la côte qu'il nomma *Floride*, à cause de l'aspect agréable qu'elle présentait, et il doubla le cap de Corientes, sans savoir si la terre qu'il avait vue était une île ou tenait au continent. Avant de retourner à Portoric, il chargea un officier et un pilote d'ordres secrets qui, fondés sur des chimères, produisirent des découvertes réelles. Il est assez naturel aux aventuriers d'avoir des idées romanesques. Une ancienne tradition des Antilles avait persuadé à tous les Américains que dans une île nommée *Bimini*, du nombre des Lucayes, et proche du canal de Bahama, il y avait une fontaine dont les eaux avaient là vertu de rajeunir les vieillards qui s'y baignaient. Personne ne fut plus enchanté de ces douces rêveries que Ponce de Léon. Un autre égarement d'imagination lui avait fait espérer la découverte d'un troisième monde; et comme c'était trop peu pour une si vaste entreprise que les jours qui lui restaient dans l'ordre de la nature, il voulait commencer par le renouvellement de ceux qui s'étaient écoulés, et s'assurer pour toujours d'une vigoureuse jeunesse. Dans la course dont on vient de parler, il s'était informé continuellement de la merveilleuse fontaine; il avait goûté de toutes les eaux, même de celles des marais les plus bourbeux. Enfin il ordonna à son lieutenant Ortubia et au pilote Alaminos de continuer les mêmes recherches; mais ce qui rendit son voyage utile, ce fut la connaissance qu'il donna du canal de Bahama, que les navigateurs commencèrent bientôt à suivre pour retourner en Europe; de là aussi l'établissement du port de la Havane, à deux petites journées du canal, pour servir d'entrepôt à tous les vaisseaux qui venaient de la Nouvelle-Espagne.

Cependant Balboa, qui n'ignorait pas qu'à

la cour d'Espagne on n'approuvait pas ses entreprises et usurpations sur l'autorité des chefs qu'il avait supplantés, cherchait à se faire pardonner ce que sa conduite pouvait avoir de répréhensible, en rendant quelque grand service, ou en faisant passer l'or du Nouveau-Monde dans les mains de son souverain. Il poussait ses recherches dans le Darien.

Cette région était pleine de marais et de lacs, et la terre presque sans cesse inondée; les maisons y étaient d'une forme dont on ne connaît pas ailleurs d'exemple. Elles étaient bâties sur les plus gros arbres, qui les enveloppaient de leurs branches, et qui les couvraient de leur feuillage. On y trouvait des chambres et des cabinets d'une charpente assez forte, et chaque famille était ainsi logée séparément. Chaque maison avait deux échelles, l'une qui conduisait jusqu'à la moitié de l'arbre, et l'autre depuis la moitié de l'arbre jusqu'à la porte de la première chambre : ces échelles étaient de canne, et si légères, que, les levant facilement le soir, les habitans étaient en sûreté pendant la nuit contre les attaques des tigres et d'autres animaux voraces, qui étaient en grand nombre dans la province. Ils avaient leurs magasins de vivres dans ces maisons aériennes; mais ils laissaient leurs liqueurs au pied de l'arbre, dans des vaisseaux de terre; et lorsque les seigneurs étaient à manger, les valets avaient tant d'adresse et de promptitude à descendre et à monter, qu'ils n'y employaient pas plus de temps qu'on n'en met pour aller du buffet à la table. Le cacique Dabayda, seigneur de la contrée qui s'étend au-delà du Rio Negro, était dans son palais, c'est-à-dire sur son arbre, lorsqu'il vit paraître les Castillans; il se hâta de faire lever les échelles; ils l'appelèrent à haute voix, et l'exhortèrent à descendre sans crainte; il répondit qu'il n'avait offensé personne, et que, n'ayant rien à démêler avec des étrangers qu'il ne connaissait pas, il demandait en grâce qu'on le laissât tranquille dans sa maison. On le menaça de couper les arbres par le pied ou d'y mettre le feu, et, sur le refus qu'il fit encore, on mit la hache au pied de l'arbre qu'il habitait. Déjà les morceaux volaient en éclats: il se détermina enfin à descendre avec sa femme et deux de ses fils. On lui demanda s'il avait de l'or; il répondit qu'il n'en avait point dans ce lieu, parce que ce métal ne lui était d'aucun usage pour vivre; mais que, si les Castillans en désiraient avec tant d'ardeur, qu'ils se crussent en droit de troubler le repos d'autrui pour en obtenir, il était prêt à leur en faire apporter d'une montagne voisine. Ils prirent d'autant plus de confiance en cette promesse, qu'il leur laissa sa femme et ses deux fils pour gage de son retour; mais après l'avoir inutilement attendu pendant plusieurs jours, ils reconnurent qu'ils avaient été trompés, et que leurs otages mêmes, qu'ils avaient fait remonter dans leurs maisons, d'où ils ne s'imaginaient pas qu'ils pussent descendre sans échelles, avaient trouvé le moyen de s'évader pendant la nuit. Tous les autres arbres étant abandonnés de même par leurs habitans, l'alarme s'était répandue au loin, et tous les caciques de la province se réunirent bientôt en corps d'armée, dans le dessein de repousser leurs tyrans; mais quand ces malheureux se réunissaient, que faisaient-ils que rassembler des victimes sous les mains des Espagnols? Le carnage fut horrible, et ce massacre s'appela la conquête d'une province.

Mais Balboa ne perdait pas de vue une entreprise beaucoup plus importante qu'il n'avait pas cessé de méditer depuis les lumières qu'il avait tirées du jeune Comagre. Après y avoir préparé ses gens par ses exhortations et par les plus hautes espérances, il partit avec soixante hommes, et le jeune cacique pour guide, dans un brigantin, qui le porta par mer jusqu'aux terres d'un cacique nommé *Careta*, avec lequel il avait fait alliance; de là il prit le chemin des montagnes pour entrer dans le pays de Ronca, autre cacique, qui se cacha dans des lieux fort secrets à l'approche des Castillans, mais qui, se rassurant ensuite par l'exemple de son voisin, prit le parti d'aller volontairement au-devant d'eux, et d'acheter leur amitié par l'offre de tout ce qu'il avait d'or. Balboa accepta d'autant plus joyeusement la sienne, qu'il était bien aise de s'assurer la liberté du passage pour toutes sortes d'événemens; ensuite, s'étant engagé dans des montagnes fort hautes, il eut à combattre une nombreuse armée, dont il tua six cents hommes à coups d'arquebuse et par les morsures de ses chiens.

Quoique le jeune Comagre eût assuré avec raison qu'il n'y avait que six jours de chemin depuis les terres de Ronca jusqu'au sommet d'une montagne d'où l'on découvrait la mer, la difficulté des passages et celle d'y trouver des vivres y firent employer vingt-cinq jours; enfin on arriva fort près de cette élévation, la plus grande de tout le pays qu'on avait traversé: Balboa y voulut monter seul, pour jouir le premier d'un spectacle qu'il désirait depuis si longtemps. A la vue de la mer du Sud, qu'il ne put méconnaître, il se mit à genoux, il étendit les bras vers le ciel, en rendant grâce à Dieu d'un événement si avantageux à sa patrie, et si glorieux pour lui-même. Tous ses gens, appelés par le signal, s'empressèrent de le suivre: il recommença devant eux la même cérémonie, qu'ils imitèrent tous à la vue des Américains étonnés, qui ne pouvaient s'imaginer le sujet d'une si grande joie; ils ne savaient pas que leurs oppresseurs se félicitaient d'avoir trouvé un chemin de plus pour pénétrer dans le Nouveau-Monde, qu'on allait investir par les deux mers; ils ne savaient pas que, par un mélange sacrilége de dévotion et d'avarice, les Espagnols s'applaudissaient de voir s'ouvrir devant eux une nouvelle scène pour de nouveaux brigandages.

Balboa se hâta de prendre possession, pour

les rois ses maîtres, du pays qui l'environnait, et de la mer qu'il venait de découvrir. Le même jour, après avoir fait élever de gros murs de pierre, planter des croix, et graver le nom de Ferdinand sur l'écorce des plus grands arbres, il entra dans la mer jusqu'à la ceinture, l'épée dans une main et le bouclier dans l'autre, et adressant la parole aux Castillans et aux Américains qui bordaient le rivage : « Vous êtes témoins, leur dit-il, que je prends possession de cette partie du monde pour la couronne de Castille; et je saurai bien lui en conserver le domaine avec cette épée. » On est tenté, je l'avoue, de sourire de pitié lorsqu'on entend une aussi faible créature que l'homme dire qu'il prend possession de l'Océan : comme si l'on avait un empire réel sur cet élément à jamais indocile, qui se joue si furieusement de ses prétendus dominateurs; enfin, comme si l'Océan pouvait avoir d'autre maître que celui qui le fait rouler dans ses limites, et qui lui a dit : *Tu t'arrêteras ici.*

Balboa, ayant soumis quelques caciques voisins, embarqua tous ses gens sur neuf canots pour s'avancer sur les côtes du golfe où il était, et qu'il avait nommé *Saint-Michel*; mais à peine eut-il quitté le rivage, qu'une furieuse tempête le jeta dans le plus grand péril qu'il eût jamais essuyé : les Américains mêmes en parurent épouvantés; mais, comme ils excellaient à nager, ils eurent l'adresse d'attacher les canots deux à deux avec des cordes, pour les rendre plus ca-

pables de résister aux flots, et celle de les conduire entre quantité de petites îles jusqu'à la
pointe d'une plus grande, où ils ne les amar-
rèrent pas moins habilement aux arbres et aux
rochers : la nuit, qui survint avant le retour
du beau temps, prépara aux Castillans une
scène encore plus effrayante : les eaux ayant
cru jusqu'au jour, l'île se trouva tout inondée,
sans qu'on aperçût aucun reste de terre; et,
comme on avait passé la nuit sur les rochers,
ceux qui visitèrent les canots furent consternés
d'en trouver une partie en pièces, et d'autres
entr'ouverts ou remplis de sable et d'eau : le
bagage et les vivres avaient été emportés par la
violence des flots : on n'eut pas d'autre ressource, dans un si grand péril, que d'arracher
l'écorce des arbres, et de la mâcher avec des
herbes pour s'en servir à boucher les fentes des
canots qui n'étaient pas absolument brisés, et
l'on entreprit de gagner la terre sur de si frêles
bâtimens, en suivant les Américains qui les
précédaient à la nage. Balboa, aussi pressé de
la faim que tous les autres, avait recommandé
à ses guides d'aborder dans la terre d'un cacique nommé *Tomaco*, dont ils lui avaient vanté
l'opulence; mais, voyant les habitans disposés à
lui résister, il se mit à la tête de ses plus braves
gens, avec ses chiens qui n'étaient pas moins
affamés qu'eux, et dans sa descente il fit un
carnage effroyable de ses ennemis ; le cacique
même y fut blessé ; et, pendant quelques jours,
cette disgrâce ne parut servir qu'à redoubler

sa fureur. Cependant, ayant appris de ses voisins que les Castillans avaient bien traité ceux qui les avaient reçus civilement, il leur envoya son fils avec des vivres et un présent, dont la seule vue leur fit oublier toutes leurs fatigues; c'était un amas d'or de six cent quatorze pesos, et deux cent quarante perles d'une grosseur extraordinaire. Les perles n'avaient que le défaut d'être un peu ternies, parce que les Indiens mettaient les huîtres au feu pour les ouvrir; mais on leur apprit une méthode plus simple; et Tomaco, voyant l'admiration de ses hôtes pour des biens dont il faisait peu de cas, leur en fit pêcher douze marcs dans l'espace de quatre jours. Il assura Balboa que le cacique d'une île qui n'était éloignée que de cinq lieues en avait de plus grosses encore, et que toute cette côte, qui s'étendait fort loin au sud, produisait quantité d'or et d'autres richesses; mais, dans l'affection qu'il avait conçue pour lui depuis qu'il avait éprouvé la douceur avec laquelle il traitait ses alliés, il lui conseilla d'attendre une saison où la mer fût plus tranquille; et les Castillans, rebutés par leur dernière navigation, et la plupart accablés de faiblesse et de maladies, pressèrent leur chef de retourner au Darien. Il prit sa marche par une autre route, pour acquérir une parfaite connaissance du pays. Ce ne fut pas sans peine et sans danger qu'il traversa de nouvelles montagnes parmi des peuples si sauvages, qu'ils n'avaient entre eux aucune communication ; obligé souvent de s'ouvrir un passage par les armes, s'attachant par ses caresses et ses bienfaits ceux qui lui fournissaient volontairement des vivres et de l'or, et faisant dévorer par ses chiens tous les caciques qui entreprenaient de lui résister ; enfin, le 29 janvier de l'année 1514, Balboa rentra glorieux et triomphant dans la colonie, avec plus de quarante mille pesos d'or qu'il rapportait de la dépouille des Américains.

Son premier soin fut d'informer le roi et ses ministres de tant d'importantes découvertes, et des suites qu'on devait s'en promettre. Il chargea de ses lettres Pierre d'Arbolancho, et les accompagna d'une très-grande quantité d'or et de ses plus belles perles. Arbolancho partit au commencement de mars, et son arrivée remplit de joie toute la cour. Le ministre des Indes, qui était passé alors au siége de Burgos, et qui continuait de gouverner les affaires avec une autorité presque souveraine, le reçut avec de grandes marques de faveur, et lui procura le même accueil du roi. Ce prince parut satisfait des services de Balboa, et donna ordre au prélat de ne pas les laisser sans récompense ; mais ce fut un malheur pour ce brave aventurier que son député ne fût point arrivé deux mois plus tôt. Les coups qui devaient entraîner sa ruine étaient déjà portés. Ferdinand, à qui l'on avait fait comprendre que la colonie du Darien méritait beaucoup d'attention, s'était déterminé à lui donner un chef dont le caractère et le rang fussent capables d'y établir l'ordre et d'y faire respecter l'autorité souveraine. On lui proposa don Pédrarias d'Avila, officier de naissance et de mérite, et d'une grande réputation dans les armes et la galanterie, les deux titres de la gloire espagnole. On avait travaillé à ses instructions avec tant de diligence, qu'il était parti peu de jours avant l'arrivée d'Arbolancho.

Pédrarias arriva avant la fin de juillet au golfe d'Uraba, et faisant mouiller à quelque distance de Sainte-Marie, il y envoya donner avis des ordres de la cour. L'officier qu'il chargea de cette commission se fit présenter d'abord au commandant. Il fut surpris de voir un homme si célèbre en simple camisole de coton, en caleçon et en souliers de corde, occupé à faire couvrir de feuilles une assez mauvaise case qui lui servait de demeure. Herréra, qui rapporte cette circonstance, observe que c'était par cette simplicité de mœurs que Balboa était devenu la terreur de tant de nations, et s'était tellement attaché tous les habitans de la colonie, qu'avec quatre cent cinquante hommes qu'on y comptait à peine, il aurait empêché, s'il l'eût entrepris, toutes les forces de la flotte d'Espagne de mettre Pédrarias en possession de son gouvernement. Ce nouveau commandant ne s'était pas même attendu d'y être reçu sans obstacle; mais il fut agréablement trompé. Son officier ayant déclaré à Balboa que don Pédrarias d'Avila, nommé par le roi au gouvernement de cette province, était dans la rade avec sa flotte, reçut pour réponse que toute la colonie était disposée à respecter les volontés du roi. Cependant il s'éleva dans la ville un assez grand murmure. Il se fit des assemblées, et Balboa se vit le maître de faire soulever tout le monde en sa faveur; mais, ayant pris de bonne foi le parti de la soumission, il ne voulut pas même qu'aucun de ses gens parût armé devant le gouverneur, et, marchant au-devant de lui avec tous ses braves, après lui avoir fait un compliment respectueux, il le conduisit dans sa cabane, où il lui fit servir un repas de cassave, de fruits et de racines, avec de l'eau du fleuve pour toute liqueur. Dès le jour suivant, Pédrarias vérifia ce qu'on avait publié des grandes entreprises et des conquêtes de Balboa. La mer du Sud était découverte, et tout le pays jusqu'à cette mer avait été soumis; mais les Espagnols qui venaient pour jouir de ces nouveaux avantages, et qui s'étaient flattés de trouver de l'or en étendant la main, se virent fort éloignés de leurs espérances lorsqu'ils eurent appris ce qu'il en avait coûté aux conquérans pour s'enrichir, et ce qui restait à faire.

Peu de jours après, le gouverneur fit proclamer l'ordre qu'il avait apporté de finir le procès intenté à Balboa sur les mémoires d'Enciso. On commença par l'arrêter : on examina les charges. Un jugement du conseil le condamna d'abord à une grosse amende, mais il fut mis ensuite en liberté. Pédrarias n'en prit pas moins ses instructions pour former de nouvelles peuplades dans des lieux dont on lui faisait connaître les propriétés. La colonie était dans un état très-florissant : tout le monde y jouissait d'un sort heureux; on n'y voyait que des fêtes; on n'entendait que des chants de joie au son de toutes sortes d'instrumens; les terres étaient ensemencées et commençaient à fournir assez de vivres pour la nourriture des habitans. Non - seulement les caciques étaient soumis, mais la plupart portaient tant d'affection à leurs vainqueurs, qu'un Espagnol pouvait aller librement d'une mer à l'autre : tant il eût été facile aux Espagnols de faire oublier par la douceur du gouvernement, les cruautés de la conquête. Le roi, démêlant la vérité au travers des nuages dont on voulait l'obscurcir, écrivit l'année suivante à Pédrarias que, pour reconnaître les services de Balboa, il le créait son adelantade dans la mer du Sud et dans les provinces de Panama et de Coyba. Il ordonnait qu'il fût obéi comme lui-même, et que, tout subordonné qu'il devait être au gouverneur-général, il ne fût gêné en rien sur tout ce qui regarderait le bien public. Ce prince ajoutait qu'il reconnaîtrait le zèle de Pédrarias pour sa personne au traitement qu'il ferait à Balboa, dont il voulait qu'il prît les avis dans toutes les entreprises.

Des ordres si flatteurs ne firent qu'avancer sa perte; Pédrarias était bien éloigné de cette douceur qui avait fait tant d'amis à l'adelantade : il avait juré la perte d'un homme dont le mérite lui faisait ombrage. Il lui fit un procès criminel dans lequel la mort de Nicuessa, et les violences exercées contre Enciso furent encore rappelées : on y ajouta le crime de félonie, en supposant l'intention d'usurper le domaine du roi. En vain Balboa se récria contre ces accusations, dont les unes étaient déplacées après le jugement du conseil, et les autres absolument fausses. Il eut la tête coupée à Sainte-Marie, à l'âge de quarante-deux ans, et sa mort fit perdre au roi le meilleur officier qu'il eût alors dans les Indes. Ce qu'il avait fait en si peu d'années ne laissa aucun doute qu'il n'eût bientôt découvert et conquis le Pérou, si la cour ne lui eût pas ôté le commandement lorsqu'il se disposait à partir pour cette expédition. L'Amérique fut indignée de cet acte de tyrannie, et la conduite de Pédrarias dans son gouvernement ne répondit que trop à cette première atrocité. Les historiens le représentent comme une bête féroce déchaînée par le ciel en colère : on lui reproche d'avoir désolé, depuis le Darien jusqu'au lac Nicaragua, cinq cents lieues d'un pays très-peuplé, le plus riche et le plus beau qu'on puisse s'imaginer, et d'avoir exercé sur les Américains, sans distinction d'alliés et d'ennemis, des cruautés qui paraîtraient incroyables, si les preuves n'en avaient été déposées au fisc royal, où les historiens renvoient les lecteurs. Comme son pouvoir était balancé par celui du conseil de la province, le désir de secouer un joug dont il se croyait blessé contribua plus que tout autre motif à la destruction de Sainte-Marie du Darien. Il s'imagina qu'en allant s'établir sur la mer du Sud, l'éloignement pourrait le dérober à l'autorité de ceux qui commanderaient dans Espagnola, et le délivrer de l'obligation qu'on lui avait imposée de prendre les avis du conseil. En 1518, il chargea Diégo d'Espinosa, son alcade-major, de se rendre à Panama, avec ordre d'y bâtir une ville : en même temps il écrivit au roi que le pays où la colonie de Sainte-Marie avait été fondée n'était pas propre pour un grand établissement, et qu'il convenait aux intérêts de l'Espagne de transporter le siége épiscopal à Panama. L'année d'après, ayant reçu des réponses favorables, il envoya ordre à Oviédo, qui commandait alors sur le Darien avec la qualité de son lieutenant, de transporter à Panama tout ce qu'il y avait d'habitans à Sainte-Marie.

C'est vers ce temps que commençait à se faire connaître le plus célèbre défenseur des malheureux Américains, un de ces hommes dont la mémoire ne saurait être trop chérie, dont le nom ne saurait être trop honoré, parce qu'il est de l'intérêt de tous les humains qu'il se trouve de temps en temps de ces âmes élevées et courageuses pour qui la défense de l'opprimé soit le devoir le plus cher, la première gloire et le premier bonheur. Barthélemi Las Casas, depuis évêque de Chiapa au Mexique, était passé fort jeune aux Indes occidentales, avant même d'avoir reçu le sacerdoce : il était prêtre et missionnaire lorsqu'il suivit Vélasquez à Cuba ; son unique motif était de convertir les peuples à la foi de l'Évangile, qu'ils auraient peut-être embrassée facilement, si leurs nouveaux dominateurs en avaient suivi les préceptes, qui sont en même temps ceux de l'humanité. Las Casas rend témoignage de la docilité des Américains : *Il m'est bien plus aisé*, disait-il aux Espagnols, *de les faire croire au christianisme que de vous le faire observer*. Il a laissé à la postérité son plaidoyer pour les habitans de l'Amérique, adressé au souverain, portant à la fois tous les caractères de la vérité et de la vertu. C'est la peinture la plus touchante de la plus horrible oppression ; c'est l'histoire de la destruction et des crimes ; c'est une tache éternelle pour le peuple qui mérita cette leçon, et qui même en profita peu. L'espèce de vexation contre laquelle Las Casas s'élève avec le plus de force, c'est la forme des départemens dont nous avons déjà parlé, qui mettaient les Américains à la discrétion de maîtres impitoyables. Herréra nous a conservé cette formule que nous allons rapporter : « Moi, distributeur des caciques et des Américains, pour le roi et la reine nos seigneurs, en vertu des patentes royales que je tiens de leurs mains; de l'avis et du consentement du seigneur trésorier-général en ces îles et terre-ferme pour leurs majestés, je vous commets tel cacique, avec tant d'Américains, que je vous recommande pour vous en servir dans vos labourages, dans les mines et dans la ménagerie, suivant l'intention de leurs majestés et leurs ordonnances, que vous observerez ponctuellement; et vous en aurez soin tout le temps de votre vie et de votre héritier, fils ou fille, si vous en avez, parce qu'ils ne vous sont commis qu'à cette condition par leurs majestés, et par moi en leur nom; vous avertissant que, si vous ne gardez pas les susdites ordonnances, ces Américains vous seront ôtés, et que l'obligation de conscience pour le temps et la manière tombera sur vous, et non sur leurs majestés, outre la peine que vous encourrez, et qui est contenue dans les mêmes ordonnances. »

Ces ordonnances étaient mal exécutées dans des pays où ceux qui devaient les faire observer étaient les premiers contrevenans, où la complicité des crimes et le partage du butin étaient l'intérêt le plus général : la cour d'Espagne fermait les yeux, pourvu qu'on lui envoyât beaucoup d'or; mais à quel prix l'avait-on? Il faut entendre Las Casas dans l'Histoire de Saint-Domingue. « Les Espagnols (dit il en parlant des Américains) les accouplaient pour

le travail comme des bêtes de somme; et, les
ayant excessivement chargés, ils les forçaient
de marcher à grands coups de fouet. S'ils tombaient sous la pesanteur du fardeau, on re-
doublait les coups, et l'on ne cessait point de
frapper qu'ils ne se fussent relevés. On sépa-
rait les femmes de leurs maris ; la plupart des
hommes étaient confinés dans les mines, d'où
ils ne sortaient point, et les femmes étaient
employées à la culture des terres. Dans leurs
plus pénibles travaux, les uns et les autres
n'étaient nourris que d'herbes et de racines.
Rien n'était plus ordinaire que de les voir expirer sous les coups ou de pure fatigue. Les
mères dont le lait avait tari ou s'était cor-
rompu faute de nourriture, tombaient mortes
de faiblesse ou de désespoir sur le corps de
leurs enfans morts ou mourans. Quelques insulaires s'étant réfugiés dans les montagnes
pour se dérober à la tyrannie, on créa un officier sous le titre d'*alguazil del campo*, pour
donner la chasse à ces transfuges ; et cet exé-
cuteur de la vengance publique se mit en campagne avec une meute de chiens qui déchirè-
rent en pièces un très-grand nombre de ces
misérables ; quantité d'autres, pour prévenir
une mort si cruelle, avalèrent du jus de ma-
nioc, qui est un poison très-violent, ou se
pendirent à des arbres, après y avoir pendu
leurs femmes et leurs enfans. » Tels étaient ces
départemens qu'on représentait à la cour comme
nécessaires pour la conversion de ces peuples,

*...

et qui étaient approuvés par les docteurs d'Espagne.

Las Casas osa déclarer la guerre aux fauteurs des départemens. Les services qu'il avait rendus dans l'île de Cuba lui avaient acquis de la considération ; il avait applaudi aux efforts des pères dominicains. Il entreprit de faire revivre la même cause, et ce zèle, qui lui fit obtenir dans la suite le titre de protecteur de l'Amérique, ne se ralentit point jusqu'à sa mort. Ne pouvant se persuader que le roi catholique eût été bien informé, il prit la résolution de passer en Espagne pour y porter la vérité.

Il ne put arriver à Séville que vers la fin de l'année 1515. Il en partit pour la cour avec des lettres de recommandation de l'archevêque ; et, dans la première audience qu'elles lui firent obtenir, il déclara librement au roi qu'il n'était venu d'Espagnola que pour lui donner avis qu'on tenait dans les Indes une conduite également nuisible aux intérêts de sa conscience et de sa couronne. Il ajouta qu'il s'expliquerait davantage quand il plairait à sa majesté de l'écouter. Le roi, surpris d'un langage si ferme, lui dit de faire son mémoire, et lui promit de le lire. Après cette courte audience, s'adressant au père Matienco, dominicain, confesseur du roi, il lui dit avec la même noblesse qu'il n'ignorait point que Passamonte et d'autres officiers d'Espagnola avaient prévenu la cour contre lui ; que le ministre des Indes et le commandeur Lope de Conchilos lui seraient contraires, parce qu'ils avaient des départemens d'Indiens qui étaient les plus maltraités, et qu'il n'avait de fond à faire que sur la justice de sa cause. Ensuite, lui ayant exposé toutes les cruautés qu'on exerçait sur les malheureux Américains, il l'exhorta, au nom du ciel, à prendre la défense de la religion, de l'équité et de l'innocence.

Matienco rendit compte au roi de ce qu'il venait d'entendre, et n'eut pas de peine à faire promettre une audience particulière. Le temps et le lieu furent nommés. Las Casas, par le conseil de Matienco, ne laissa pas de se présenter à l'évêque de Burgos et au commandeur de Conchilos, auxquels il fallait s'attendre que toutes ces explications seraient communiquées. Il en fut mal reçu, quoique moins durement par le commandeur; mais il se flattait que la recommandation de l'archevêque de Séville pourrait balancer le crédit de ses adversaires, lorsqu'il apprit la mort de Ferdinand. Un si fâcheux contre-temps n'eut pas la force de refroidir Las Casas. Il résolut aussitôt de faire le voyage de Flandre pour instruire le prince Charles avant qu'on eût pensé à le prévenir. Cependant d'autres considérations ne lui permettant pas de faire cette démarche sans l'agrément du cardinal Ximenès, qui venait d'être déclaré régent du royaume, il prit le parti de l'aller voir à Madrid. Il le trouva fort bien disposé en sa faveur; mais son voyage de Flandre n'en fut pas approuvé. Le cardinal, après

l'avoir entendu, s'occupa d'un nouveau plan
d'administration dont il confia le soin aux frères hiéronimites, dans Espagnola. Dans ce
nouveau plan, les Américains étaient déclarés
libres, et tous les règlemens tendaient à adoucir leur sort. Les esclaves des principaux départemens furent mis en liberté; mais les départemens ne furent pas formellement abolis,
quoique fort restreints par beaucoup de lois
favorables aux peuples conquis. Les hiéronimites, quoique revêtus d'une autorité absolue,
n'eurent pas le courage de maintenir ces lois
dans toute leur vigueur. Elles furent bientôt
éludées, et tous les abus continuèrent dès que
la nouvelle administration eut déclaré qu'on
ne toucherait pas aux départemens. Le zèle de
Las Casas se ralluma. Il repassa en Espagne,
et, trouvant des obstacles de tous côtés, il proposa de faire exploiter les Antilles par des nègres. Il est assez extraordinaire que Las Casas
imaginât qu'on avait plus de droit sur la liberté
des nègres que sur celle des Américains. Quoi
qu'il en soit, ce sont deux traits également
remarquables, que ce plan qu'on observa dans
la suite, d'acheter des noirs pour les faire tra-
vailler aux colonies d'Amérique, ait été fourni
originairement par un des hommes que d'ailleurs l'humanité compte au rang de ses bienfaiteurs, et que les dominicains, ministres et
promoteurs de l'inquisition en Europe, aient
été dans le Nouveau-Monde les plus ardens
protecteurs des Américains. Rien ne mérite

plus d'être remarqué dans l'histoire des contradictions de l'esprit humain. L'idée de Las Casas, quoique adoptée dès lors, ne put avoir lieu, parce qu'un seigneur flamand, chargé d'un privilége en vertu duquel il devait faire transporter quatre mille nègres aux Antilles, le vendit aux Génois, qui mirent leurs nègres à un prix trop haut pour la cupidité des possesseurs espagnols, qui avaient des travailleurs américains à si bon marché. Ces difficultés firent évanouir le projet de Las Casas. Il en conçut un autre qui marquait bien quelle confiance il avait au pouvoir de la persuasion et au bon naturel des Américains. Il offrait au roi d'Espagne de lui assurer, dans un terme donné, la domination du continent de l'Amérique, pourvu qu'on n'y laissât passer qui que ce soit sans sa permission. Il voulait arriver avec cent cinquante hommes, habillés de blanc, et sous un autre nom que celui des Espagnols, devenus trop odieux dans le Nouveau-Monde, et avec ce petit nombre, et une conduite opposée à celle des premiers conquérans de l'Amérique, il prétendait qu'en peu d'années il tirerait de ce pays le même tribut que le roi d'Espagne en recevait, et qu'il y ferait fleurir la foi, la paix et le bonheur. Il fallait que ce vertueux prêtre eût le talent de persuader ; car ce projet, quoique peu fait pour réussir, fut goûté de beaucoup de personnes considérables, et même du roi. On permit à Las Casas d'essayer sa mission poli-

tique sur la côte de Cumana, pays de plus de
deux cent cinquante lieues de long, qui s'é-
tend depuis la province de Paria jusqu'à celle
de Sainte-Marthe. On lui en donna le commandement, et il partit avec deux cents la-
boureurs et quelques religieux; mais les Espagnols s'étaient déjà fait connaître dans ce pays
par des violences et des perfidies; les habitans
d'ailleurs étaient plus féroces que la plupart
des autres peuples de l'Amérique; ils étaient
même anthropophages. Las Casas, obligé de se
transporter souvent de sa nouvelle colonie à
Espagnola, fut mal obéi en son absence, et son
petit établissement fut ruiné par les Américains. Pénétré de douleur, il entra dans l'ordre
de saint Dominique, et nous le verrons bientôt reparaître sur un plus grand théâtre, toujours avec le même zèle et le même courage.
Nous nous contenterons d'observer ici que ses
représentations ne furent pas absolument inutiles. Les Américains furent traités avec plus
de douceur; mais nous ne croyons pas devoir
dérober au lecteur le détail que nous ont laissé
les historiens sur la manière dont cette affaire
fut discutée dans le conseil de Charles-Quint,
et surtout le discours de Las Casas, dans lequel on distinguera aisément ce qui est de son
caractère et ce qui est de son siècle.

Charles parut dans une grande salle du palais, élevé sur un trône, avec tout l'appareil de
la royauté. De Chièvres, son gouverneur, l'a-
miral Colomb, l'évêque du Darien, étaient

assis à sa droite. Le chancelier Catinara, l'évêque de Badajos et les autres conseillers d'état étaient à sa gauche. Las Casas et un franciscain, de même avis que lui, se tinrent debout vis-à-vis le roi. Lorsque chacun fut placé, de Chièvres et le chancelier, montant chacun de leur côté les degrés du trône, se mirent à genoux aux pieds du roi, et lui parlèrent quelque temps à voix basse; ensuite ils reprirent leur place, et le chancelier, se tournant vers l'évêque de Darien, lui dit : « Révérend évêque, « sa majesté vous ordonne de parler, si vous « avez quelque chose à lui dire. » L'évêque se leva aussitôt, et répondit que les explications qu'il avait à donner ne pouvant être communiquées qu'au roi et à son conseil, il suppliait sa majesté de faire éloigner ceux qui ne devaient pas les entendre. Il insista même après un second ordre, et ce ne fut qu'au troisième, lorsque le chancelier eut ajouté que tout ce qu'il y avait de seigneurs dans la salle avait été appelé pour assister au conseil, qu'il prît le parti d'obéir; mais, évitant les détails, il se contenta de déclarer que, depuis cinq ans qu'il s'était rendu au continent de l'Amérique avec la dignité épiscopale, il ne s'y était rien fait pour le service de Dieu ni pour celui du prince; que la colonie se perdait au lieu de s'établir; que le premier gouverneur qu'il y avait vu était un méchant homme, que le second était encore pire, et que tout allait si mal, qu'il s'était cru obligé de passer en Espagne pour en informer le roi. Cependant, comme il était question de donner son avis sur la conduite qu'on devait tenir à l'égard des Américains, il ajouta que tous ceux qu'il avait vus, soit dans le pays qu'il venait d'habiter, soit dans les autres lieux où il avait passé, lui avaient paru nés pour la servitude; qu'ils étaient naturellement pervers, et que son sentiment était de ne les pas abandonner à eux-mêmes, mais de les diviser par bandes, et de les mettre sous la discipline des plus vertueux Espagnols, sans quoi l'on n'en ferait jamais des chrétiens, ni même des hommes.

Lorsque l'évêque eut cessé de parler, Las Casas reçut ordre d'expliquer ses idées. Herréra le fait parler en ces termes :

« Très-haut, très-puissant roi et seigneur, je suis un des premiers Castillans qui aient fait le voyage du Nouveau-Monde. J'y ai vécu long-temps, et j'ai vu de mes propres yeux ce que la plupart ne rapportent que sur le témoignage d'autrui. Mon père est mort dans le même pays, après y avoir vécu, comme moi, dès l'origine des découvertes. Sans m'attribuer l'honneur d'être meilleur chrétien qu'un autre, je me suis senti porté, par un mouvement de compassion naturelle, à repasser en Espagne, pour informer le roi votre aïeul des excès qui se commettaient dans les Indes. Je le trouvai à Placentia; il voulut bien m'écouter : et, dans le dessein d'y apporter du remède, il remit l'explication de ses ordres à Séville; mais la mort l'ayant surpris en chemin, sa volonté

royale et toutes mes représentations demeurèrent sans effet. Après son trépas, je fis mon
rapport aux régens du royaume, les cardinaux
Ximenès et Tortosa, qui entreprirent de réparer le mal par de sages mesures ; mais la
plupart furent mal exécutées. Ensuite, votre
majesté étant venue prendre possession de ses
états, je lui ai représenté la situation de ces
malheureuses colonies, à laquelle on aurait
alors remédié, si dans le même temps le grand
chancelier n'était mort à Saragosse. Aujour-
d'hui, je recommence mes travaux pour ce
grand objet.

» L'ennemi de toute vertu ne manque pas de
ministres qui tremblent de voir l'heureux succès de mon zèle ; mais, laissant à part un moment ce qui touche la conscience, l'intérêt de
votre majesté est ici d'une si haute importance,
qne les richesses de tous les états d'Europe
ensemble ne peuvent être comparées à la moindre partie de celles du Nouveau-Monde ; et
j'ose lui dire qu'en lui donnant cet avis, je lui
rends un aussi grand service que jamais prince
en ait reçu de son sujet. Non que je prétende
aucune espèce de gratification ou de salaire ;
ce n'est pas seulement à servir votre majesté
que j'aspire : il est certain même que, dans
toute autre supposition que celle d'un ordre
exprès, le seul motif de son service ne m'aurait
pas ramené des Indes en Europe ; mais je crois en
rendre beaucoup à Dieu, qui est si jaloux de son
honneur, que je ne dois pas faire un pas pour

l'avantage de votre majesté auquel il n'ait la première part ; aussi le prends-je à témoin que je renonce à toutes sortes de faveurs et de récompenses temporelles ; et si jamais j'en accepte, ou moi-même, ou par quelqu'un qui les reçoive en mon nom, je veux être regardé comme un imposteur et un faussaire qui aurait trompé son Dieu et son roi. Apprenez donc, sire, que les naturels du Nouveau-Monde sont capables de recevoir la foi, de prendre de bonnes habitudes, et d'exercer les actes de toutes les vertus ; mais c'est par la raison et les bons exemples qu'ils y doivent être excités, et non par la violence ; car ils sont naturellement libres : ils ont leurs rois et leurs seigneurs naturels, qui les gouvernent suivant leurs usages. A l'égard de ce qu'a dit le révérend évêque, qu'il sont nés pour la servitude, suivant l'autorité d'Aristote, sur laquelle il paraît qu'il se fonde, il y a autant de distance de la vérité à cette proposition que du ciel à la terre. Quand le philosophe aurait été de cette opinion, comme le révérend évêque l'affirme, *c'était un gentil qui brûle maintenant dans les enfers*, et dont la doctrine ne doit être admise qu'autant qu'elle s'accorde avec celle de l'Évangile. Notre sainte religion, sire, ne fait acception de personne ; elle se communique à toutes les nations du monde ; elle les reçoit toutes sans distinction ; elle n'ôte à aucune sa liberté ni ses rois ; elle ne réduit pas un peuple à l'esclavage sous prétexte qu'il y est condamné

par la nature, comme le révérend évêque veut
le faire entendre. J'en conclus, sire, qu'il est
de la dernière importance pour votre majesté
d'y mettre ordre au commencement de son
règne. »

Après Las Casas, le missionnaire franciscain
reçut ordre de parler à son tour. Il le fit dans
ces termes : « Sire, je reçus ordre de passer à
Espagnola, où je demeurai quelques années :
on m'y donna la commission de faire le dé-
nombrement des Indiens. Il y en avait alors
quantité de milliers. Quelque temps après, je
fus encore chargé du même ordre, et je trouvai
ce nombre extrêmement diminué. Si le sang
d'Abel, c'est-à-dire celui d'un seul mort injus-
tement répandu, a crié vengeance et l'a obtenue
du ciel, Dieu sera-t-il sourd au cri de ce dé-
luge de sang qu'on ne cesse pas de répandre ?
Je conjure donc votre majesté, par le sang de
Notre-Seigneur et par les plaies du grand saint
dont je porte l'habit, d'apporter un prompt
remède à des maux qui ne manqueraient pas
d'attirer sur votre couronne l'indignation et les
rigoureux châtimens du souverain maître des
rois. »

Don Diègue Colomb eut ordre ensuite de
donner son avis : il fut le même. Charles fut
ému, et l'on ne peut douter que des lois plus
humaines portées pour le traitement des Américains n'aient été la suite de ce fameux conseil ; mais alors la question ne fut point résolue. On avait fait naître une nouvelle difficulté,

ceux qui consentaient à traiter les Américains en hommes libres exceptaient de cette faveur les peuples qui seraient déclarés anthropophages. On sent combien cette question devenait obscure et incertaine dans des régions dont les mœurs étaient encore peu connues. On ne s'avisa pas d'examiner si, en supposant même que ces peuples mangeassent leurs prisonniers, on était en droit d'en faire des esclaves. On ne songea qu'à prouver comme l'on put qu'ils avaient tous cette barbare coutume, parce qu'on avait intérêt de les en accuser. Charles-Quint, occupé de ses projets sur l'Italie, et de ses querelles de rivalité et d'ambition, ne pouvait donner à cet examen une attention assez suivie pour résister à tout ce qui était intéressé à le tromper. Bientôt des conquêtes plus brillantes qu'il n'avait pu même l'imaginer, de vastes monarchies ajoutées à ses possessions d'Europe, des richesses immenses envoyées par les vainqueurs du Mexique et du Pérou éblouirent facilement une âme susceptible plus qu'aucune autre de cette espèce de séduction. Le livre suivant nous offrira le tableau de ces grands événemens.

LIVRE DEUXIÈME.

MEXIQUE.

CHAPITRE PREMIER.

Hernandez de Cordoue. Découverte de l'Yucatan. Fernand Cortez. Découverte du Mexique. Conquête de Tlascala.

Avant de passer à la conquête d'un des plus grands empires du nouvel hémisphère, il est bon que lecteur se fasse une idée de tout ce qu'avait découvert le grand Colomb, et de tous les pas qu'on avait faits après lui.

On a vu que, voguant toujours à l'occident, il avait d'abord rencontré les grandes Antilles, c'est-à-dire la partie la plus considérble de l'archipel américain dans la mer du Nord. Cuba, aujourd'hui la Havane; Espagnola, aujourd'hui Saint-Domingue ; Portoric, la Jamaïque, les principales des grandes Antilles, furent aussi les premiers établissemens qui se formèrent dans son second voyage. En gouvernant un peu plus au sud, il avait aperçu les petites Antilles ou îles Caraïbes, la Guadeloupe, la Dominique, Marie-Galande. Ce n'est qu'à son troisième voyage, qu'en s'avançant toujours vers le sud, il trouva le continent. Il aborda dans l'île de la Trinité à la pointe du golfe de Paria. Il pénétra dans ce golfe jusqu'à la pointe d'Uraba; et ce ne fut qu'après lui qu'Ojéda et Vespuce parcoururent ces côtes qui forment les provinces de Terre-Ferme, Cumana, Venezuéla, Maracaïbo, Sainte-Marthe, jusqu'au golfe de Darien. C'est dans ce golfe que nous avons vu s'élever Carthagène, devenue depuis si fameuse par son commerce. Entre le golfe de Darien, dans la mer du Nord, et celui de Panama, dans la mer du Sud, est situé l'isthme de Panama, et sur la rive septentrionale de cet isthme nous avons vu bâtir Porto-Bello, la rivale de Carthagène. En pénétrant à l'extrémité opposée de cet isthme, le hardi et malheureux Vasco Nugnez de Balboa avait découvert le premier la mer du Sud ou grand Océan, qui conduisit dans la suite au Pérou : cependant les Espagnols, remontant d'un autre côté dans le golfe du Mexique vers le nord, avaient reconnu la Floride et le canal de Bahama, vis-à-vis cette contrée, qu'ils parcoururent jusqu'à la Caroline. Ainsi le golfe du Mexique avait été visité dans toutes ses parties sans qu'on eût encore songé à pénétrer dans l'empire qui porte ce nom, lorsque la découverte de l'Yucatan, la partie du Mexique la plus orientale, et qui s'avance en pointe à l'entrée du golfe, conduisit enfin les Espagnols dans un pays plus policé et plus riche que tout ce qu'ils avaient vu jusqu'alors.

Vers le commencement de l'année 1517, ou sur la fin de la précédente, Vélasquez, qui avait mis l'île de Cuba dans un état florissant, ne voulut pas perdre l'occasion de s'étendre par de nouvelles conquêtes, ou de se fortifier dans son île, en y faisant amener un grand nombre d'esclaves pour la culture des terres. La douceur de son gouvernement avait attiré près de lui une grande partie de la noblesse espagnole des Indes. Il proposa une expédition sur quelque endroit du continent où l'on n'eût point encore pénétré, dans le dessein d'y faire un établissement, si le pays en paraissait digne, ou d'enlever des Américains, s'ils étaient cannibales ou anthropophages, ou du moins d'y faire la traite de l'or, s'il s'y en trouvait. Quelques mémoires assurent qu'il en demanda la permission à l'amiral don Diègue, dont il n'était que le lieutenant; mais don Diègue était en Espagne depuis trois ans, et Vélasquez, loin de donner cette marque de subordination, n'avait rien épargné pour se rendre indépendant.

Il arriva, comme Vélasquez l'avait prévu, que non-seulement ses matelots et ses soldats, qui s'ennuyaient de l'oisiveté, mais plusieurs Castillans de considération, passionnés pour la fortune ou pour la gloire, entrèrent volontiers dans ses desseins. François Hernandez de Cordoue, un des plus riches et des plus entreprenans, se chargea de la conduite de l'entreprise, et d'une grande partie des frais. Vélasquez accepta son offre, et fit armer à San-Iago, capitale de Cuba, deux navires et un brigantin, sur lesquels il embarqua cent dix hommes. Hernandez mit à la voile le 8 février, avec Alaminos, pour premier pilote. Cet habile navigateur, qui avait servi dans sa jeunesse sous Christophe Colomb, n'eut pas plus tôt doublé le cap de Saint-Antoine, qui est à l'extrémité occidentale de Cuba, qu'il proposa de gouverner droit à l'ouest, par la seule raison que l'ancien amiral avait toujours eu du penchant à suivre cette route : c'était assez pour déterminer Hernandez. Ils essuyèrent une tempête qui dura deux jours ; et pendant trois semaines, leur navigation fut très-dangereuse dans une mer qu'ils connaissaient si peu : mais ils aperçurent enfin la terre, et s'en approchèrent assez près. Leurs premiers regards s'étaient arrêtés sur une grande bourgade qui leur parut éloignée d'environ deux lieues, lorsqu'ils virent partir de la côte cinq canots chargés d'Américains qui étaient vêtus d'une sorte de pourpoint sans manches, et de caleçons de la même étoffe ; ils semblèrent voir avec admiration les grands navires des Castillans, leurs barbes, leurs habits, et tout ce qui ne ressemblait point à leurs propres usages. On leur fit quelques présens dont ils furent assez satisfaits pour revenir le lendemain en plus grand nombre, avec de grandes apparences d'amitié ; mais leur dessein était d'employer la perfidie et la violence pour se saisir de tout ce qu'ils avaient admiré à la première vue. Les Castillans n'ayant pas fait difficulté de descendre, ceux qui débarquèrent les premiers se trouvèrent tout d'un coup environnés d'un grand nombre d'ennemis qui s'étaient embusqués, et qui, poussant de grands cris, firent tomber sur eux une grêle de pierres et de flèches, avec l'arc et la fronde ; ils étaient armés d'une sorte de lame d'épée dont la pointe était un caillou fort aigu, de rondaches et de cuirasses doublées de coton. Hernandez eut quinze hommes blessés ; mais le feu des arquebuses eut bientôt dissipé les assaillans.

Les Castillans, fort joyeux, malgré leur disgrâce, d'avoir découvert un pays dont les habitans étaient vêtus, et les maisons de pierre et de chaux, spectacle qu'ils n'avaient pas encore eu dans l'Amérique, retournèrent à bord pour suivre la côte. Après quinze jours de navigation, pendant lesquels ils observèrent constamment de ne mouiller que la nuit, ils arrivèrent proche d'un golfe, à la vue d'une bourgade aussi grosse que la première, qu'ils appelèrent *Lazare*, parce qu'on était au dimanche de l'évangile de ce nom, mais que les Indiens nommaient *Kimpech*, et qui a pris depuis le nom de pays de *Campéche*. Pendant qu'on rentrait à bord, cinquante Américains vêtus de camisoles et de mantes de coton se présentèrent aux Castillans ; et, leur ayant demandé par divers signes s'ils ne venaient pas du côté d'où le soleil se lève, ils les invitèrent à s'approcher de leur bourgade. Quoique leur dernière aventure leur rendît cette invitation suspecte, ils résolurent d'y aller bien armés. La curiosité les fit entrer dans quelques temples bien bâtis, qui se présentaient sur leur passage, et dans lesquels ils furent surpris de trouver, avec quantité d'idoles, des taches de sang toutes fraîches, et des croix peintes sur les murs. Ils y furent bientôt environnés d'une multitude des deux sexes, qui ne se lassait point de les admirer. Quelques momens après, ils virent paraître deux troupes qui marchaient en bon ordre et qui étaient armées ; dans le même temps, il sortit d'un temple dix hommes, qu'ils prirent pour des prêtres, vêtus de longues robes blanches, avec une chevelure noire fort frisée ; ils portaient du feu dans des réchauds de terre où ils jetaient une sorte de gomme, en dirigeant la fumée du côté des Castillans, et les pressant de se retirer. Après cette cérémonie, on entendit le bruit de plusieurs instrumens de guerre qui sonnaient la charge. Hernandez, qui ne se voyait point en état de résister à un peuple si nombreux, fit reprendre à ses gens le chemin de la mer ; et, quoique suivi par les deux troupes, qui ne le perdirent pas de vue, il fut assez heureux pour se rembarquer sans aucun accident. Il y a toute apparence que la cérémonie qu'il avait vue était une espèce d'exorcisme.

Il reprit sa route au sud pendant six jours, et, l'eau commençant à lui manquer, il mouilla dans une anse, où il trouva un puits d'eau douce dont il remplit ses tonneaux; mais ayant passé la nuit à terre, il fut attaqué le lendemain par un grand nombre d'habitans qui lui tuèrent quarante-sept hommes : la plupart des autres n'échappèrent point sans blessures, et lui-même fut percé de douze flèches; il ne dut la vie qu'à son courage, qui lui ouvrit un chemin au travers des ennemis; et lorsqu'il fut rentré dans ses barques, où les flèches le suivirent, il eut le chagrin de voir mourir encore cinq hommes de leurs blessures, outre deux qui avaient été enlevés dans le combat, et dont la vie lui parut désespérée entre les mains des Américains. Il ne restait pas d'autre parti à prendre que de retourner à Cuba.

Hernandez mourut peu de jours après son retour à la Havane; mais Vélasquez conçut une si haute idée de l'Yucatan, sur le témoignage des deux jeunes Américains qu'Hernandez avait amenés, et plus encore sur la vue des médailles, des couronnes et des bijoux d'or qu'on avait enlevés de leurs temples, qu'il ne perdit pas un moment pour se mettre en état de presser cette expédition. Il arma trois navires et un brigantin, sur lesquels il mit deux cent cinquante Espagnols et quelques insulaires de son gouvernement. Juan de Grijalva, dont tous les historiens vantent le caractère et l'habileté, fut chargé du commandement général, et reçut pour capitaines Pierre d'Alvarado, François de Montejo et Alphonse d'Avila, trois officiers respectés pour leur naissance, leur courage et leur politesse. Les pilotes furent les mêmes qui avaient servi au voyage d'Hernandez.

Grijalva mit en mer le 8 avril 1518. Après avoir relâché et fait quelques provisions dans l'île de Cosumel, il remit à la voile, et se trouva en peu de jours à la vue de l'Yucatan. La beauté de cette côte excita l'admiration des Espagnols. Ils y découvrirent par intervalles des édifices de pierre, et l'étonnement qu'ils avaient de trouver cet usage dans l'Amérique leur faisait paraître les bâtimens comme de grandes villes, où l'imagination leur représentait des tours, et tous les ornemens des cités européennes. Quelques soldats ayant fait remarquer que le pays ressemblait à l'Espagne, cette idée plut si fort à ceux qui l'avaient entendue, qu'on ne trouve pas d'autre raison qui ait fait donner le nom de *Nouvelle-Espagne* à toute cette contrée.

Les vaisseaux castillans continuèrent de ranger la côte jusqu'à l'endroit où la rivière que les Américains nommaient *Tabasco* entre dans la mer par deux embouchures. C'est une des plus navigables qui se jettent dans le golfe qu'on a nommé *du Mexique ;* et depuis cette découverte elle a pris le nom de *Grijalva,* pour laisser le sien à la province qu'elle arrose, et qui est une des premières de la Nouvelle-Espagne. Le pays paraissait couvert de très-grands arbres, et si peuplé sur les rives du fleuve, que Grijalva ne put résister à l'envie d'y pénétrer : mais, n'ayant trouvé de fond que pour les deux plus petits de ses bâtimens, il y fit passer tout ce qu'il avait de gens de guerre, et laissa ses deux autres vaisseaux à l'ancre avec la plus grande partie de ses matelots. A peine fut-il engagé dans le fleuve, dont il eut beaucoup de peine à surmonter le courant, qu'il aperçut un grand nombre de canots remplis d'hommes armés, et plusieurs autres troupes sur la rive, qui paraissaient également résolues de lui fermer le passage et de s'opposer à sa descente. Leurs cris et leurs menaces effrayèrent si peu les Espagnols, qu'ils ne s'avancèrent pas moins jusqu'à la portée du trait. Grijalva leur avait recommandé le bon ordre, et surtout de ne faire aucun mouvement qui ne parût annoncer la paix. Les Américains, de leur côté, furent si frappés de la fabrique des vaisseaux étrangers, de la figure et des habits de ceux qui les conduisaient, et de leur belle ordonnance, autant que de l'intrépidité avec laquelle ils les voyaient avancer, que, dans leur première surprise, cette vue les rendit comme immobiles. Le général castillan saisit ce moment pour sauter à terre; il y fut suivi de tous ses gens, dont il forma aussitôt un bataillon. Tandis que cette action semblait augmenter l'étonnement des Américains, il leur envoya Julien et Melchior, deux jeunes gens qui avaient été pris dans l'expédition d'Hernandez de Cordoue, et dont la langue était entendue dans une grande partie de la Nouvelle-Espagne, pour les assurer qu'il ne pensait point à troubler leur repos, et que dans le dessein, au contraire, de se rendre utile à leur nation, il leur offrait la paix et son alliance. Cette déclaration en fit approcher vingt ou trente, avec un mélange de confiance et de crainte : mais l'accueil qu'ils reçurent ayant achevé de les rassurer, Grijalva leur fit dire que les Castillans étaient sujets d'un grand roi, maître de tous les pays où ils voyaient naître le soleil, et qu'il était venu les inviter de la part de ce prince à le reconnaître aussi pour leur souverain. Ce discours fut écouté avec une attention qui parut accompagnée de quelques marques de chagrin. Leur disposition semblait encore incertaine, lorsqu'un de leurs chefs, imposant silence à toute la troupe, répondit d'un air et d'un ton ferme « que cette paix qu'on leur offrait avec des propositions d'hommage et de soumission avait quelque chose de fort étrange ; qu'il était surpris d'entendre qu'on leur parlât d'un nouveau seigneur sans savoir s'ils étaient mécontens de celui auquel ils obéissaient ; que, pour ce qui regardait la paix ou la guerre, puisqu'il n'était question maintenant que de ces deux points, il n'était pas revêtu d'une autorité suffisante pour donner une réponse décisive ; mais que ses supérieurs, auxquels il allait expliquer ce qu'on avait proposé, feraient connaître leur résolution. » Les Espagnols jugèrent qu'ils s'é-

taient mépris en croyant avoir affaire à des
sauvages, et que des peuples qui parlaient
ainsi ne pouvaient être des ennemis méprisa-
bles. L'orateur s'étant retiré après son discours,
les laissa quelque temps dans cet embarras; mais
il reparut bientôt avec la même escorte pour
leur déclarer « que ses maîtres ne craignaient
pas la guerre, qu'ils n'ignoraient pas ce qui
s'était passé dans la province voisine, et que cet
exemple n'était pas capable de les intimider;
mais qu'ils jugeaient la paix préférable à la
plus heureuse guerre. » Il avait fait apporter
quantité de fruits et d'autres provisions, qu'il
offrit à Grijalva de la part de ses maîtres
comme un gage de la paix qu'ils acceptaient.
Bientôt on vit arriver le cacique du canton
avec une garde peu nombreuse et sans armes,
pour faire connaître la confiance qu'il prenait à
ses hôtes et celle qu'il leur demandait pour lui.
Grijalva le reçut avec de grands témoignages
de joie et d'amitié, auxquels il répondit d'un
air fort noble. Après les premiers complimens,
il fit approcher quelques gens de sa suite, chargés d'un nouveau présent, dont plusieurs pièces étaient également précieuses par la matière et le travail. C'étaient différentes sortes de
bijoux d'or renfermés dans une corbeille, des
armes et des figures d'animaux revêtues de la-
mes d'or, des pierreries enchâssées, des plumes de diverses couleurs, et des robes d'un
coton extrêmement fin. Alors, sans laisser le
temps à Grijalva de le remercier, il lui dit

« qu'il aimait la paix, et que c'était pour la faire subsister entre eux qu'il le priait d'accepter ce présent; mais que, dans la crainte de quelque mésintelligence qui pouvait s'élever entre les deux nations, il le suppliait de s'éloigner. » Le général castillan, charmé de tout ce qu'il entendait, répondit que son dessein n'avait jamais été d'apporter le moindre trouble sur cette côte, et qu'il était disposé à partir. En effet, il se hâta de mettre à la voile.

En continuant de ranger la côte, les Castillans arrivèrent ensemble à l'embouchure d'un autre fleuve, qui fut nommé *Rio de Banderas*, parce qu'ils y aperçurent des Américains avec une sorte de piques ornées de banderoles, qui semblaient les inviter à descendre. Montejo reçut ordre de s'avancer avec deux chaloupes pour reconnaître leurs dispositions, et l'escadre ne tarda pas à le suivre. Les Castillans furent si bien reçus de ces Américains, qu'ils en obtinrent la valeur de quinze mille pesos d'or pour les plus viles marchandises d'Espagne. Ils apprirent dans ce lieu qu'ils étaient redevables des invitations et du bon accueil des habitans à l'ordre d'un puissant monarque de cette province, qui se nommait *Motezuma;* que ce prince, qui avait été informé de leur approche, avait mandé aux commandans de ses frontières d'aller au-devant des Espagnols, de leur porter de l'or pour traiter, et de découvrir, s'il était possible, le véritable dessein de ces étrangers. Il paraît que la renommée avait porté jusqu'à ce prince les expéditions des Espagnols dans les Antilles et dans quelques parties du continent, et qu'il les regardait comme des ennemis redoutables qu'il fallait apaiser par des soumissions, et éloigner, s'il était possible.

La rade de Banderas étant mal défendue contre les vents du nord, on remit à la voile, et l'on rencontra bientôt une île assez proche de la côte, que la blancheur de son sable fit nommer l'*île Blanche*. Un peu plus loin, on en découvrit une autre à quatre lieues de la côte; et l'ombrage de ses arbres lui fit donner le nom d'*île Verte*. Plus loin encore, à une lieue et demie du rivage, on en aperçut une qui parut peuplée, et le général y descendit. Il y trouva quelques bons édifices de pierre et un temple ouvert de toutes parts, au milieu duquel on découvrait plusieurs degrés qui conduisaient à une espèce d'autel chargé de statues d'horrible figure. En le visitant de près, on y aperçut cinq ou six cadavres humains qui paraissaient avoir été sacrifiés la nuit précédente. L'effroi que les Castillans ressentirent de ce spectacle leur fit donner à l'île le nom d'*île des Sacrifices*. Ils virent d'autres victimes d'une barbare superstition dans une quatrième île un peu plus éloignée, que ses habitans nommaient *Culva*, dont on a fait Saint-Jean-d'Ulua.

La vue de tant de riches contrées faisait souhaiter au général espagnol d'en prendre possession plus solidement que par de simples formalités ; mais le gouverneur de Cuba, Vélasquez, jaloux de ses propres lieutenans, leur avait défendu de faire aucun établissement. On revint donc à la Havane, et Vélasquez, au récit de tout ce qu'avait vu Grijalva, eut la bizarre injustice de lui faire un crime de son obéissance. Il n'eut rien de plus pressé que de faire partir une autre flotte pour la même destination : elle fut composée de dix navires, et le fameux Fernand Cortez en eut le commandement·

Cortez était né en 1485, à Medellin, ville de l'Estramadoure, d'une famille dont on n'a pas contesté la noblesse. Dans sa première jeunesse, il avait étudié à l'université de Salamanque, et le dessein de son père était de l'appliquer à la jurisprudence ; mais sa vivacité naturelle, qui ne s'accommodait pas d'une profusion si grave, le ramena chez son père, dans la résolution de prendre le parti des armes. Il obtint la permission d'aller servir en Italie, sous le grand Gonsalve de Cordoue, et le jour de son départ était marqué, lorsqu'il fut attaqué d'une longue et dangereuse maladie, qui mit du changement dans ses desseins sans en apporter à ses inclinations. Il résolut de passer en Amérique pour y chercher la fortune et la gloire ; il y passa dans le cours de l'année 1504, avec des lettres de recommandation pour don Nicolas d'Ovando, son parent, qui commandait dans Espagnola. Quoiqu'il eût à peine vingt ans, il fit éclater sa hardiesse et sa fermeté dans plusieurs dangers auxquels il fut exposé pendant la navigation. Ovando le reçut avec amitié, et le garda quelque temps près de lui ; ensuite il lui donna de l'emploi. Cortez était bien fait, et d'une physionomie prévenante ; ces avantages extérieurs étaient soutenus par des qualités qui le rendaient encore plus aimable ; il était généreux, sage, discret ; il ne parlait jamais au désavantage de personne ; sa conversation était enjouée ; il obligeait de bonne grâce, et sans vouloir qu'on publiât ses bienfaits : un mérite si distingué, et les occasions qu'il eut de signaler sa valeur et sa prudence, lui avaient acquis beaucoup de réputation dans la colonie, lorsqu'en 1511, Vélasquez, qui passait dans l'île de Cuba, lui proposa de le suivre avec l'emploi de secrétaire. Il accepta cet office ; mais le gouverneur ayant fait des mécontens, Cortez, qui était apparemment du nombre, se chargea, l'année suivante, de porter leurs plaintes à l'audience royale de San-Domingo ; ce complot fut découvert. Cortez fut arrêté, et condamné au dernier supplice ; sa grâce néanmoins fut accordée aux instances de quelques personnes de considération ; et le gouverneur, se contentant de l'envoyer prisonnier à San-Domingo, l'embarqua dans un navire qui mettait à la voile ; mais n'étant point observé à bord, il eut le courage de sauter pendant la nuit dans la mer avec un ais entre ses bras. Après avoir couru le plus terrible danger, il fut jeté sur le rivage, où il retomba sous le pouvoir du gouverneur, qui, frappé de l'énergie de son caractère, prit le parti de s'en faire un ami, et le combla de faveurs. Vélasquez, qui voulait, surtout dans ses lieutenans, un dévouement servile à ses volontés et à ses intérêts, crut avoir trouvé ce qu'il cherchait dans un homme tel que Cortez, qui lui avait tant d'obligations; mais ceux qui avaient observé de plus près l'âme altière et ambitieuse de ce nouveau commandant, jugèrent que la confiance de Vélasquez ne pouvait pas être plus mal placée. Un jour que le gouverneur et le capitaine-général de la flotte se promenaient ensemble, un fou, nommé *Francisquillo*, s'approcha d'eux, et se mit à crier que Vélasquez n'y entendait rien, et qu'il lui faudrait bientôt une seconde flotte pour courir après Cortez. *Compère*, dit le gouverneur (c'était ainsi qu'il nommait ordinairement Cortez, dont il avait tenu la fille sur les fonts de baptême), *entendez-vous ce que dit ce méchant Francisquillo? C'est un fou*, dit Cortez, *il faut le laisser parler*. Cependant les concurrens au commandement qu'il avait obtenu profitèrent de ces ouvertures pour jeter des soupçons dans l'esprit naturellement défiant de Vélasquez. Cortez, qui s'en aperçut, ne songea qu'à presser son départ : il employa aux préparatifs tout son bien et celui de ses amis. L'étendard qu'il fit arborer portait le signe de la croix , avec ces mots pour devise, en latin : *nous vaincrons par ce signe*; c'est l'inscription du fabuleux *labarum*, qui, à ce qu'on prétend, apparut à Constantin. En peu de jours il rassembla sous ses ordres environ trois cents hommes, entre lesquels on comptait Diégo d'Ordas, ami particulier du gouverneur, François de Norla, Bernard Diaz del Castillo, qui publia l'histoire de cette expédition, et d'autres gentilshommes dont les noms paraîtront plus d'une fois avec honneur. Cortez était si alarmé, qu'il se disposa à s'embarquer sans prendre son audience de congé. Vélasquez fut averti que la flotte allait mettre à la voile; il se leva aussitôt, et toute la ville fut troublée : il alla au rivage dès la pointe du jour avec une nombreuse suite. Cortez l'ayant aperçu, descendit dans une chaloupe armée de fauconneaux, d'escopettes et d'arbalètes, accompagné de ses plus fidèles amis, et s'approcha du rivage. Vélasquez lui dit : « Compère, compère, vous partez donc ainsi sans dire adieu? Il est bien étrange que vous me quittiez ainsi. » Cortez lui répondit : « Seigneur, je vous en demande pardon; mais sachez qu'on ne saurait apporter trop de diligence aux grandes entreprises; ordonnez seulement ce que vous souhaitez que je fasse pour votre service. » Vélasquez, surpris, ne sut que répondre; Cortez retourna sur-le-champ aux vaisseaux, et partit le 18 de novembre 1518, rasa la côte du nord, puis, tournant à l'est, alla mouiller en peu de jours au port de la Trinité, où il avait quelques amis qui le reçurent avec des transports de joie. Quantité d'Espagnols voulurent se joindre à lui : on nomme ici les principaux, pour donner plus de facilité à les reconnaître dans le cours de leurs exploits : c'était Jean d'Escalante, Pierre Sanche de Farsan, et Gonzale de Mexia : on vit bientôt arriver Alvarado et d'Avila, qui étaient partis après la flotte, et ce renfort fut d'autant plus agréable à Cortez, qu'ils avaient déjà commandé tous deux dans l'expédition de Grijalva. Alvarado amenait ses quatre frères, Gonzale, George, Gomez et Jean. La ville du Saint-Esprit, qui est peu éloignée de la Trinité, fournit aussi ses plus braves citoyens, tels qu'Alphonse Hermandez, Porto Carréro, Gonzale de Sandoval, Rodrigue de Ranjal, Jean Vélasquez de Léon, parent du gouverneur, et plusieurs autres gentilshommes de la même distinction. Une si belle noblesse, et plus de cent soldats, qui furent tirés de ces deux villes, augmentèrent également la réputation et les forces de l'armée, sans compter les munitions, les armes, les vivres, et quelques chevaux qui furent embarqués aux frais de Cortez et de ses amis. Outre les dépenses communes, il distribua libéralement tout ce qui lui restait de son propre bien entre ceux qui avaient besoin de secours pour former leur équipage. Cette générosité, jointe à l'espérance que ses qualités naturelles faisaient concevoir de sa conduite, lui attacha tous les cœurs par des droits plus forts que ceux du rang et de l'autorité.

Cependant, à peine était-il parti, que Vélasquez, excité par de nouvelles représentations, surtout par celles d'un astrologue nommé *Jean de Milan*, dont les prédictions ambiguës augmentèrent ses craintes, résolut de tout tenter pour lui ôter le commandement. Il commença par envoyer un ordre exprès à Verdugo, son beau-frère, qui exerçait l'emploi d'alcade major à la Trinité, de le déposer dans toutes les formes établies au service d'Espagne. Cette commission était plus facile à donner qu'à remplir : Cortez était sûr de tous ceux qu'il avait sous ses ordres, et Verdugo comprit qu'il exposerait inutilement son autorité; d'ailleurs il se laissa persuader par les discours séduisans de Cortez que, pour son propre intérêt et celui de son beau-frère, une entreprise de cet éclat demandait plus d'explication. Il écrivit à Vélasquez; la plupart des officiers de la flotte écrivirent de leur côté pour représenter au gouverneur l'injustice qu'il voulait faire à un homme de mérite, dont tout le crime était apparemment d'avoir excité l'envie, et le danger qu'il y avait de révolter l'armée par le mauvais traitement dont on menaçait son général. Enfin Cortez écrivit lui-même dans des termes fort mesurés, mais pleins de noblesse, qui faisaient sentir à Vélasquez le tort qu'il avait de prêter si facilement l'oreille à la calomnie. Cependant, après le départ de toutes ses dépêches, il jugea que, dans une conjoncture si délicate, la prudence l'obligeait de hâter sa navigation. Il envoya par terre, à la Havane, une partie de ses soldats sous la conduite d'Alvarado, pour y faire quelques nouvelles levées; et, mettant à la voile aussitôt, il s'avança vers cette ville, dans le dessein de ne s'y arrêter que pour recevoir ses gens à bord.

La flotte sortit du port de la Trinité avec un vent favorable; mais, au lieu de suivre le vaisseau de Cortez, elle s'écarta pendant la nuit, et les pilotes ne s'aperçurent point de leur erreur avant la pointe du jour: cependant, comme ils se voyaient fort avancés, ils continuèrent leur route jusqu'à la Havane. Pierre de Barba, qui commandait dans cette ville, entra vivement dans les intérêts du capitaine général, et donna des ordres pour les besoins de la flotte: mais on fut extrêmement surpris de voir passer plusieurs jours sans recevoir aucune nouvelle de Cortez; et l'inquiétude alla si loin, qu'une partie de l'armée proposait déjà d'élire un commandant dans son absence. La nuit de son départ, en passant sur les dangereux bancs qui se rencontrent entre la Trinité et le cap Saint-Antoine, assez près de l'île de Pinos, son vaisseau avait touché avec un danger si pressant, qu'il avait fallu faire transporter une partie de sa charge dans l'île voisine. La présence d'esprit qui avait fait prendre au général le seul parti qui pouvait le sauver, et la fermeté avec laquelle il avait fait exécuter ses ordres, augmentèrent beaucoup l'estime et la confiance qu'on avait déjà pour lui.

Le nombre de ses soldats croissait tous les jours. Entre les gentilshommes de la Havane, on distingue François de Montejo, qui fut ensuite adelantade de l'Yucatan, Diègue de Soto del Toro, Garcie Caro et Jean de Zedens, qui donnèrent un nouvel éclat à ses troupes, et qui achevèrent même de fournir des armes et des provisions. Pendant ces préparatifs, Cortez sut ménager jusqu'au temps de son loisir. Il profita de ce court intervalle pour mettre l'artillerie à terre, pour faire nettoyer les pièces, et pour exercer les canonniers à leurs fonctions. Le canton de la Havane produisant du coton en abondance, il en fit faire une sorte d'arme défensive, qui n'était qu'un double drap de coton piqué et taillé en forme de casaque, à laquelle on donna le nom d'*estampille*. Cette armure, qui doit son origine à la disette du fer, devint si commune après l'expérience, qu'un peu de coton, piqué mollement entre deux toiles, passa pour une défense plus sûre que le fer contre la pointe des flèches et des dards américains, sans compter que les flèches y demeurant attachées, perdaient encore leur activité, et n'allaient blesser personne en glissant sur les armes. Cortez faisait faire aussi tous les exercices militaires à ses soldats : il les instruisait lui-même par le discours et l'exemple.

Mais, tandis que les derniers préparatifs se faisaient avec une diligence et une conduite qui lui attiraient l'admiration, il vit arriver Gaspard de Carnica, chargé de lettres de

Vélasquez, par lesquelles il était ordonné à Barba de l'arrêter et de l'envoyer prisonnier à la capitale. Elles portaient ordre à Diègue d'Ordaz et à Jean Vélasquez de Léon de prêter main-forte à Barba. Les plaintes du gouverneur de Cuba contre Verdugo faisaient comprendre qu'il ne recevrait aucune excuse dans l'affaire du monde qui l'intéressait le plus. Cortez en fut averti, et cette obstination lui causa de l'inquiétude : ce fut alors qu'il prit la résolution de rompre ouvertement avec Vélasquez. Il trouva des prétextes pour éloigner Diègue d'Ordaz avant la publication de ces ordres, parce qu'il n'ignorait pas que la proposition de nommer un commandant dans son absence était venue de lui. Ensuite, ayant mis dans ses intérêts Vélasquez de Léon, qu'il connaissait plus facile à persuader, il ne craignit pas de se montrer à ses troupes, et de leur déclarer lui-même la nouvelle persécution dont il était menacé. Leur ardeur fut égale à lui promettre une fidélité sans réserve : la noblesse se contint dans les bornes d'un attachement fondé sur l'estime et la reconnaissance; mais la chaleur des soldats fut poussée jusqu'aux cris et aux menaces. Barba, que ce mouvement tumultueux semblait regarder, se hâta de paraître pour jurer qu'il n'avait pas dessein d'exécuter l'ordre du gouverneur, et qu'il en reconnaissait l'injustice ; ensuite, pour ne laisser aucun doute à ses intentions, il renvoya publiquement Garnica avec une lettre par laquelle il marquait au gouverneur qu'il n'était pas temps d'ôter à Cortez le pouvoir qu'il lui avait confié, et que les troupes n'étaient pas disposées à souffrir le changement. Il ajoutait, en forme de conseil, que le seul parti qu'il eût à prendre, était de retenir le capitaine général par la voie de la confiance, en ajoutant de nouvelles grâces aux premières, et qu'il valait mieux espérer de sa reconnaissance ce qu'il ne pouvait obtenir par la force.

Après de telles assurances de l'affection de son armée, Cortez ne vit plus d'obstacles à redouter. En vain le bruit courut que Vélasquez devait arriver lui-même à la Havane : il aurait beaucoup hasardé, suivant les historiens. Les guerriers de la flotte n'étaient pas encore revenus de leur chagrin, et Solis décide hardiment qu'ils avaient pour eux la force et la raison. Ils pressèrent eux-mêmes le départ ; la flotte se trouva composée de dix navires e td'un brigantin. Cortez divisa toutes ses troupes en onze compagnies, et les mit sous les ordres d'autant de capitaines, qui devaient commander ces onze vaisseaux, avec une égale autorité sur mer et sur terre. Il prit le commandement de la première compagnie. Les autres capitaines furent Vélasquez de Léon, Porto Carrero ; Montejo, Olid, Escalante, Alvarado, Morla, Sancedo, Avila et Ginez de Nortez, qui montait le brigantin. Orosco, qui avait servi avec beaucoup de réputation dans les guerres d'Italie, fut chargé de la conduite de l'artillerie, et le sage Alaminos, dont l'expérience était connue sur toutes ces mers, fut nommé premier pilote. Cortez donna pour mot *Saint-Pierre*, sous la protection duquel il déclara qu'il mettait toutes ses entreprises.

On partit du port de la Havane le 10 février 1519. Après avoir eu pendant quelques jours des vents impétueux à combattre, toute la flotte se réunit dans l'île de Cozumel, et l'on fit une revue générale. Le nombre des troupes montait à cinq cent huit soldats, sans y comprendre les officiers, et cent neuf hommes pour le service de la navigation. Quoique la plupart eussent déjà fait éclater leur ardeur, Cortez, après leur avoir fait une exhortation générale, prit les officiers à part, s'assit au milieu d'eux, et leur adressa une harangue que Solis nous a conservée. Les insulaires s'étaient retirés dans les montagnes à la vue de la flotte ; mais ils furent excités à descendre par le bon ordre qu'ils virent régner dans le camp des Espagnols, et bientôt ils se mêlèrent parmi eux avec autant de familiarité que de confiance. Cortez apprit du cacique que, dans un canton du continent, il y avait quelques hommes barbus, d'un pays auquel ils donnaient le nom de *Castille*. Il ne douta point que ce ne fût quelques-uns des Castillans qu'Hernandez de Cordoue et Grijalva s'étaient plaints d'avoir perdus sur cette côte ; et, comprenant de quelle importance il était pour lui de s'attacher quelques hommes de sa

nation, qui devaient savoir la langue du pays,
il fit passer Ordaz à la côte d'Yucatan, dont
l'île de Cozumel n'est éloignée que d'environ
quatre lieues. Deux insulaires, choisis par le
cacique même, furent chargés d'une lettre
pour les prisonniers et de quelques présens par
lesquels on se flattait d'obtenir leur rançon. Ordaz eut ordre de demeurer à l'ancre pendant
huit jours, qui était le temps nécessaire pour
la réponse. Ordaz n'ayant pas reparu dans le
terme de huit jours, le départ ne fut pas re-
tardé plus long-temps; mais une voie d'eau
qui se fit au vaisseau d'Escalante, ayant bientôt obligé la flotte de retourner dans l'île d'où
elle était partie, il fallut employer quatre jours
au radoub; et comme on remettait à la voile,
on découvrit de fort loin un canot qui tra-
versait le golfe pour venir droit à l'île. Il portait quelques Américains armés, auxquels on
fut surpris de voir faire une diligence extrême,
et témoigner peu de crainte à la vue de la
flotte. Le général fit mettre quelques soldats en
embuscade dans l'endroit du rivage où le canot
devait aborder. Ils laissèrent descendre les
Américains, et, leur ayant coupé le chemin, ils
fondirent impétueusement sur eux. Mais un de
ces étrangers s'avançant les bras ouverts, s'é-
cria en castillan qu'il était chrétien. Ils le reçurent avec mille caresses, et le conduisirent
au général, qui reconnut ses compagnons pour
les mêmes insulaires qu'il avait envoyés avec
Ordaz à la côte d'Yucatan. Si l'on considère

qu'une voie d'eau est une disgrâce commune,
qui pouvait être réparée sans retourner à l'île,
que le temps nécessaire pour le radoub du
vaisseau ne l'était pas moins pour l'arrivée du
prisonnier, que cet homme savait assez les
différentes langues du continent pour servir
d'interprète au général, et qu'il devint en effet
un des principaux instrumens de la conquête du
Mexique, on conviendra que la fortune commençait de bonne heure à se déclarer pour Cortez.

Ce malheureux inconnu ne paraissait pas
différent des Américains. Il était nu comme
eux, et basané, avec des cheveux tressés autour de la tête : il portait sa rame sur l'épaule,
un arc à la main, un bouclier et des flèches
sur le dos, une sorte de rets en forme de sac,
dans lequel était sa provision de vivres, et une
paire d'heures qu'il avait toujours conservée
pour ses exercices de religion. Il demanda d'a-
bord quel jour il était avec un embarras
qu'on devait attribuer à l'excès de sa joie,
mais qu'on reconnut bientôt pour véritable
oubli de sa langue naturelle. Il ne pouvait tenir un discours suivi sans y mêler quelques
mots américains qu'on n'entendait pas. Cortez,
après l'avoir embrassé, le couvrit lui-même du
manteau qu'il portait. On apprit de lui par
degrés qu'il se nommait *Jérôme d'Aguilar*,
qu'il était d'Écija, ville d'Andalousie, et d'une
naissance qui lui avait procuré tous les avantages de l'éducation. Il était passé en Amérique, et, se trouvant dans la colonie du Da-

rien pendant les dissensions de Nicuessa et de
Vasco Nugnez de Balbôa, il avait accompagné
Valdivia dans le voyage qu'il devait faire à
San-Domingo; mais, à la vue de la Jamaïque,
leur caravelle avait échoué sur les bancs de
Los Alacranes. De vingt hommes qu'ils étaient,
sept étaient morts de fatigue et de misère. Les
autres, ayant pris terre dans une province
nommée *Maya*, étaient tombés entre les mains
d'un cruel cacique qui avait commencé par
sacrifier à ses idoles Valdivia et quatre de leurs
compagnons, dont il avait ensuite mangé la
chair. Aguilar et les autres avaient été réservés
pour la première fête, et renfermés dans une
cage où l'on prenait soin de les engraisser;
mais ils avaient trouvé le moyen d'en sortir,
et marchant pendant plusieurs jours au travers des bois, sans autre aliment que des
herbes et des racines, ils avaient rencontré des
Américains qui les avaient présentés à un autre
cacique, ennemi du premier et moins barbare,
sous le pouvoir duquel ils avaient mené une
vie assez douce, quoique forcés continuellement à de pénibles travaux. Tous les compagnons de son malheur étaient morts successivement, à l'exception d'un matelot, nommé
Gonzalez Guerrero, natif de Palos, qui avait
épousé une riche Américaine dont il avait plusieurs enfans. Pour lui, que son attachement
pour la religion avait toujours éloigné de ces
coupables mariages, il était parvenu, après diverses épreuves, à mériter l'affection et la

confiance de son maître. Il l'avait servi fort heureusement dans ses guerres ; et ce cacique, nommé *Aquineuz*, l'avait recommandé, en mourant, à son fils, auprès duquel il avait joui de la même faveur. Lorsqu'il avait reçu la lettre de Cortez par les Américains de Cozumel, il avait employé les présens qu'ils lui avaient remis à traiter de sa liberté, qu'il avait obtenue comme une récompense de ses services. Il avait communiqué la lettre à Guerrero, mais sans avoir pu l'engager à quitter sa femme, et l'emploi de capitaine, dont il avait été revêtu par le cacique de Nachanaam.

Les Castillans partirent pour la seconde fois de Cozumel le 4 mars ; et, doublant la pointe de Catoche, ils suivirent la côte et allèrent mouiller à la rivière de Grijalva : on n'y fut pas long-temps sans entendre des cris tumultueux, qui semblaient annoncer de la résistance dans un canton où Grijalva n'avait reçu que des caresses et des présens. Aguilar, que Cortez envoya dans un esquif pour demander la paix, revint lui dire que les ennemis étaient en grand nombre, et si résolus de défendre l'entrée de la rivière, qu'ils avaient refusé de l'écouter. Quoique ce ne fut point par cette province qu'il voulait commencer ses conquêtes, il lui parut important de ne pas reculer dans le premier péril qui s'offrait : la nuit approchait ; il l'employa presque entière à disposer l'artillerie de ses plus gros vaisseaux, avec ordre aux soldats de prendre leurs casaques piquées : à l'approche du jour, les vaisseaux furent rangés en demi-lune, dont la forme allait en diminuant jusqu'aux chaloupes qui terminaient les deux pointes : la largeur de la rivière laissant assez d'espace pour s'avancer dans cet ordre, on affecta de monter avec une lenteur qui invitait les Américains à la paix. Aguilar fut député encore une fois pour l'offrir ; mais leur réponse fut le signal de l'attaque. Ils s'avancèrent à la faveur du courant jusqu'à la portée de l'arc, et tout d'un coup ils firent pleuvoir sur la flotte une si grande quantité de flèches, que les Espagnols eurent beaucoup d'embarras à se couvrir ; mais, après avoir soutenu cette première attaque, ils firent à leur tour une si terrible décharge de leur artillerie, que la plupart des Américains, épouvantés d'un bruit qu'ils n'avaient jamais entendu, et de la mort d'une infinité de leurs compagnons, abandonnèrent leurs canots pour sauter dans l'eau. Alors les vaisseaux s'avancèrent sans obstacle jusqu'au bord de la rivière, où Cortez entreprit de descendre sur un terrain marécageux et couvert de buissons : il y fallut soutenir un second combat : les Américains qui étaient embusqués dans les bois, et ceux qui avaient quitté leurs bateaux, s'étaient rassemblés pour revenir à la charge. Les flèches, les dards et les pierres incommodèrent beaucoup les Castillans ; mais Cortez eut l'habileté de former un bataillon sans cesser de combattre, c'est-à-dire que les premiers rangs, faisant tête à l'ennemi, couvraient ceux qui descendaient des vaisseaux, et leur donnaient le temps de se ranger pour les soutenir. Aussitôt que le bataillon fut formé, il détacha cent hommes sous la conduite d'Avila pour aller au travers du bois attaquer la ville de Tabasco, capitale de la province, dont on connaissait la situation par les mémoires des voyages précédens. Ensuite il marcha contre une multitude incroyable, qu'il ne cessa point de pousser avec autant de hardiesse que de danger. Les Castillans combattaient dans l'eau jusqu'au genou : le général même s'exposa comme le moindre soldat ; et l'on rapporte qu'ayant laissé, dans l'ardeur du combat, un de ses souliers dans la fange, il combattit long-temps dans cet état, sans s'en apercevoir.

Cependant les Américains disparurent entre les buissons, apparemment pour la défense de leur ville, vers laquelle ils avaient vu marcher Avila. On en jugea par la multitude de ceux qui s'y étaient rassemblés. Elle était fortifiée d'une espèce de muraille, composée de gros troncs d'arbres, en forme de palissades, entre lesquelles il y avait des ouvertures pour le passage des flèches. Cortez arriva plus tôt à la ville qu'Avila, dont la marche avait été retardée par des marais et des lacs. Cependant les deux troupes se rejoignirent, et, sans donner aux ennemis le temps de se reconnaître, elles avancèrent tête baissée jusqu'au pied de la palissade.

Les intervalles qui s'y trouvaient servirent d'embrasures pour les arquebuses. Bientôt il ne resta plus aux Américains d'autre ressource que de prendre la fuite vers les bois. Cortez défendit de les suivre, pour leur laisser la liberté de se déterminer à la paix, et pour donner à ses gens le temps de se reposer. Ainsi, Tabasco fut sa première conquête : cette ville était grande et bien peuplée; les Américains en ayant fait sortir leurs familles et leurs principales richesses, elle n'offrit presque rien à l'avidité du soldat; mais il s'y trouvait des vivres en abondance. Entre plusieurs Castillans blessés, on nomme Diaz de Castillo, et Solis lui fait honneur de son courage.

Les Castillans passèrent la nuit dans trois temples dont la situation les mettait à couvert de toute surprise. Cortez ne se reposa que sur lui-même du soin de faire la ronde et de poser les sentinelles. Le jour n'ayant fait apercevoir aucune trace de l'ennemi, il envoya reconnaître les bois voisins, où l'on trouva la même solitude. Cette tranquillité lui fit naître des soupçons qui augmentèrent en apprenant que Melchior, un des anciens interprètes, avait disparu cette nuit, après avoir suspendu aux branches d'un arbre les habits qu'il avait reçus en embrassant le christianisme. Les avis qu'il allait porter aux Américains pouvaient être dangereux : en effet, on vérifia dans la suite qu'il les avait excités à continuer la guerre en les assurant que les Castillans n'étaient pas immortels, et que ces armes qui répandaient tant d'effroi n'étaient pas le tonnerre; mais il fut mal payé de son zèle; les Mexicains, auxquels il avait donné ses lumières, n'en ayant pas trouvé la victoire plus facile, le sacrifièrent à leurs idoles.

Cortez, après avoir fait reconnaître le pays par ses détachemens, fut informé que, près d'un lieu nommé *Cintla*, on découvrait une armée innombrable de Mexicains, qui ne pouvait s'être rassemblée que dans le dessein de l'attaquer.

Diaz décrit l'ordre de leur marche pour donner une idée générale des combats qu'on eut à soutenir dans une région dont tous les peuples ont les mêmes usages de guerre : leurs armes ordinaires étaient l'arc et les flèches; la corde de leur arcs était composée d'un nerf de quelque animal ou de poil de cerf filé; et leurs flèches étaient armées d'un os pointu ou d'une arête de poisson. Ils avaient une sorte de dard ou de zagaie qu'ils lançaient dans l'occasion, et qui leur servait quelquefois aussi de demi-pique. Quelques-uns portaient des épées ou de larges sabres d'un bois fort dur, incrusté de pierres tranchantes, et s'en servaient à deux mains : les plus robustes y joignaient des massues fort pesantes, dont la pointe était armée d'un caillou. Enfin d'autres n'avaient que des frondes dont ils se servaient pour jeter de grosses pierres avec autant de force que d'adresse. Leurs armes défensives, qui n'apparte-

naient qu'aux caciques et aux officiers, étaient
des cuirasses de coton et des rondaches de bois
ou d'écaille de tortue, garnies de métal, quelques-unes d'or même dans tous les endroits où
le fer est employé parmi nous. Tous les autres
combattaient nus ; mais ils avaient le visage et
le corps peints de diverses couleurs, pour se
donner un air plus terrible. La plupart portaient autour de la tête une couronne de plumes fort hautes, qui semblait ajouter quelque
chose à leur taille. Ils ne manquaient pas d'instrumens militaires, soit pour les rallier ou
pour les animer dans l'occasion : c'étaient des
flûtes de roseau, des coquilles de mer et une
espèce de tambour d'un tronc d'arbre creusé,
dont ils tiraient quelques sons avec de grosses
baguettes. Leurs bataillons étaient sans aucun
ordre de rang et de files ; mais on y remarquait
des divisions dont chacune avait ses chefs, et
le corps d'armée était suivi de quelques troupes de réserve pour soutenir ceux qui venaient
à se rompre. Leur première attaque était toujours furieuse, et les cris dont elle était accompagnée pouvaient inspirer de la terreur. Après
avoir épuisé leurs flèches, s'ils ne voyaient pas
leurs ennemis ébranlés, ils se précipitaient sur
eux, sans autre méthode que de se tenir serrés
dans leurs bataillons ; mais comme ils atta-
quaient ensemble, ils fuyaient aussi tous à la
fois ; et lorsque la crainte leur avait fait tourner
le dos, il était impossible de les arrêter.

Les Castillans, qui ne connaissaient point

encore le caractère et les usages de ces peuples, ne purent voir sans quelque effroi la campagne inondée d'une armée si nombreuse. Ils apprirent qu'elle était de quarante mille hommes. Cortez sentait le péril dans lequel il s'était engagé ; cependant, loin d'en être abattu, il anima ses gens par un air de joie et de fierté : il leur fit prendre un poste au pied d'une petite éminence, qui ne leur laissait point à craindre d'être enveloppés par-derrière, et d'où l'artillerie pouvait jouer librement. Pour lui, montant à cheval avec tout ce qu'il avait de cavaliers, il se jeta dans un taillis voisin, d'où il se proposait de prendre l'ennemi en flanc lorsque cette diversion deviendrait nécessaire. Les Américains ne furent pas plus tôt à la portée des flèches, qu'ils firent leur première décharge, après quoi, suivant leur usage, ils fondirent avec tant d'impétuosité sur le bataillon espagnol, que les arquebuses et les arbalètes ne purent les arrêter ; mais l'artillerie faisait une horrible exécution dans leur corps d'armée ; et comme ils étaient fort serrés, chaque coup en abattait un grand nombre. Ils ne laissaient pas de se rejoindre pour remplir les vides qui se faisaient dans leurs bataillons ; et poussant d'épouvantables cris, ils jetaient en l'air des poignées de sable par lesquelles ils espéraient cacher leur perte. Cependant ils avancèrent jusqu'à se trouver en état d'en venir aux coups de main ; et déjà les Espagnols commençaient à croire que la partie n'était pas égale, lorsque les cavaliers, sortant du bois avec Cortez à leur tête, vinrent tomber à bride abattue dans la mêlée la plus épaisse. Ils n'eurent pas de peine à s'ouvrir un passage. La seule vue des chevaux, que les Mexicains prirent pour des monstres dévorans à têtes d'homme et de bête, fit désespérer de la victoire aux plus braves. A peine osaient-ils jeter les yeux sur l'objet de leur terreur. Ils ne pensèrent plus qu'à se retirer, en continuant néanmoins de faire tête, mais comme s'ils eussent appréhendé d'être dévorés par-derrière, et pour veiller à leur sûreté plutôt que pour combattre. Enfin les Espagnols, à qui cette retraite donna la liberté de se servir de leurs arquebuses, recommencèrent un feu si vif, qu'il fit prendre ouvertement la fuite à leurs ennemis.

Cortez se contenta de les faire suivre à quelque distance par ses cavaliers, dans la vue de redoubler leur effroi, mais avec ordre d'épargner leur sang, et d'enlever seulement quelques prisonniers qu'il voulait faire servir à la paix. On trouva sur le champ de bataille plus de huit cents ennemis morts, et l'on ne put douter que le nombre de leurs blessés n'eût été beaucoup plus grand. Les Castillans n'y perdirent que deux hommes, mais ils eurent soixante-dix blessés. Cet essai de leurs armes leur parut digne, après la conquête, d'être célébré par un monument, et ils élevèrent un temple en l'honneur de Notre-Dame de la Victoire. La première ville qu'ils fondèrent dans cette province reçut aussi le même nom. Les Mexicains, épouvantés, demandèrent la paix : elle se fit de si bonne foi, qu'après l'avoir confirmée par des présens mutuels, entre lesquels le cacique de Tabasco fit accepter à Cortez vingt femmes américaines pour faire du pain de maïs à ses troupes, on se visita pendant quelques jours avec autant de civilité que de confiance. Mais si les magnifiques peintures que les Castillans firent au cacique de la puissance et de la grandeur du roi d'Espagne lui inspirèrent de l'admiration pour un si grand monarque, elles ne purent le disposer à se ranger au nombre de ses sujets. Ce ne fut pas faute d'adresse de la part de Cortez. Les seigneurs du pays qui l'avaient visité, entendant hennir les chevaux dans sa cour, demandèrent avec embarras de quoi se plaignaient les *yeguanez*, nom qui signifie dans leur langue *puissance terrible*. Cortez leur dit qu'ils étaient fâchés de ce qu'il n'avait pas châtié plus sévèrement le cacique et sa nation pour avoir eu l'audace de résister aux chrétiens. Aussitôt les seigneurs firent apporter des couvertures pour coucher les chevaux et de la volaille pour les nourrir, en leur demandant pardon, et leur promettant, pour les apaiser, d'être toujours amis des chrétiens.

Cortez, appréhendant de s'affaiblir, s'il poussait plus loin ses prétentions, et rapportant toutes ses vues à de plus hautes entreprises, remit à la voile le lundi de la semaine sainte, pour continuer de suivre la côte de l'ouest. Il reconnut dans cette route la province de Guazacoalco, les rivières d'Alvarado et de Banderas, l'île des Sacrifices, et tous les autres lieux qui avaient été découverts par Grisalva. Enfin il aborda le jeudi saint à Saint-Jean d'Ulua. A peine eut-il fait jeter l'ancre entre l'île et le continent, qu'on vit partir de la côte deux de ces gros canots que les gens du pays nomment *pirogues*. Ils s'avancèrent jusqu'à la flotte sans aucune marque de crainte ou de défiance, ce qui fit juger favorablement de leurs intentions. Cortez ordonna qu'ils fussent reçus avec beaucoup de caresses; mais Aguilar, qui avait servi jusqu'alors d'interprète, cessant d'entendre la langue, on tomba dans un embarras dont il eût été difficile de sortir, lorsque le hasard fit remarquer qu'une des femmes qu'on avait amenées de Tabasco, qui avait déjà reçu le baptême sous le nom de *Marina*, s'entretenait avec quelques-uns de ces Mexicains. C'est de ce jour que commença la faveur de cette femme auprès du général, et que, par ses services autant que par son esprit et sa beauté, elle acquit sur lui un ascendant qu'elle sut toujours conserver.

Les Mexicains déclarèrent à Cortez, par la bouche de Marina, que Pilpatoé et Teutilé, le premier, gouverneur de cette province, et l'autre, capitaine-général du grand empereur Montézuma, les avaient envoyés au commandant de la flotte pour savoir de lui-même quel dessein l'amenait sur leur rivage. Cortez traita fort civilement ces députés, et leur répondit qu'il venait en qualité d'ami, dans le dessein de traiter d'affaires importantes pour leur prince et pour son empire; qu'il s'expliquerait davantage avec le gouverneur et le général, et qu'il espérait d'eux un accueil aussi favorable qu'ils l'avaient fait l'année précédente à quelques vaisseaux de sa nation. Ensuite, ayant tiré d'eux une connaissance générale des richesses, des forces et du gouvernement de Montézuma, il les renvoya fort satisfaits. Le jour suivant, sans attendre la réponse de leurs maîtres, il fit débarquer toutes ses troupes, ses chevaux et son artillerie. Les habitans du canton lui prêtèrent volontairement leurs secours pour élever des cabanes, entre lesquelles il en fit dresser une plus grande qu'il destinait au service de la religion, et devant laquelle il fit planter une croix. Il apprit des Américains que Teutilé commandait une puissante armée dans la province, pour soumettre quelques places indépendantes que l'empereur voulait joindre à ses états. Tout le jour et la nuit suivante se passèrent dans une profonde tranquillité.

Elle fut troublée le lendemain par une nombreuse troupe de Mexicains armés qui s'avancèrent sans précaution vers le camp; mais on fut bientôt informé que c'étaient les avant-coureurs de Teutilé et de Pilpatoé, qui s'étaient mis en chemin pour venir saluer le général. Ils arrivèrent le jour de Pâques avec un cortége digne de leur rang. Cortez ayant conçu qu'il avait à traiter avec les ministres d'un prince fort supérieur aux caciques, résolut d'affecter aussi un air de grandeur qu'il crut propre à leur en imposer. Il les reçut au milieu de tous ses officiers, qu'il avait engagés à prendre une posture respectueuse autour de lui. Après avoir écouté leurs premiers complimens, auxquels il fit une réponse fort courte, il leur fit déclarer par Marina qu'avant de traiter du sujet de son voyage, il voulait rendre ses devoirs à son Dieu, qui était le seigneur de tous les dieux de leur pays ; et, les ayant conduits à la cabane qui leur servait d'église, il y fit chanter une messe solennelle avec toute la pompe que les circonstances permettaient. On revint de l'église à la tente, où il fit dîner les deux officiers mexicains avec la même ostentation. Ensuite, prenant un air grave et fier, il leur dit, par la bouche de son interprète, qu'il était venu de la part de Charles d'Autriche, monarque de l'Orient, pour communiquer à l'empereur Montézuma des secrets d'une haute importance, mais qui ne pouvaient être déclarés qu'à lui-même ; qu'il demandait par conséquent l'honneur de le voir, et qu'il se promettait d'en être reçu avec toute la considération qui était due à la grandeur de son maître.

Cette proposition parut causer aux deux officiers un chagrin dont ils ne purent déguiser les marques ; mais avant de s'expliquer, ils demandèrent la liberté de faire apporter leurs présens. C'étaient des vivres, des robes de coton très-fin, des plumes de différentes couleurs, et une grande caisse remplie de divers bijoux d'or travaillés avec délicatesse. Trente Mexicains entrèrent dans la tente chargés de ce fardeau, et Teutilé en présenta successivement chaque partie au général. Ensuite, se tournant vers lui, il lui fit dire par l'interprète qu'il le priait d'agréer ce témoignage de l'estime et de l'affection de deux esclaves de Montézuma, qui avaient ordre de traiter ainsi les étrangers qui abordaient sur les terres de son empire, à condition néanmoins qu'ils s'y arrêteraient peu, et qu'ils se hâteraient de continuer leur voyage; que le dessein de voir l'empereur souffrait trop de difficultés, et qu'ils croyaient lui rendre service en lui conseillant d'y renoncer. Cortez, d'un air encore plus fier, répliqua que les rois ne refusaient jamais audience aux ambassadeurs des autres souverains, et que, sans un ordre bien précis, leurs ministres ne devaient pas se charger d'un refus si dangereux; que dans cette occasion leur devoir était d'avertir Montézuma de son arrivée, et qu'il leur accordait du temps pour cette information; mais qu'ils pouvaient assurer en même temps leur empereur que le général étranger était fortement résolu de le voir; et que, pour l'honneur du grand roi qu'il représentait, il ne rentrerait point dans ses vaisseaux sans avoir obtenu cette satisfaction. Les deux Mexicains, frappés de l'air dont Cortez avait accompagné cette déclaration, ne répondirent que pour le prier avec soumission de ne rien entreprendre, du moins avant la réponse de la cour, et pour lui offrir toute l'assistance dont il aurait besoin dans l'intervalle.

Ils avaient dans leur cortége des peintres de leur nation qui s'étaient attachés, depuis le premier moment de leur arrivée, à représenter avec une diligence admirable les vaisseaux, les soldats, les chevaux, l'artillerie, et tout ce qui s'était offert à leurs yeux dans le camp. Leur toile était une étoffe de coton préparée, sur laquelle ils traçaient assez naturellement, avec un pinceau et des couleurs, toutes sortes d'objets et de figures. Cortez, qui fut averti de leur travail, sortit pour se procurer ce spectacle, et ne vit pas sans étonnement la facilité avec laquelle ils exécutaient leurs dessins. On l'assura qu'ils exprimaient sur ces toiles non-seulement les figures, mais les discours mêmes et les actions; et que Montézuma serait informé par cette méthode de toutes les circonstances de l'entretien qu'il avait eu avec Teutilé. Là-dessus, pour soutenir les apparences de grandeur qu'il avait affectées, et dans la crainte qu'une image sans force et sans mouvement ne donnât des idées peu convenables à ses vues, il conçut le dessein d'animer cette faible représentation en faisant faire l'exercice à ses soldats, pour montrer leur adresse et leur valeur aux yeux de deux des principaux officiers de l'empire.

L'ordre fut donné sur-le-champ. L'infanterie castillane forma un bataillon, et tout le canon de la flotte fut mis en batterie. On déclara aux Mexicains que le général étranger voulait leur rendre les honneurs qui n'étaient accordés dans son pays qu'aux personnes d'une haute distinction. Cortez, montant à cheval avec ses principaux officiers, commença par des courses de bague. Ensuite, ayant partagé sa troupe en deux escadrons, il leur fit faire entre eux une espèce de combat avec tous les mouvemens de la cavalerie. Les Américains, dans leur première surprise, regardèrent d'abord avec frayeur ces animaux dont la figure et la fierté leur paraissaient terribles : et n'étant pas moins frappés de leur obéissance, ils conclurent que des hommes capables de les rendre si dociles avaient quelque chose de supérieur à la nature. Mais lorsqu'au signal de Cortez l'infanterie fit deux ou trois décharges, qui furent suivies du tonnerre de l'artillerie, la peur fit sur eux tant d'impression, que les uns se jetèrent à terre, les autres prirent la fuite; et les deux seigneurs cachèrent leur effroi sous le masque de l'admiration. Cortez ne tarda point à les rassurer en leur répétant d'un air enjoué que c'était par ces fêtes militaires que les Espagnols honoraient leurs amis. C'était leur faire comprendre combien ces armes étaient terribles dans une action sérieuse, puisqu'un simple amusement qui n'en était que l'image avait pu leur causer tant de frayeur. Les peintres mexicains inventèrent de nouvelles figures pour exprimer ce qu'ils venaient de voir et d'entendre. Les uns dessinaient des soldats armés, et les autres peignaient les chevaux dans l'agitation du combat. Ils représentaient même un coup de canon, autant qu'il était possible, par du feu et de la fumée.

Cortez avait employé le temps que les Mexicains donnaient à l'admiration pour faire préparer des présens considérables, qu'il les pria d'envoyer de sa part à leur empereur. Pilpatoé s'arrêta près du camp des Espagnols, avec une troupe assez nombreuse, pour élever en peu d'heures une multitude de cabanes, qui prirent l'apparence d'une grosse bourgade. Les Castillans n'eurent pas de peine à comprendre que son dessein était de les observer; mais, comme il les avait avertis qu'il ne pensait qu'à se mettre à portée de leur fournir des provisions, ils lui laissèrent le plaisir de croire qu'il les trompait par une politique dont ils recueillaient tout l'avantage. Teutilé reprit le chemin de son camp, d'où il se hâta d'envoyer à Montézuma ses observations, avec les tableaux de ses peintres et les présens de Cortez. Les rois du Mexique entretenaient pour cet usage un grand nombre de courriers, dispersés sur tous les grands chemins de l'empire. On choisissait pour cet office des jeunes gens fort dispos, qu'on exerçait à la course dès le premier âge. Acosta, dont on vante l'exactitude dans ses descriptions, rapporte que la principale école où l'on dressait ces courriers était le grand temple de la ville de Mexico, qui contenait une idole monstrueuse au sommet d'un escalier de cent vingt degrés, et qu'il y avait des prix tirés du trésor public pour celui qui arrivait le premier aux pieds de l'idole. Dans les courses qu'ils faisaient d'une extrémité de l'empire à l'autre, ils se relevaient de distance en distance avec des proportions si justes, qu'ils se succédaient toujours avant qu'ils eussent commencé à se lasser.

La réponse de Montézuma vint en sept jours; quoique par le plus court chemin, on compte soixante lieues de la capitale à Saint-Jean d'Ulua, et ce qui augmente l'admiration, c'est qu'elle était précédée par un présent porté sur les épaules de cent Américains. Avant l'audience, Teutilé, qui était chargé de négocier avec le général étranger, fit étendre les présens sur des nattes à la vue des Espagnols; ensuite, s'étant fait introduire dans la tente de Cortez, il lui dit que l'empereur Montézuma lui envoyait ces richesses pour lui témoigner l'estime qu'il faisait de lui, et la haute opinion qu'il avait de son roi; mais que l'état de ses affaires ne lui permettait pas d'accorder à des inconnus la permission de se rendre à sa cour. Teutilé s'efforça d'adoucir ce refus par divers prétextes, tels que la difficulté des che-

mins, et la rencontre de plusieurs nations barbares, que toute l'autorité de l'empereur n'em-
pêcherait pas de prendre les armes pour fermer les passages. Cortez reçut les présens avec
toutes les marques d'un profond respect; mais
il répondit que, malgré le chagrin qu'il aurait
de déplaire à l'empereur, en négligeant ses
ordres, il ne pouvait retourner en arrière sans
blesser l'honneur de son roi. Il s'étendit sur
son devoir avec une fermeté qui déconcerta le
Mexicain; et, l'exhortant à faire de nouvelles
instances auprès de l'empereur, il promit d'attendre encore sa réponse : cependant il ajouta
qu'il serait fort affligé qu'elle tardât trop à
venir, parce qu'il se verrait alors forcé de la
solliciter de plus près.

Teutilé insista sur la déclaration de l'empereur ; mais, n'obtenant point d'autre réponse,
il partit avec quelques présens de Cortez. Les
Castillans, après avoir admiré la richesse des
siens, se partagèrent sur le jugement qu'ils
portaient de leur situation; les uns concevaient
les plus hautes espérances d'un si beau commencement; les autres, mesurant la puissance
de Montézuma sur ses richesses, s'épuisaient
en raisonnemens sur les difficultés de leur entreprise, et trouvaient de la témérité dans le
dessein de lui faire la loi avec si peu de forces.
Cortez même n'était pas sans inquiétude, lorsqu'il comparait la faiblesse de ses moyens avec
la grandeur de ses projets ; mais, n'en étant pas
moins résolu de tenter la fortune, il prit le

parti d'occuper ses soldats jusqu'au retour de l'ambassadeur mexicain, pour leur ôter le temps de se refroidir par leurs réflexions ; et, sous prétexte de chercher un mouillage plus sûr, parce que la rade de Saint-Jean d'Ulua était battue des vents du nord, il chargea Montéjo d'aller reconnaître la côte avec deux vaisseaux, sur lesquels il fit embarquer ceux dont il appréhendait le plus d'opposition. Montéjo revint vers le temps où l'on attendait Teutilé. Il avait suivi la côte jusqu'à la grande rivière de Panuco, que les courans ne lui avaient pas permis de passer ; mais il avait découvert une bourgade où la mer formait une espèce de port, défendu par quelques rochers qui pouvaient mettre les vaisseaux à couvert du vent. Elle n'était qu'à dix ou douze lieues de Saint-Jean. Cortez fit valoir cette faveur du ciel comme un témoignage de sa protection.

Teutilé arriva bientôt avec de nouveaux présens. Sa harangue fut courte : elle portait un ordre aux étrangers de partir sans réplique. On ignore quelle aurait été la réponse de Cortez ; mais tandis qu'il la préparait avec quelque embarras, il entendit sonner la cloche de l'église ; et, prenant occasion de cet incident pour former un dessein extraordinaire, il se mit à genoux après avoir fait signe à tous ses gens de s'y metre à son exemple. Cette action, qui fut suivie d'un profond silence, ayant paru causer de l'étonnement à l'ambassadeur, Marina lui apprit, par l'ordre du général, que les Espagnols reconnaissant un Dieu souverain, qui détestait les adorateurs des idoles, et qui avait la puissance de les détruire, ils s'efforçaient de le fléchir en faveur de Montézuma, pour lequel ils craignaient sa colère. Ensuite Cortez, d'un air plus imposant que jamais, déclara « que le principal motif du roi son maître pour offrir son amitié à l'empereur du Mexique était l'obligation où sont les princes chrétiens de s'opposer aux erreurs de l'idolâtrie; qu'un de ses plus ardens désirs était de lui donner les instructions qui conduisent à la connaissance de la vérité, et de l'aider à sortir de l'esclavage du démon, horrible tyran qui tenait l'empereur même dans les fers, quoiqu'en apparence il fût un puissant monarque; que, pour lui, venant d'un pays fort éloigné pour une affaire de cette importance, et de la part d'un roi plus puissant encore que celui des Mexicains, il ne pouvait se dispenser de faire de nouvelles instances pour obtenir une audience favorable, d'autant plus qu'il n'apportait que la paix, comme on en devait juger par ceux qui l'accompagnaient, dont le petit nombre ne pouvait faire soupçonner d'autres vues. »

Ce discours, par lequel il avait espéré se faire du moins respecter, n'eut pas le succès qu'il s'en était promis. Teutilé, qui ne l'avait pas écouté sans quelques marques d'impatience, se leva brusquement avec un mélange de chagrin et de colère pour répondre que jusqu'alors Montézuma n'avait employé que la douceur en traitant des étrangers comme ses hôtes; mais que, s'ils continuaient à résister à ses ordres, ils devaient s'attendre à être traités en ennemis. Alors, sans demander plus d'explication, ni prendre congé du général, il sortit à grands pas avec tout son cortége. Un procédé si fier causa quelques momens d'embarras à Cortez : mais tournant aussitôt son attention à rassurer ses gens, il parut s'applaudir d'un refus qui lui donnait la liberté d'employer les armes sans violer aucun droit; et quoiqu'il y eût peu d'apparence que les Mexicains eussent une armée prête à l'attaquer, il posa de tous côtés des corps de garde pour faire juger qu'il n'avait rien à craindre de la surprise avec lui.

Cependant le jour d'après fit découvrir un changement qui jeta l'alarme dans le camp espagnol. Les Mexicains, qui s'étaient établis à peu de distance, et qui n'avaient pas cessé jusqu'alors de fournir des vivres, s'étaient retirés si généralement, qu'il ne s'en présentait pas un seul. Ceux qui venaient des villages et des bourgs voisins rompirent aussi toute communication avec le camp. Cette révolution fit craindre si vivement aux soldats de manquer bientôt du nécessaire, qu'ils commencèrent à regarder le dessein de s'établir dans ce pays comme une entreprise mal conçue : ces murmures firent élever la voix à quelques partisans de Vélasquez. Ils accusèrent le général d'un excès de témérité; et leur hardiesse croissant de jour en jour, ils sollicitèrent tout le monde de s'unir pour demander leur retour dans l'île de Cuba, sous prétexte d'y fortifier la flotte et l'armée. Cortez, informé de ce soulèvement, employa ses plus fidèles amis pour reconnaître les sentimens du plus grand nombre. Il trouva que celui des mutins se réduisait à quelques anciens mécontens, dont il avait toujours eu de la défiance. Lorsqu'il se crut assuré de la disposition des autres, il déclara qu'il voulait prendre conseil de tout le monde, et que chacun avait la liberté de lui apporter ses plaintes. Ordas et quelques autres officiers se chargèrent de celles des mécontens. Elles furent écoutées sans aucune marque d'offense; comme elles tendaient principalement à retourner dans l'île de Cuba pour remettre la disposition de la flotte à Vélasquez, et qu'il n'y avait point en effet d'autre moyen de la fortifier, Cortez se contenta de répondre qu'elle avait été jusqu'alors assez favorisée du ciel pour en espérer constamment les mêmes secours; mais que, si le courage et la confiance manquaient aux soldats comme on l'en assurait, il y aurait de la folie à s'engager plus loin; qu'il fallait prendre ses mesures pour retourner à Cuba : il avoua néanmoins qu'il s'arrêtait à cette résolution pour suivre leur conseil, et sur le témoignage qu'ils lui rendaient de la disposition des soldats. Aussitôt il fit publier dans le camp qu'on se tînt prêt à s'embarquer le lendemain pour Cuba; et l'ordre fut donné aux capitaines de remonter, avec leurs compagnies, sur les mêmes vaisseaux qu'ils avaient commandés. Mais cette résolution ne fut pas plus tôt divulguée que tous ceux qui étaient prévenus en faveur du général s'écrièrent avec beaucoup de chaleur qu'il les avait donc trompés par de fausses promesses; ils ajoutèrent que, s'il était résolu de se retirer, il en était le maître avec ceux qu'il trouverait disposés à le suivre; mais que, dans les espérances qui les attachaient au Mexique, ils n'abandonneraient pas leur entreprise, et qu'ils sauraient choisir un chef pour lui succéder. Les officiers qui servaient Cortez, feignant d'approuver cette ouverture, demandèrent seulement qu'il en fût informé. Ils se rendirent à sa tente, accompagnés de la plus grande partie des soldats, pour lui représenter que toute l'armée était prête à se soulever; et la feinte fut poussée jusqu'à lui reprocher d'avoir pris la résolution de partir sans consulter ses principaux officiers. Ils se plaignirent de la honte dont il voulait couvrir les Espagnols en abandonnant son expédition au seul bruit des obstacles qu'il avait à surmonter. Ils lui représentèrent ce qui était arrivé à Grijalva pour avoir manqué de faire un établissement dans le pays qu'il avait découvert ; enfin ils lui répétèrent fidèlement tout ce qu'il leur avait dicté lui-même. Cortez parut surpris de les entendre; il rejeta sa conduite sur l'opinion qu'il avait eue des dispositions de l'armée. Il affecta de se défendre, de balancer, d'avoir peine à se persuader ce qu'il désirait le plus ardemment; et, se plaignant d'avoir été mal informé, sans nommer néanmoins ceux qui lui avaient rendu ce mauvais office, il protesta que les ordres qu'il avait donnés étaient contre son goût, qu'il n'avait cédé qu'à l'envie d'obliger ses soldats; qu'il demeurait au Mexique avec d'autant plus de satisfaction, qu'il les voyait dans les sentimens qu'ils devaient au roi leur maître, et à l'honneur de leur nation; mais qu'ils devaient comprendre que, pour des entreprises aussi glorieuses que les siennes, il ne voulait que des guerriers libres et dévoués à ses ordres; que si quelqu'un souhaitait de retourner à Cuba, il pouvait partir sans obstacle, et que sur-le-champ il allait donner ordre qu'il y eût des vaisseaux prêts pour tous ceux qui ne seraient pas disposés à suivre volontairement sa fortune. Ce discours produisit des transports de joie dont il fut surpris lui-même; et ceux qui avaient servi d'interprètes aux mécontens n'eurent pas la hardiesse de se déclarer. Ils lui firent des excuses, qu'il reçut avec la même dissimulation. On verra dans tout le cours de cette histoire que, de tous les ennemis que Cortez eut à combattre, ce sont les Espagnols qui lui donnèrent le plus de peine.

La fortune, qui semblait conduire Cortez par la main, amena dans le même temps cinq Américains que Diaz del Castillo vit descendre d'une colline vers un poste avancé qu'il gardait. Leur petit nombre et les signes de paix avec lesquels ils continuaient de s'approcher ne

lui laissant aucune défiance de leurs intentions,
il les conduisit au camp. On crut remarquer à
leur air et à leurs habillemens qu'ils étaient
d'une nation différente des Mexicains, quoiqu'ils eussent aussi les oreilles et la lèvre percées, pour soutenir de gros anneaux d'or et
d'autres bijoux : leur langage ne ressemblait
pas non plus à celui des autres, et Marina ne
l'entendit pas sans difficulté. On apprit néanmoins par son organe qu'ils étaient sujets du
cacique de Zampoala, province peu éloignée,
et qu'ils venaient faire des complimens de sa
part au chef de ces braves étrangers, dont les
exploits dans la province de Tabasco s'étaient
déjà répandus jusqu'à lui. C'était un prince
guerrier qui faisait profession d'aimer la valeur
jusque dans ses ennemis. Les députés insistè-
rent beaucoup sur cette qualité de leur maître,
dans la crainte apparemment que ses avances
ne fussent attribuées à des motifs moins dignes
de lui. Cortez les reçut avec de grands témoignages d'estime et d'affection. Outre l'effet que
cet heureux incident pouvait produire sur les
Mexicains pour arrêter leurs entreprises, et sur
les Espagnols mêmes pour leur inspirer une
nouvelle confiance, il apprit que la province
de Zampoala était vers le port que Montéjo
avait découvert sur la côte, et son dessein était
toujours d'y transporter son camp. Cependant,
sa joie se déguisant sous un air de fierté, il
demanda aux Américains pourquoi leur cacique, étant si voisin, avait différé si long-temps

à lui faire cette députation. Ils répondirent que les peuples de Zampoala ne communiquaient pas volontiers avec les Mexicains, dont ils ne souffraient les cruautés qu'avec horreur : nouveau sujet de satisfaction pour Cortez, surtout lorsque les Américains eurent ajouté que Montézuma était un prince violent, qui s'était rendu insupportable à ses voisins par son orgueil, et qui tenait les peuples soumis par la crainte.

L'empire du Mexique était alors au plus haut point de sa grandeur, puisque toutes les provinces qui avaient été découvertes dans l'Amérique septentrionale étaient gouvernées par ses ministres ou par des caciques qui lui payaient un tribut. Sa longueur, du levant au couchant, était de plus de cinq cents lieues, et la largeur, du midi au nord, d'environ deux cents. Il avait pour bornes, au nord, la mer Atlantique, dans ce long espace de côtes qui s'étend depuis Panuco jusqu'à l'Yucatan ; le golfe d'Anian le bornait au couchant. Le côté méridional occupait cette vaste contrée qui borde la mer du Sud, depuis Acapulco jusqu'à Guatimala, et qui vient près de Nicaragua, vers l'isthme du Darien ; celui du nord, s'étendant jusqu'à Panuco, comprenait cette province entière ; mais ses limites étaient resserrées en quelques endroits par des montagnes qui servaient de retraite aux Chichimèques et aux Atomies, peuples farouches et barbares, auxquels on n'attribue aucune forme de gouvernement, et qui, n'ayant pour habitation que les cavernes des rochers, ou quelques trous sous terre, vivaient de leur chasse et des fruits que leurs arbres produisaient sans culture : cependant ils se servaient de leurs flèches avec tant d'adresse et de force, et la situation de leurs montagnes aidait si naturellement à leur défense, qu'ils avaient repoussé plusieurs fois toutes les forces des empereurs du Mexique ; mais ils ne pensaient à vaincre que pour éviter la tyrannie, et pour conserver leur liberté au milieu des bêtes sauvages.

Il n'y avait pas plus de cent trente ans que l'empire du Mexique était parvenu à cette grandeur, après avoir commencé à s'élever, comme la plupart des autres états, sur des fondemens assez faibles. Les Mexicains, portés par inclination à l'exercice des armes, avaient assujetti par degrés plusieurs autres peuples qui habitaient cette partie du Nouveau-Monde. Leur premier chef avait été un simple capitaine, dont l'adresse et le courage en avaient fait d'excellens soldats. Ensuite ils s'étaient donné un roi qu'ils avaient choisi entre les plus braves de leur nation, parce qu'ils ne connaissent pas d'autre vertu que la valeur ; et cet usage de donner la couronne au plus brave, sans aucun égard au droit de la naissance, n'avait été interrompu que dans quelques occasions où l'égalité du mérite avait fait donner la préférence au sang royal. Montézuma, suivant les

peintures qui composaient leurs annales, était
le onzième de ces rois : quoique son père eût
occupé le trône, il n'avait dû son élévation
qu'à ses grandes qualités naturelles, qui avaient
été soutenues long-temps par l'artifice ; mais,
lorsqu'il s'était vu couronné, il avait laissé paraître tous ses vices, qu'il avait su déguiser.
Il avait porté l'orgueil jusqu'à congédier tous
les officiers de sa maison qui étaient d'une
naissance commune, pour n'employer que la
noblesse jusque dans les emplois les plus vils ;
affectation également choquante pour les nobles, qui se trouvaient avilis par des fonctions
indignes d'eux, et pour les familles populaires
qui s'étaient vu fermer l'unique voie qu'elles
avaient à la fortune. Il paraissait rarement à
la vue de ses sujets, sans excepter ses ministres mêmes et ses domestiques, auxquels il ne
se communiquait qu'avec beaucoup de réserve ;
« faisant entrer ainsi, suivant l'expression de
Solis, le chagrin de la solitude dans la com-
position de sa majesté. » Il avait inventé de
nouvelles révérences et des cérémonies gênan-
tes pour ceux qui approchaient de sa personne.
Le respect lui paraissait une offense, s'il n'é-
tait poussé jusqu'à l'adoration ; et, dans la
seule vue de faire éclater son pouvoir, il exerçait quelquefois d'horribles cruautés, dont on
ne connaissait pas d'autre raison que son ca-
price ; il avait créé sans nécessité de nouveaux
impôts, qui se levaient par tête, avec tant de
rigueur, que ses moindres sujets, jusqu'aux

mendians, étaient obligés d'apporter quelque chose au pied du trône. Ces violences avaient jeté la terreur dans toutes les parties de l'empire, et cette terreur avait produit la haine. Plusieurs provinces s'étaient révoltées : il avait entrepris de les châtier lui-même; mais celles de Méchoacan, de Tlascala et de Tépéaca, se soutenaient encore dans la révolte. Montézuma se vantait de n'avoir différé à les soumettre que pour se conserver des ennemis et fournir des victimes à ses cruels sacrifices. Il y avait quatorze ans qu'il régnait suivant ces maximes : tel est le portrait que tracent les écrivains espagnols, dont l'équité peut être suspecte. On peut encore, avec plus de raison, soupçonner leurs lumières dans le récit des prétendus prodiges qui, s'il faut les en croire, commençaient à faire sentir à Montézuma des remords et des craintes. Une effroyable comète avait paru pendant plusieurs nuits, comme une pyramide de feu; elle avait été suivie d'une autre en forme de serpent à trois têtes, qui, se levant de l'ouest en plein jour, courait avec une extrême rapidité jusqu'à l'autre horizon, où elle disparaissait, après avoir marqué sa trace par une infinité d'étincelles. Un grand lac voisin de la capitale avait rompu ses digues, et s'était répandu avec une impétuosité dont on n'avait jamais vu d'exemple; un temple s'était embrasé, sans qu'on eût pu découvrir la cause de cet incendie, ni trouver de moyen pour l'arrêter. Jusque-là, tout ce que l'on rap-

porte peut s'expliquer assez naturellement, le
reste est merveilleux; mais on doit compter
assez sur la raison des lecteurs pour offrir sans
crainte à leur imagination ces fables, qui se
sont toujours mêlées au récit des grands événemens. On avait entendu dans l'air des voix
plaintives qui annonçaient la fin de la monar-
chie; et toutes les réponses des idoles s'accor-
daient à répéter ce funeste pronostic. Quelques pêcheurs prirent au bord du lac de
Mexico un oiseau d'une grandeur et d'une figure monstrueuses, qu'ils présentèrent à l'empereur; il avait sur la tête une lame luisante
où la réverbération du soleil produisait une
lumière triste et affreuse. Montézuma, fixant
ses yeux sur cette lame, y aperçut la représentation d'une nuit, avec des étoiles si brillantes, qu'il se tourna aussitôt vers le soleil,
dans le doute s'il n'avait pas cessé tout d'un
coup de luire; il y vit des soldats inconnus
et bien armés, qui venaient du côté de l'orient,
et qui faisaient un horrible carnage de ses sujets : il fit appeler ses prêtres et ses devins
pour les consulter sur ce prodige. L'oiseau
demeura immobile tandis que plusieurs d'entre eux firent la même expérience; ensuite il
s'échappa tout d'un coup de leurs mains.

Peu de jours après, un laboureur vint au
palais et demanda très-instamment d'être introduit à l'audience de l'empereur. Il raconta
qu'ayant vu en songe l'empereur endormi dans
un lieu écarté, et qui tenait à la main une

pastille allumée, une voix lui avait ordonné de prendre la pastille et de la lui appliquer sur la cuisse, ce qu'il avait fait sans que l'empereur se fût éveillé. Alors la voix lui avait dit : C'est ainsi que ton souverain s'endort pendant que le tonnerre gronde sur sa tête, et qu'il lui vient des ennemis d'un autre monde pour détruire son empire et sa religion. Sur quoi, le laboureur ayant fait une exhortation fort vive à Montézuma, prit la fuite avec beaucoup de vitesse. On pensait d'abord à le faire arrêter pour le punir de son insolence; mais une douleur extraordinaire que l'empereur sentit à sa cuisse y ayant fait regarder aussitôt, tous ceux qui étaient présens aperçurent la marque d'une brûlure récente, dont la vue effraya Montézuma. Soit que des prêtres, ennemis de ce prince, eussent répandu contre lui des prédictions sinistres, soit que la haine qu'il inspirait eût aisément accrédité des fables chez un peuple superstitieux, Cortez sut en profiter. Il jugea qu'il ne lui serait pas difficile de former un parti contre un tyran parmi des peuples révoltés contre ses injustices. Il envoya au cacique de Zampoala des présens, et rechercha son amitié. Il crut ce moment favorable pour exécuter le dessein qu'il avait toujours eu de former une colonie dans le lieu où il était campé; il se hâta de le communiquer aux officiers dont il connaissait l'attachement pour sa personne, et lorsqu'il eut réglé avec eux tout ce qui pouvait en assurer le succès, il tint une assemblée générale pour donner une forme au nouvel établissement. La conférence fut courte ; ses partisans, qui composaient le plus grand nombre, secondèrent toutes ses propositions par leurs suffrages. On nomma pour alcas, ou chefs du conseil souverain, Portocarréro et Montéjo ; et pour conseillers, Avila, Alvarado et Sandoval. Escalante fut créé alguazil-major, ou lieutenant-criminel, et l'office de procureur-général fut confié à Chico. Tous ces officiers, après avoir prêté le serment ordinaire à Dieu et au roi, prirent possession de leurs charges avec les formalités ordinaires en Espagne, et commencèrent à les exercer en donnant à la nouvelle colonie le nom de *Villa-Rica de la Vera-Cruz*, qu'elle a conservé dans un autre lieu. Ils la nommèrent *Ville-Riche*, parce qu'ils y avaient commencé à voir beaucoup d'or, et *Vraie-Croix*, parce qu'ils y étaient descendus le jour du vendredi saint.

Cortez affecta d'assister à leurs premières fonctions, comme un simple habitant qui ne tirait aucun droit de sa qualité de général de la flotte et de commandant des armées. Il voulait autoriser le nouveau tribunal par son respect, et donner au public l'exemple d'une juste soumission ; parce qu'il croyait avoir également besoin et de l'autorité civile, et de la dépendance des sujets pour suppléer à ce qui manquait à sa juridiction militaire. Il ne commandait qu'en vertu de la commission du gouverneur de Cuba ; mais elle avait été révoquée, et, dans le fond, son pouvoir était appuyé sur des fondemens trop faibles. Ce défaut ne l'obligeait que trop souvent de fermer les yeux sur la résistance qu'il trouvait à ses ordres. Il le mettait dans le double embarras de penser à ce qu'il devait commander et aux moyens de se faire obéir : de là son impatience pour l'exécution d'un projet dont toutes ces dispositions n'étaient que les préparatifs.

Le lendemain, pendant que le conseil était assemblé, il demanda modestement la permission d'y entrer. Les juges se levèrent pour le recevoir. Il leur fit une profonde révérence, et se contenta de prendre place après le premier conseiller. Là, dans un discours où l'art était revêtu des apparences du désintéressement et de la simplicité, il leur représenta que, depuis les variations du gouverneur de Cuba, dont il tenait la commission, il ne se croyait plus un pouvoir assez absolu pour commander, et que, les circonstances demandant une pleine autorité dans un capitaine-général, il se désistait de toutes ses prétentions entre les mains du conseil, auquel il appartenait d'en nommer un, jusqu'à ce qu'il plût au roi d'en ordonner autrement. Il n'oublia pas de demander acte de son désistement; après quoi, jetant sur la table les provisions de Diégo Vélasquez, et baisant le bâton de général, qu'il remit au chef de l'assemblée, il se retira seul dans sa tente.

Le choix du conseil ne fut pas différé long-

temps ; la plupart des conseillers y étaient pré-
parés, et les autres n'y pouvaient rien opposer. Toutes les voix s'accordèrent à recevoir la
démission de Cortez, mais à condition qu'il
reprendrait aussitôt le commandement au nom
du roi, et qu'on informerait le peuple de cette
élection. Elle n'eut pas été plus tôt publiée,
qu'on vit éclater la joie par de vives acclamations. Ceux qui prirent le moins de part à la
satisfaction publique se virent forcés de dissimuler leur mécontentement. Ensuite le conseil,
accompagné de la plus grande partie des soldats, qui représentaient le peuple, se rendit
solennellement à la tente de Cortez, et lui déclara que la ville de la Vera-Cruz, au nom du
roi catholique, l'avait élu gouverneur de la
nouvelle colonie, et général de l'armée castillane, en plein conseil, avec la connaissance
et l'approbation de tous les habitans.

Il reçut les deux charges avec tout le respect qu'il aurait eu pour le roi lui-même,
dont on employait le nom et l'autorité ; et
dès ce moment il donna ses ordres avec un
caractère de grandeur et de confiance qui détermina tout le monde à la soumission. Il fit
mettre aux fers, sur les vaisseaux, Ordez, Es-
cudero, et Jean Vélasquez, trois chefs de la
faction opposée. Cette fermeté jeta la terreur
dans l'esprit des autres, surtout lorsqu'il eut
déclaré que son dessein était de faire le procès aux séditieux. Mais pendant qu'il marquait
une sévérité feinte, il employait toute son

adresse pour les ramener insensiblement à la raison; et cette conduite lui en fit à la fin des amis fidèles.

Aussitôt qu'il crut son autorité bien affermie, il détacha cent hommes sous le commandement d'Alvarado pour aller reconnaître le pays, et pour chercher des vivres qui commençaient à manquer depuis que les Américains avaient cessé d'en apporter au camp. Alvarado n'alla pas loin sans rencontrer quelques villages dont les habitans avaient laissé l'entrée libre en se retirant dans les bois. Il trouva du maïs, de la volaille et d'autres provisions, qu'il se contenta d'enlever sans causer d'autres désordres; et ce secours rétablit l'abondance. Alors Cortez donna ses ordres pour la marche de l'armée. Les vaisseaux mirent à la voile vers la côte de Quiabizlan, où l'on avait découvert un nouveau port, et les troupes suivirent par terre le chemin de Zampoala. Elles se trouvèrent en peu d'heures sur les bords d'une profonde rivière, où l'on fut obligé de rassembler quelques canots de pêcheurs pour le passage des hommes, tandis que les chevaux passèrent à la nage. On s'approcha d'une bourgade, qui ne fut reconnue que dans la suite pour la première du pays de Zampoala. Les habitans avaient non-seulement abandonné leurs maisons, mais emporté jusqu'à leurs meubles; ce qui causa d'autant plus d'inquiétude à Cortez, que leur retraite semblait préméditée. Ils n'avaient même laissé dans leurs temples qu'une partie de leurs idoles, avec des couteaux de bois garnis de pierre, et quelques misérables restes de la peau des victimes humaines qu'ils avaient sacrifiées, et qui causaient autant de pitié que d'horreur. Ce fut dans ce lieu que les Castillans virent pour la première fois la forme des livres mexicains. Ils en trouvèrent quelques-uns qui contenaient apparemment les cérémonies de la religion de ces peuples. Leur matière était une espèce de parchemin enduit de gomme ou de vernis, et plié de manière à former un grand nombre de feuilles qui composaient chaque volume. Ils paraissaient écrits de tous côtés, ou plutôt chargés de ces images et de ces chiffres dont les peintres de Teutilé avaient donné des exemples beaucoup plus réguliers. L'armée passa la nuit dans cette bourgade avec toutes les précautions qui pouvaient assurer son repos. Le lendemain elle reprit sa marche dans le même ordre et par le chemin le plus frayé, qui descendait vers l'ouest, en s'écartant un peu de la mer. Cortez fut surpris de n'y trouver pendant tout le jour qu'une continuelle solitude, dont le silence lui devint suspect; mais, vers le soir, à l'entrée d'une belle prairie, on vit paraître douze Américains chargés de rafraîchissemens, qui, s'étant fait conduire au général, lui offrirent ce présent de la part de leur cacique, avec une invitation de se rendre dans le lieu de sa demeure, où il avait fait préparer des logemens et des vivres pour toute l'armée. On apprit d'eux qu'il restait un soleil, c'est-à-dire, dans leur langage, une journée de chemin jusqu'à la cour de Zampoala. Cortez renvoya six de ces Américains au cacique, avec des remercîmens fort nobles, et garda les autres pour lui servir de guides. Une civilité si peu prévue n'avait pas laissé de lui causer quelque défiance; mais, le soir, il trouva tant d'empressement à le servir dans les habitans d'une bourgade où ses guides lui conseillèrent de s'arrêter, qu'il ne douta plus de la bonne foi du cacique; et cette opinion fut heureusement confirmée par les avantages qu'il retira de son amitié.

Le jour suivant, en continuant de marcher vers Zampoala, il rencontra, presqu'à la vue de cette place, vingt Américains qui étaient sortis pour le recevoir. Après l'avoir salué avec beaucoup de cérémonies, ils lui firent un compliment civil au nom du cacique, ajoutant « que ses incommodités ne lui avaient pas » permis de se mettre à leur tête, mais qu'il » attendait avec une extrême impatience de » connaître des étrangers dont la valeur avait » fait tant de bruit. » La ville était grande et bien peuplée, dans une agréable situation, entre deux ruisseaux qui arrosaient une campagne fertile. Ils venaient d'une montagne peu éloignée, revêtue d'arbres, et d'une pente aisée. Les édifices de la ville étaient de pierre, couverts et crépis d'une sorte de chaux blanche, polie et luisante, dont l'éclat formait un spectacle fort brillant. Un des soldats qui furent détachés revint avec transport en criant de toute sa force que les murailles étaient d'argent, tant l'espèce d'ivresse où les jetaient tant d'objets nouveaux leur montrait partout les métaux que cherchait leur avarice.

Toutes les rues et les places publiques se trouvèrent remplies de peuple, mais sans aucune espèce d'armes qui pussent donner du soupçon, et sans autre bruit que celui qui est inséparable de la multitude. Le cacique s'offrit à la porte de son palais. Il était d'une prodigieuse grosseur, et il s'approcha lentement, appuyé sur les bras de quelques officiers, au secours desquels il semblait devoir tout son mouvement. Sa parure était une mante de coton enrichie de pierres précieuses, comme ses oreilles et ses lèvres. La gravité de sa figure s'accordait avec le poids de son corps. Cortez eut besoin de toute la sienne pour arrêter les éclats de rire des Espagnols, et pour se faire cette violence à lui-même. Le discours du cacique fut simple et précis. Il le félicita de son arrivée; il se félicita lui-même de l'honneur qu'il avait de le recevoir; et, sans un mot inutile, il le pria d'aller prendre quelque repos dans son quartier, où il lui promit de conférer avec lui de leurs intérêts communs.

Les logemens qu'il avait fait préparer étaient sous les portiques de plusieurs maisons, dans un assez grand espace, où tous les Espagnols

furent placés sans embarras, et trouvèrent abon-
damment tout ce qui était nécessaire à leurs
besoins. Le jour suivant, la visite du cacique
fut annoncée par un présent dont la valeur
montait à deux mille marcs d'or. Il le suivit
de près, sur une espèce de brancard, porté
par ses principaux officiers. Cortez, accompagné de tous les siens, alla fort loin au-devant
de lui, et le conduisit dans son appartement,
où il ne retint que ses interprètes, pour donner à cette première conférence l'air important du secret. Après l'exorde ordinaire sur la
grandeur de son roi et sur les erreurs de
l'idolâtrie, il ajouta fort habilement qu'une
des principales vues des soldats espagnols était
de détruire l'injustice, de réprimer la violence, et d'embrasser le parti de la justice et
de la raison. C'était ouvrir la carrière au cacique pour apprendre de lui-même ce qu'on
pouvait espérer de ses dispositions. En effet,
le changement qui parut sur son visage fit
connaître au général qu'il l'avait touché par
l'endroit sensible. Quelques soupirs servirent
de prélude à sa réponse. Enfin, la douleur
paraissant l'emporter, il confessa que tous les
caciques gémissaient dans un esclavage honteux, sous le poids de la tyrannie et des cruautés de Montézuma, sans avoir la force de le
secouer, ni même assez de lumières pour en
imaginer les moyens; que ce cruel maître se
faisait adorer de ses vassaux comme un des
dieux du pays, et qu'il voulait que ses injus-

tices et ses violences fussent révérées comme
des arrêts du ciel; que la raison néanmoins
ne permettait pas de demander du secours à
des étrangers pour tant de misérables, non-
seulement parce que l'empereur du Mexique
était trop puissant, mais plus encore parce
que Cortez n'avait pas assez d'obligation aux
Mexicains pour se déclarer en leur faveur, et
parce que les lois de l'honnêteté ne permettaient pas de lui vendre à si haut prix les petits services qu'ils lui avaient rendus.

Ce langage adroit causa beaucoup de surprise et d'admiration au général espagnol. Il
feignit néanmoins de s'y être attendu; il assura
le cacique qu'il craignait peu les forces de Montézuma, parce que les siennes étaient favori-
sées du ciel; mais qu'étant appelé par d'autres vues dans le Quiabizlan, il y attendrait
ceux qui se croyaient opprimés, et qui auraient quelque confiance à son secours. Il
ajouta que, dans l'intervalle, le cacique pouvait communiquer cette proposition à ses amis.
Soyez sûr, lui dit-il du même ton, que les in-
sultes de Montézuma cesseront, ou qu'elles
tourneront à sa honte lorsque j'entreprendrai
de vous protéger. Ils se séparèrent après cette
courte explication. Cortez donna aussitôt des
ordres pour continuer sa marche. A son départ, quatre cents Américains se présentèrent
pour porter le bagage de l'armée, et pour aider à la conduite de l'artillerie.

Le pays qui restait à traverser jusqu'à la

province de Quiabizlan offrit un mélange de bois et de plaines fertiles dont la vue parut fort agréable aux Espagnols. Ils se logèrent le soir dans un village abandonné, pour ne se pas présenter la nuit aux portes de la capitale. Le lendemain, ils découvrirent dans l'éloignement les édifices d'une assez grande ville, sur une hauteur environnée de rochers qui semblaient lui servir de murailles : ils y montèrent avec beaucoup de peine, mais sans opposition de la part des habitans, à qui la frayeur avait fait abandonner leurs maisons. Tandis qu'ils s'avançaient vers la place, ils virent sortir de quelques temples qui en faisaient l'ornement douze ou quinze Américains d'un air distingué, qui les prièrent civilement de ne pas s'offenser de la retraite du cacique et de ses sujets, et qui offrirent de les rappeler sur-le-champ, si le général étranger voulait s'engager à les traiter avec amitié : Cortez leur donna toutes les assurances qu'ils désiraient, et ne fut pas peu surpris de voir presque aussitôt la ville repeuplée de tous ses habitans; le cacique arriva le dernier : il amenait avec lui celui de Zampoala pour lui servir de protecteur, et tous deux étaient portés par quelques-uns de leurs officiers. Après des excuses fort adroites, ils tombèrent sur les violences de Montézuma, en joignant quelquefois des larmes à leurs plaintes. Le Zampoala, qui paraissait le plus irrité, ajouta pour conclusions : « Ce monstre est si » fier et si cruel, qu'après nous avoir appau-

» vris par ses impôts, il déclare la guerre à
» notre honneur, en nous ravissant nos filles
» et nos femmes. » Cortez s'efforça de le consoler, et lui promit ouvertement d'aider à sa
vengeance.

Pendant qu'il s'informait des forces et de la
situation des deux caciques, il vit entrer quelques Américains qui leur parlèrent, et les caciques s'étant levés aussitôt d'un air tremblant,
sortirent sans prendre congé de lui, et sans
avoir achevé leurs discours. On fut bientôt informé du sujet de leur crainte, lorsqu'on vit
passer, dans le quartier même des Espagnols,
six officiers de Montézuma, du nombre de
ceux qu'il envoyait dans les provinces pour y
lever des tributs : ils étaient richement vêtus,
et suivis d'un grand nombre d'esclaves, dont
quelques-uns soutenaient au-dessus d'eux des
parasols de plumes. Cortez étant sorti pour les
voir, à la tête de ses capitaines, ils passèrent
d'un air méprisant : cette fierté irrita les soldats espagnols, qui l'auraient châtiée sur-le-
champ, si le général ne les eût retenus. Marina
fut envoyé aux informations avec une escorte.
On apprit par cette voie que les officiers mexicains avaient établi le siége de leur audience
dans une maison de la ville, où ils avaient fait
citer les caciques, qu'ils leur avaient reproché
publiquement d'avoir reçu dans leurs villes des
étrangers ennemis de leur maître, et que,
pour l'expiation de leur crime, ils avaient demandé, avec le tribut ordinaire, vingt habi-

tans, qui devaient être sacrifiés. Cortez, indigné de cette audace, fit appeler aussitôt les caciques, et recommanda qu'ils fussent amenés sans bruit : il feignit d'avoir pénétré leurs pensées par une supériorité de lumières ; et, louant le ressentiment qu'il leur supposait d'une violence qu'ils n'avaient pas méritée, il leur dit qu'il n'était plus temps de souffrir un abominable tribut de sang humain ; qu'un ordre si cruel ne serait pas exécuté devant ses yeux ; qu'il voulait au contraire que ses infâmes ministres fussent chargés de chaînes, et qu'il prenait la défense de cette action sur lui-même. Les caciques furent embarrassés : l'habitude de l'esclavage leur avait abattu le cœur et l'esprit ; cependant Cortez ayant répété sa déclaration d'un air d'autorité auquel ils n'osèrent résister, les officiers de Montézuma furent enlevés à la vue de tout le monde, et on applaudit à cette exécution ; cependant il en fit mettre deux en liberté pendant la nuit, et les renvoya à Montézuma, qu'il était bien aise d'intimider, mais avec qui il ne voulait rompre qu'à l'extrémité.

La douceur affectée des Castillans, et le zèle qu'ils avaient fait éclater pour leurs alliés, s'étant bientôt répandus dans les cantons voisins, plusieurs autres caciques, informés par ceux de Zampoala et de Quiabizlan du bonheur dont ils jouissaient sous la protection d'une nation invincible, qui pénétrait jusqu'à leurs plus secrètes pensées, et qui semblait défier toutes les forces de l'empire du Mexique, s'assemblèrent

pour implorer un secours si puissant contre la
même oppression. En peu de jours on en vit
plus de trente à Quiabizlan, la plupart sortis
des montagnes qu'on découvre de cette ville.
Leurs peuples, qui se nommaient *Totonagues*,
avaient plusieurs bourgades fort peuplées, dont
le langage et les coutumes ressemblaient peu à
celles des autres provinces de l'empire ; c'était
une nation extrêmement robuste, endurcie à la
fatigue, et propre à tous les exercices de la
guerre. Non-seulement les caciques offrirent
leurs troupes à Cortez, mais s'étant engagés à
la fidélité par des sermens, ils y joignirent un
hommage formel à la couronne d'Espagne.
Après cette espèce de confédération, ils se retirèrent dans leurs états. Ce récit fait voir que
les victoires des Espagnols dans cette contrée
commencèrent par des menées politiques que
favorisaient les circonstances, et qu'indépen-
damment de l'avantage prodigieux de leurs
armes, ils surent diviser leurs ennemis avant
de les vaincre, et employèrent une partie du
Nouveau - Monde à conquérir l'autre. C'est
alors que Cortez, ne voyant plus d'obstacle à
redouter, prit la résolution de donner une
forme régulière et constante à la colonie de
Vera-Cruz, qui était comme errante avec l'armée dont elle était composée. La situation de
la ville fut choisie dans une plaine, entre la
mer et Quiabizlan, à une demi-lieue de cette
place. La fertilité du terroir, l'abondance des
eaux, et la beauté des arbres, semblèrent in-

viter les Castillans à ce choix. On creusa les fondemens de l'enceinte : les officiers se partagèrent pour régler le travail, et pour y contribuer par leur exemple ; le général même ne se crut pas dispensé d'y mettre la main. Les murs furent bientôt élevés, et parurent une défense suffisante contre les armes des Mexicains : on bâtit des maisons, avec moins d'égard aux ornemens qu'à la commodité.

Dans cet intervalle, les deux officiers de Montézuma étaient retournés à la cour, et n'avaient pas manqué, dans le récit de leur disgrâce, de faire valoir l'obligation qu'ils avaient de leur liberté au général des étrangers. Cette nouvelle parut apaiser la fureur de Montézuma, qui n'avait d'abord pensé qu'à lever une armée formidable pour exterminer les rebelles et leurs partisans. Cependant la colère ne pouvant lui faire oublier ses alarmes et les menaces de ses dieux, il prit le parti d'en revenir à la négociation, et de tenter par une nouvelle ambassade et de nouveaux présens d'engager Cortez à s'éloigner de l'empire. Ses ambassadeurs arrivèrent au camp des Espagnols lorsqu'on achevait de fortifier Vera-Cruz : il amenaient avec eux deux jeunes princes, neveux de l'empereur, accompagnés dé quatre anciens caciques qui leur servaient de gouverneurs : leur présent était d'une richesse éclatante. Après avoir remercié le général du service qu'il avait rendu aux deux officiers de l'empire, et l'avoir assuré que la punition des caciques rebelles n'avait été suspendue qu'à sa considération, ils renouvelèrent les anciennes instances pour l'engager à partir, de manière à faire voir que c'était le principal objet de leur commission.

Cortez leur fit rendre de grands honneurs, excusa ses alliés et ce qu'il avait fait pour eux; et, répétant la même réponse qu'il avait déjà faite aux premiers députés, il ajouta qu'aussitôt que l'honneur de voir le grand Montézuma lui serait accordé, il lui ferait connaître les motifs et l'importance de son ambassade, mais qu'aucun obstacle n'aurait le pouvoir de l'arrêter, parce que les guerriers de sa nation, loin de connaître la crainte, sentaient croître leur courage à la vue du danger, et s'accoutumaient dès l'enfance à chercher la gloire dans les plus redoutables entreprises.

Après ce discours, prononcé d'un air majestueux et tranquille, il fit donner avec profusion aux ambassadeurs mexicains toutes les bagatelles qui venaient de Castille; et, sans marquer la moindre attention pour le chagrin qu'ils firent éclater sur leur visage, il leur déclara qu'ils étaient libres de retourner à la cour. Cette indifférence altière, les démarches de l'orgueilleux Montézuma, qui sollicitait son amitié par des présens, redoublèrent la vénération des peuples pour les Espagnols aux dépens de celle qu'ils avaient eue jusqu'alors pour leur souverain. On ne remarqua plus rien de forcé dans leur soumission. Bientôt un service considérable que le général rendit aux caciques de Zampoala et de Quiabizlan les fit passer de l'admiration à l'attachement. Il humilia par la terreur de ses armes les habitans de Zinpazingo, contrée voisine dont ils lui avaient fait beaucoup de plaintes, et les força de jurer des conditions qu'ils observèrent fidèlement. A la vérité, les caciques l'avaient trompé en lui représentant leurs ennemis comme des Mexicains qui cherchaient à nuire aux Castillans ; et le motif de Cortez, dans cette guerre, fut bien moins d'obliger ses hôtes que de faire prendre à la cour du Mexique une idée de sa valeur ; mais lorsqu'il eut découvert l'artifice des deux caciques, il se fit demander grâce pour eux par tous ses capitaines, et, l'ayant accordée avec des circonstances qui relevèrent sa bonté, il acheva par cette faveur de les lier à ses intérêts.

Le changement qu'il eut occasion d'introduire dans leur culte servit encore à assurer leur fidélité, en leur donnant une plus haute idée de sa puissance. Un jour, qui était celui d'une de leurs plus grandes fêtes, tous les Américains du canton s'étaient assemblés dans le plus célèbre de leurs temples pour y faire le sacrifice de plusieurs hommes par le ministère de leurs prêtres. Quelques Espagnols, que le hasard rendit témoins de cette horrible scène, se hâtèrent d'en informer le général. Sa colère s'alluma jusqu'au transport : il fit prendre aussitôt les armes à toutes ses troupes, et, commençant par se faire amener le cacique et les principaux officiers, il se mit en marche avec eux vers le temple. Les ministres des sacrifices parurent à la porte. La crainte leur fit pousser d'effroyables cris pour appeler le peuple au secours de leurs dieux. On vit paraître sur-le-champ quelques troupes d'hommes armés, que la défiance des prêtres avait fait aposter, et dont le nombre augmenta bientôt jusqu'à causer de l'inquiétude au général. Il fit crier par Marina qu'à la première flèche qui serait tirée, il ferait égorger le cacique, et qu'il permettrait à ses soldats de châtier cette insolence par le fer et par le feu. Cette menace arrêta les plus emportés. Le cacique même leur ordonna d'une voix tremblante de quitter les armes et de se retirer; et ils obéirent.

Cortez, demeuré avec le cacique et ceux de sa suite, se fit amener les sacrificateurs. Il les rassura sur leur sort; mais il déclara qu'il avait résolu de ruiner toutes leurs idoles, et que, s'ils voulaient employer leurs propres mains à cette exécution, il leur promettait son amitié. Alors il voulut leur persuader de monter les degrés du temple pour abattre tout ce qu'ils avaient adoré; mais ils ne répondirent que par des cris et des larmes, et, s'étant jetés tous à terre, ils protestèrent qu'ils souffriraient mille fois la mort avant de porter la main sur leurs dieux. Cortez, sans insister sur une proposition qu'il désespéra de leur faire goûter, n'en ordonna pas moins à ses soldats de mettre les idoles en pièces. A l'instant, on vit sauter du haut des degrés le principal de ces monstres et les autres à sa suite, avec les autels mêmes et tous les instrumens d'un exécrable culte. Les Américains ne virent pas ces débris sans frémir de frayeur. Ils se regardaient d'un air interdit, comme s'ils eussent attendu la vengeance du ciel; mais, lorsqu'ils le virent tranquille, ils jugèrent, comme les insulaires de Cozumel, que des divinités qui n'avaient pas le pouvoir de se venger ne méritaient pas leurs adorations. S'ils avaient regardé jusqu'alors les Espagnols comme des hommes d'une espèce supérieure, ils commencèrent à les croire au-dessus de leurs dieux mêmes, et cette persuasion les rendit si dociles, que, Cortez ayant profité de son nouvel ascendant pour leur donner ordre de nettoyer le temple, ils s'y employèrent avec une ardeur qui leur fit jeter au feu toutes les pièces dispersées de leurs idoles. Les murailles furent lavées; on en effaça les taches du sang humain qui en faisaient le principal ornement. On les revêtit d'une couche de *gez*, espèce de vernis d'une blancheur brillante, dont l'usage était commun dans toutes les maisons du Mexique, et Cortez y fit élever un autel où l'on célébra dès le jour suivant les mystères du christianisme.

Les Espagnols quittèrent Zampoala, qui reçut dans la suite le nom de *Nouvelle-Séville*, et se retirèrent dans Vera-Cruz. En y arrivant, ils virent paraître dans la rade un petit vaisseau

qui venait d'y mouiller. Il était parti de Cuba
sous le commandement du capitaine Salcedo ;
et, quoiqu'il n'amenât que dix soldats et deux
chevaux, ce secours parut considérable dans
les circonstances. On ne trouve dans aucun
historien le motif qui amenait Salcedo ; mais
l'utilité dont il fut pour Cortez, en lui apprenant que le gouverneur de Cuba continuait de
le menacer, et que la qualité d'adelantade dont
il avait été nouvellement revêtu lui donnait
plus que jamais le pouvoir de lui nuire, fait
juger qu'il n'était venu que pour s'attacher à sa
fortune. La colonie fut alarmée de cette information, et sentit de quelle importance il était
pour la sûreté du nouvel établisement de rendre compte au roi de toutes ses opérations.
Les principaux officiers, dans une lettre qu'ils
se hâtèrent d'écrire au roi d'Espagne, lui firent
une exposition fidèle des provinces qui lui
étaient déjà soumises, et de l'espoir qu'ils
avaient d'étendre son autorité dans une si belle
et si riche partie du Nouveau-Monde. Ils lui représentaient l'injustice et les violences du gouverneur de Cuba, les obligations que l'Espagne avait à la conduite de Cortez autant qu'à
sa valeur, le parti qu'ils avaient pris, au nom
de sa majesté, de le rétablir dans une dignité
qu'il était seul capable de remplir, et que sa
modestie lui avait fait abandonner; enfin ils
suppliaient le roi de confirmer leur élection,
sans aucune dépendance de don Diégo de Vélasquez. Le général écrivit de son côté, en ren-

dant à peu près le même compte de sa situation : mais, remettant au roi la disposition de son sort avec une noble indifférence, il ne s'expliquait fortement que sur l'espérance qu'il avait de soumettre l'empire du Mexique à l'obéissance de l'Espagne, et sur le dessein de combattre la puissance de Montézuma par ses sujets mêmes, révoltés contre sa tyrannie. On choisit, pour envoyer ces dépêches à la cour, Porto-Carréro et Montéjo, qui furent chargés aussi d'or et des bijoux rares ou précieux qu'on avait reçus de Montézuma et des caciques. Tous les officiers, et les soldats mêmes, cédèrent volontairement la part qu'ils avaient à cet amas de richesses ; et quelques Américains s'offrirent à faire le voyage, pour être présentés au roi, comme les prémices des nouveaux sujets qu'on acquérait à l'Espagne. On équipa le meilleur vaisseau de la flotte : Alaminos fut nommé pour le commander ; il mit à la voile le 16 juillet, avec l'ordre précis de prendre sa route par le canal de Bahama, sans toucher à l'île de Cuba, où Vélasquez était trop redoutable.

Pendant les préparatifs de cet embarquement, la fortune du général lui ménageait une autre occasion de faire éclater son adresse et sa fermeté. Quelques soldats, avec un petit nombre de matelots, fatigués peut-être de leurs courses, ou tentés par les récompenses qu'ils espéraient de Vélasquez, formèrent le dessein de prendre la fuite sur un vaisseau pour lui porter avis des lettres que la colonie écrivait au

roi, et de tout ce qu'elle avait fait en faveur
de Cortez. Ils furent trahis par un de leurs
complices, qui servit même à les faire arrêter
au moment de l'exécution, sans qu'ils pussent
désavouer leur projet. Cortez crut devoir un
exemple à la sûreté de la colonie : il en condamna deux des plus coupables au dernier supplice ; mais la hardiesse de ces mutins lui laissa
beaucoup d'inquiétude, c'était le reste d'un feu
qu'il croyait avoir éteint. Il considérait qu'é-
tant résolu de marcher vers le Mexique, il pouvait se trouver dans l'occasion de mesurer ses
forces avec celles de Montézuma, et qu'une entreprise de cette nature ne pouvait être tentée
par des troupes mécontentes ou d'une fidélité
suspecte. Il pensait à subsister encore quelques
jours dans un canton qui lui était affectionné,
à faire quelques expéditions de peu d'importance pour donner de l'occupation à ses soldats, et à jeter plus loin dans les terres de nouvelles colonies qui pussent se donner la main
avec celle de Vera-Cruz. Mais tous ces projets
demandaient beaucoup d'union et de corres-
pondance entre le général et l'armée. Dans
cette agitation, ne consultant que son courage,
il prit la résolution de se défaire de sa flotte,
en détruisant ses vaisseaux pour forcer tous
ses gens à la fidélité, et les mettre dans la nécessité de vaincre ou de mourir avec lui, sans
compter l'avantage d'augmenter ses forces de
plus de cent hommes, qui faisaient les fonctions de pilotes et de matelots. Ses confidens,

auxquels il communiqua ce dessein, le secondèrent avec beaucoup d'habileté, en disposant
les matelots à publier que les navires s'étaient
entr'ouverts depuis le séjour qu'ils avaient fait
dans le port, et qu'ils étaient menacés de couler à fond. Ce rapport fut suivi d'un ordre pressant du général pour faire débarquer les voiles,
les cordages, les planches et tous les ferremens
dont il pouvait tirer quelque utilité. On ne vit
d'abord dans cette précaution que l'effet
d'une prudence ordinaire; mais aussitôt que
les vaisseaux eurent été déchargés, un autre ordre, dont l'explication fut confiée à la plus fidèle partie de l'armée, les fit tous échouer, à
l'exception des chaloupes, qui furent réservées
pour la pêche. On compte avec raison la conduite et l'exécution d'un dessein si hardi entre
les plus grandes actions de Cortez.

Quoique la ruine de la flotte parût affliger
quelques soldats, les mécontentemens furent
étouffés par la joie et les applaudissemens du
plus grand nombre. On ne parla plus que du
voyage de Mexico, et Cortez assembla toutes
ses troupes pour confirmer le succès de son
entreprise par ses promesses et ses exhortations. L'armée se trouva composée de cinq
cents hommes de pied, de quinze cavaliers et
de six pièces d'artillerie. Il était resté dans la
ville une partie du canon, cinquante hommes
et deux chevaux, sous la conduite d'Escalante,
dont Cortez estimait beaucoup la prudence et
la valeur. Les caciques alliés reçurent ordre

de respecter ce gouverneur, de lui fournir des vivres, et d'employer un grand nombre de leurs sujets aux fortifications de la ville, moins par défiance du côté des habitans que sur les soupçons de quelque insulte de la part du gouverneur de Cuba : Cortez n'accepta de leurs offres que deux cents *tamènes*, nom d'une sorte d'artisans qui servent aux transports du bagage, et quatre cents hommes de guerre, entre lesquels on en comptait cinquante de la principale noblesse du pays : c'était autant d'otages pour la garnison de Vera-Cruz, et pour un jeune Espagnol qu'il avait laissé au cacique de Zampoala, dans la vue de lui faire apprendre exactement la langue du Mexique.

Il donna aussitôt ses ordres pour la marche: les Espagnols composèrent l'avant-garde, et les Américains suivirent à peu de distance, sous le commandement de Manégi, Teuche et Taemeli, trois des plus braves caciques de la montagne.

On partit le 16 août; Jalapa, Socotlima et Techucla, furent les premiers lieux qui s'offrirent successivement. La beauté du chemin et la disposition des peuples, qui étaient du nombre des alliés, firent trouver peu de difficultés dans cette route : mais au delà de ces bourgs, pendant trois jours qu'on mit à traverser les montagnes, on ne trouva que des sentiers étroits et bordés de précipices, où l'artillerie ne put passer qu'à force de bras.

Le froid y était cuisant et les pluies continuelles : les soldats, obligés de passer les nuits sans autre couverture que leurs armes, et souvent pressés par la faim, y firent le premier essai des fatigues qui les attendaient. En arrivant au sommet de la montagne, ils y trouvèrent un temple et quantité de bois, qui ne leur cachèrent pas long-temps la vue de la plaine : c'était l'entrée d'une province nommée *Zacotla*, fort grande et fort peuplée, dont les premières habitations leur offrirent bientôt assez de commodités pour leur faire oublier leurs travaux. Cortez, apprenant que le cacique faisait sa demeure dans une ville du même nom, peu éloignée de la montagne, l'informa de son arrivée et de ses desseins par deux Américains qui lui furent renvoyés avec une réponse civile. Bientôt on eut la vue d'une ville magnifique qui s'étendait dans une grande vallée, et dont les édifices tiraient beaucoup d'éclat de leur blancheur : elle en reçut le nom de *Castel-Blanco*.

Le cacique vint au-devant des étrangers avec un nombreux cortége ; mais au travers de ses politesses on crut distinguer que cette démarche était forcée. Cortez n'affecta pas moins de le recevoir avec un mélange de douceur et de majesté ; et, s'imaginant que les marques de chagrin qu'il découvrait sur son visage pouvaient venir de ses ressentimens contre Montézuma, il crut lui donner occasion de s'expliquer en lui demandant s'il était sujet de l'empereur du Mexique. L'Américain répondit brusquement : « Est-il quelqu'un sur » la terre qui ne soit esclave ou vassal de Mon- » tézuma ? » Un ton si fier révolta Cortez, jusqu'à lui faire répliquer avec un sourire dédaigneux « qu'on connaissait fort peu le monde à Zocotla, puisque les Espagnols étaient sujets d'un empereur si puissant, qu'il comptait entre ses vassaux plusieurs princes plus grands que Montézuma. » Le cacique prit un ton plus grave : « Montézuma, dit-il, était » le plus grand prince que les Américains con- » nussent dans les terres qu'ils habitaient ; per- » sonne ne pouvait retenir dans sa mémoire » le nombre des provinces qui lui étaient sou- » mises. Il tenait sa cour dans une ville inacces- » sible, fondée au milieu de l'eau, entourée » de lacs, et dans laquelle on n'entrait que » par des chaussées ou des digues, coupées » d'une suite de ponts-levis dont les ouvertu- » res servaient à la communication des eaux. » Il exagéra les immenses richesses de l'empereur, la force de ses armes, et surtout le malheur de ceux qui lui refusaient leur soumission, dont le sort était de servir de victimes dans ses sacrifices. « Tous les ans, plus de » vingt mille de ses ennemis ou de ses sujets » rebelles étaient immolés sur les autels de ses dieux. »

Cortez n'entreprit point de rabaisser ce qu'il venait d'entendre ; mais feignant, au contraire, de ne pas ignorer les grandeurs de

Montézuma, il répondit que, « s'il l'avait cru
moins puissant, il ne serait pas venu de l'extrémité du monde pour lui offrir l'amitié d'un
monarque encore plus grand que lui; qu'il venait avec des intentions pacifiques, et que, s'il
était armé, c'était uniquement pour donner
plus de poids et d'autorité à son ambassade;
mais qu'il voulait bien informer Montézuma
et tous les caciques de son empire qu'il désirait la paix sans craindre la guerre; que le
moindre de ses soldats était capable de défaire
une armée de Mexicains; qu'il ne tirait jamais
l'épée, s'il n'était attaqué; mais qu'aussitôt qu'il
l'avait tirée, il mettait à feu et à sang tout ce
qui se présentait devant lui; que la nature produisait des monstres en sa faveur, et que le ciel
lui prêtait ses foudres, parce qu'étant sous la
protection d'un Dieu terrible, dont il soutenait
la cause, il en voulait particulièrement aux fausses divinités qu'on adorait au Mexique, et à
ces mêmes sacrifices de sang humain dont Montézuma prétendait tirer sa gloire. Ensuite, ne
pensant pas moins à rassurer ses gens contre
de vaines frayeurs qu'à réprimer l'orgueil du
cacique : « Mes amis, leur dit-il, en se levant
fièrement et se tournant vers eux, voilà ce
que nous cherchons, de grands périls et de
grandes richesses. »

Sa conduite eut tant de succès, que, pendant
cinq jours qu'il passa dans Zocotla, il ne reçut
que des marques extraordinaires de la considération du cacique. Cependant il rejeta le

conseil de ce seigneur qui lui proposait de prendre sa route par la province de Cholula, sous prétexte que les habitans, moins portés à la guerre qu'au commerce, n'apporteraient pas d'obstacle à son passage. Il aima mieux s'en rapporter aux Zampoalans, ses alliés, qui le pressèrent de prendre par la province de Tlascala, où les peuples étaient à la vérité plus guerriers et plus féroces, mais unis par d'anciens traités avec les Zampoalans et les Totonagues. Après s'être arrêté à cette résolution, il prit le chemin de Tlascala, dont les frontières touchaient à celles de Zocotla. Sa marche fut tranquille pendant les premiers jours; mais, en sortant du pays qu'il avait traversé, il entendit quelque bruit de guerre, et bientôt il apprit que la nouvelle province où il était entré avait pris les armes, sans que les coureurs dont il se faisait précéder pussent l'informer encore de la cause de ce mouvement. Il s'arrêta pour se donner le temps de prendre des informations.

Tlascala était alors une province extrêmement peuplée, à laquelle on donnait environ cinquante lieues de circuit. Son terrain est inégal, et s'élève de toutes parts en collines qui semblent naître de cette grande chaîne de montagnes qu'on a nommée depuis *la Grande-Cordilière*. Les bourgades occupaient le haut de ces collines, par une ancienne politique des habitans, qui trouvaient dans cette situation le double avantage de se mettre à couvert de leurs ennemis, et de laisser leurs plaines libres pour la culture. Dans l'origine, ils avaient été gouvernés par des rois; mais une guerre civile leur ayant fait perdre le goût de la soumission, ils avaient secoué le joug de la royauté pour former une espèce de république, dans laquelle ils se maintenaient depuis plusieurs siècles. Leurs bourgades étaient partagées en cantons, dont chacun nommait quelques députés, qui allaient résider dans la capitale, nommée *Tlascala*, comme la province, et ces députés formaient le corps d'un sénat dont toute la nation reconnaissait l'autorité. Cet exemple du gouvernement aristocratique est assez remarquable dans un monde encore à demi sauvage. Les Tlascalans, s'étant toujours défendus contre la puissance des empereurs du Mexique, se trouvaient alors au plus haut point de leur gloire, parce que les tyrannies de Montézuma avaient augmenté le nombre de leurs alliés, et que depuis peu ils s'étaient ligués pour leur sûreté commune avec les Otomies, peuples fort barbares, mais d'une grande réputation à la guerre, où la férocité leur tenait lieu de valeur.

Cortez, informé de toutes ces circonstances, crut devoir garder quelques ménagemens avec une république si puissante, et ne rien tenter sans avoir fait pressentir les dispositions du sénat. Il chargea de cette commission quatre de ses Zampoalans les plus distingués par leur noblesse et leur habileté. Marina prit soin de les instruire jusqu'à composer avec eux le discours qu'ils devaient faire au sénat, et qu'ils apprirent par cœur. Ils partirent avec toutes les marques de leur dignité. C'étaient une mante de coton, bordée d'une frange tressée avec des nœuds, une flèche fort large, qu'ils devaient porter dans la main droite, les plumes en haut, et sur le bras gauche une grande coquille en forme de bouclier. On jugeait du motif de l'ambassade par la couleur des plumes de la flèche : les rouges annonçaient la guerre, et les blanches marquaient la paix. Ces caractères faisaient connaître et respecter les ambassadeurs zampoalans dans leur route ; mais ils ne pouvaient s'écarter des grands chemins sans perdre le droit de franchise : lois sacrées auxquelles ils donnaient dans leur langue des noms qui revenaient à celui de droit des gens et de foi publique.

Les quatre Zampoalans se rendirent à Tlascala, et furent conduits civilement dans un lieu destiné au logement des ambassadeurs. Dès le jour suivant ils furent introduits dans la salle du conseil ; ils se mirent à genoux, les yeux baissés, pour attendre la permission de parler. Alors le plus ancien des sénateurs leur ayant demandé le sujet de leur ambassade, ils s'assirent sur leurs jambes ; et celui que Cortez avait choisi pour l'orateur prononça le discours dont on avait chargé sa mémoire : il mérite d'être rapporté. « Noble république, » braves et puissans peuples, le cacique de » Zampoala et les caciques de la Montagne, vos

» amis et vos alliés, vous saluent. Après vous
» avoir souhaité une récolte abondante et la
» mort de vos ennemis, ils vous font savoir
» qu'ils ont vu arriver dans leur pays, du côté
» de l'orient, des hommes extraordinaires qui
» semblent être des dieux, qui ont passé la
» mer sur de grands palais, et qui portent dans
» leurs mains le tonnerre et la foudre, armes
» dont le ciel s'est réservé l'usage. Ils se disent
» les ministres d'un Dieu supérieur aux nô-
» tres, qui ne peut souffrir la tyrannie ni les
» sacrifices du sang des hommes; leur capi-
» taine est un ambassadeur d'un prince très-
» puissant, qui, étant poussé par le devoir de
» sa religion, veut remédier aux abus qui rè-
» gnent parmi nous et aux violences de Mon-
» tézuma. Cet homme, après nous avoir dé-
» livrés de l'oppression qui nous accablait, se
» trouve obligé de suivre le chemin de Mexico
» par les terres de votre état, et souhaite de
» savoir en quoi ce tyran vous a offensés, pour
» prendre la défense de votre droit comme
» du sien, et la mettre entre les motifs de son
» voyage. La connaissance que nous avons de
» ses intentions, et l'expérience que nous avons
» faite de sa bonté, nous ont portés à le pré-
» venir pour vous exhorter de la part de nos
» caciques à recevoir ces étrangers comme
» les bienfaiteurs et les amis de vos alliés; et
» nous vous déclarons de la part de leur ca-
» pitaine qu'il vient avec un esprit de paix,
» et qu'il ne demande que la liberté du pas-

» sage sur vos terres. Soyez persuadés qu'il
» ne désire que votre avantage; que ses ar-
» mes sont les instrumens de la justice et de
» la raison; qu'elles soutiennent la cause du
» ciel; que ceux qui les portent recherchent
» la paix et la douceur, naturellement et par
» inclination, et n'emploient la rigueur que
» contre ceux qui les attaquent ou qui les of-
» fensent par leurs crimes. »

Les délibérations durèrent quelques momens. Ensuite un sénateur répondit au nom
de l'assemblée qu'elle recevait avec reconnaissance la proposition des Zampoalans et des
Totonagues, dont elle estimait l'alliance; mais
qu'elle avait besoin de quelques jours pour
délibérer sur une affaire de cette importance.
Les ambassadeurs se retirèrent : on ferma
les portes de la salle. Dans un fort long conseil, Magiscatzin, vieillard respecté de toute
la nation, fit prévaloir d'abord le goût de la
paix, par cette seule raison que les étrangers
paraissaient envoyés du ciel, et que, ne demandant que la liberté du passage, ils avaient
pour eux la raison et la volonté des dieux.
Mais le général des armées, nommé *Xicotencatl*, jeune homme plein de courage et de
feu, représenta si vivement le danger qu'il y
avait pour la religion et pour l'état à recevoir des inconnus dont on ignorait les intentions, qu'il excita tout le monde à la guerre.
Cependant un troisième sénateur, nommé *Té-
milotécatl*, ouvrit une opinion plus modérée,

qui semblait concilier les deux autres, ou du moins qui favorisait le parti de la guerre sans ôter le pouvoir de revenir à la paix : c'était de faire partir sur-le-champ Xicotencatl, avec les troupes qui étaient prêtes à marcher pour mettre à l'épreuve ces inconnus qu'on faisait passer pour des dieux. S'ils étaient battus dans leur première rencontre, leur ruine faisait évanouir toutes les craintes, et la nation demeurait glorieuse et tranquille. Si la victoire se déclarait pour eux, on aurait une voie toujours ouverte pour traiter, en rejetant cette insulte sur la férocité des Otomies, dont on se plaindrait de n'avoir pu réprimer l'emportement. Cette proposition ayant réuni tous les suffrages, on trouva le moyen d'amuser les ambassadeurs par des sacrifices et des fêtes, sous prétexte de consulter les idoles, et Xicotencatl se mit secrètement en campagne avec toutes les troupes qu'il put rassembler.

Cortez, qui vit passer huit jours sans recevoir aucune information de ses députés, commençait à se livrer aux soupçons. Les Zampoalans lui conseillèrent de continuer sa marche, et de s'approcher de Tlascala pour observer du moins la conduite d'une nation dont ils commençaient eux-mêmes à se défier. S'il ne pouvait éviter la guerre, il était résolu d'ôter à ses ennemis le temps de s'y préparer et de les attaquer dans leur ville même, avant qu'ils eussent assemblé toutes leurs forces. Il leva aussitôt son camp avec toutes les précautions

que la prudence exigeait dans un pays suspect.
Sa marche fut libre pendant quelques lieues,
entre deux montagnes séparées par une vallée
fort agréable; mais il fut surpris de se voir
tout d'un coup arrêté par une muraille fort
haute, qui, prenant d'une montagne à l'autre,
fermait entièrement le chemin. Cet ouvrage,
dont il admira la force, était de pierres de taille
liées avec une espèce de ciment : son épaisseur
était d'environ trente pieds, sa hauteur de
neuf. Il se terminait en parapet, comme dans
les fortifications de l'Europe : l'entrée en était
oblique et fort étroite, entre deux autres murs
qui avançaient l'un sur l'autre. On apprit des
Zocotlans que cette espèce de rempart faisait
la séparation de leur province et de celle de
Tlascala, qui l'avait fait élever pour sa défense depuis qu'elle s'était formée en république. Cortez regarda comme un bonheur que
ses ennemis n'eussent pas songé à lui disputer ce passage, soit que le temps leur eût manqué pour s'y rendre, soit que, se fiant à leur
nombre, ils eussent résolu de tenir la campagne pour employer librement toutes leurs troupes. Les Espagnols passèrent sans obstacles;
et, s'étant arrêtés pour rétablir leurs bataillons, ils s'avancèrent en bon ordre dans un
terrain plus étendu, où ils découvrirent bientôt les panaches de vingt ou trente Américains.
Cortez détacha quelques cavaliers pour les inviter à s'approcher par des cris et des signes
de paix. Dans le même instant, on aperçut

une seconde troupe, qui, s'étant jointe à l'autre, tint ferme avec une apparence assez guerrière. Les cavaliers, n'en ayant pas moins continué de s'avancer, se virent aussitôt couverts d'une nuée de flèches qui leur blessèrent deux hommes et cinq chevaux. Un gros de cinq mille hommes, qui s'étaient embusqués à peu de distance se découvrit alors et vint au secours des premiers. L'infanterie espagnole arrivait de l'autre côté ; elle se mit en bataille pour soutenir l'effort des ennemis qui venaient à la charge avec une ardeur extrême. Mais, au premier bruit de l'artillerie qui en fit tomber un très-grand nombre, ils tournèrent le dos ; et les Espagnols, profitant de leur désordre, les pressèrent avec tant de vigueur, qu'ils leur firent prendre ouvertement la fuite. On trouva soixante morts sur le champ de bataille, et quelques blessés qui demeurèrent prisonniers. Cortez, arrêté par la fin du jour, fit passer la nuit à ses soldats dans quelques maisons voisines, où ils trouvèrent des vivres et des rafraîchissemens.

Après la retraite des Américains, on vit arriver deux des ambassadeurs zampoalans, accompagnés de quelques députés de la république, qui firent des excuses à Cortez de la témérité que les Otomies avaient eue de les attaquer. Ils s'emportèrent vivement contre cette nation ; et, l'accusant de ne connaître aucun frein, ils ajoutèrent que le sénat se réjouissait qu'elle eût été punie par la perte d'un grand nombre de ses chefs qui avaient été tués dans le combat. Ils offrirent, au nom des sénateurs, de payer en or le dommage qu'elle avait pu causer aux Espagnols; mais, ne s'expliquant pas avec plus de clarté sur les dispositions de la république, ils se retirèrent après avoir fini leur compliment.

Cortez ne balança point à continuer sa marche; il rencontra deux autres ambassadeurs, qui, dans la crainte qui leur restait encore, avaient à peine la force de respirer. Ils se jetèrent à terre, ils embrassèrent ses pieds. Les perfides Tlascalans, lui dirent-ils, violant le droit sacré des ambassades, les avaient chargés de chaînes pour les sacrifier au dieu de la victoire; mais, ayant trouvé le moyen de se détacher mutuellement, ils s'étaient échappés pendant la nuit : ils avaient entendu dire que leur dessein était de sacrifier tous les Espagnols. Il paraît que le mauvais succès de leur première attaque ne les avait pas abattus, et c'est une preuve que ces peuples étaient naturellement braves. Ce récit ne laissa plus de doute à Cortez que la république de Tlascala ne fût ouvertement déclarée contre lui. Il en eut d'autres preuves un quart de lieue plus loin, dans un détroit fort difficile, que son seul courage lui fit heureusement traverser au milieu d'une foule d'ennemis. Ce n'était plus la fortune qu'il proposait pour motif à ses soldats : il les exhortait à combattre pour leur vie, et les Zampoalans mêmes, effrayés de la grandeur du péril, dirent secrètement à Marina que la perte de l'armée leur paraissait inévitable. Elle leur répondit, d'un air inspiré, que le Dieu des chrétiens avait une particulière affection pour les Castillans, et qu'il les sauverait de ce danger. Cette réponse fit une égale impression sur les soldats de Cortez et sur leurs alliés. Ils se crurent tous sous la protection déclarée du ciel; et, s'étant dégagés du détroit dont on leur avait disputé le passage, ils arrivèrent dans la plaine, où s'engagea bientôt une action générale, qui doit être regardée comme la plus importante des victoires de Cortez, puisqu'elle servit à lui ouvrir l'entrée du Mexique.

On découvrit d'une hauteur qui dominait sur la plaine une multitude que plusieurs écrivains ont fait monter à quarante mille hommes. Ces troupes étaient composées de diverses nations, distinguées par les couleurs de leurs enseignes et de leurs plumes. La noblesse de Tlascala tenait le premier rang autour de Xicotencatl, qui avait le commandement général, et tous les caciques auxiliaires étaient à la tête de leurs propres troupes. Comme le terrain était inégal et rude, surtout pour les chevaux, on eut d'abord beaucoup de peine à se mettre en bataille : il fallut faire du haut en bas une décharge de toute l'artillerie pour écarter quelques bataillons qui semblaient avoir entrepris de disputer la descente : mais, aussitôt que les cavaliers espagnols eurent trouvé le terrain plus commode, et qu'une partie de l'infanterie eut mis le pied dans la plaine, on gagna bientôt assez de champ pour mettre le canon en batterie : le gros des ennemis avait eu le temps de s'avancer à la portée du mousquet ; ils ne combattirent encore que par des cris et des menaces. Cortez fit faire un mouvement à son armée pour les charger ; mais ils se retirèrent alors par une espèce de fuite, qui n'était en effet qu'une ruse pour faire avancer les Espagnols, et pour trouver le moyen de les envelopper : on ne fut pas long-temps à le reconnaître. A peine eût-on quitté la hauteur qu'on laissait à dos, par laquelle on avait espéré de demeurer couvert, qu'une partie de l'armée ennemie s'ouvrit en deux ailes, et, s'étendant des deux côtés, enferma Cortez et tous ses gens dans un grand cercle ; l'autre partie s'étant avancée avec la même diligence, doubla les rangs de cette enceinte, qui commença aussitôt à se resserrer. Le péril parut si pressant, que Cortez, songeant à se défendre avant d'attaquer, prit le parti de donner quatre faces à sa troupe. L'air, déjà troublé par d'effroyables cris, fut alors obscurci par une nuée de flèches, de dards et de pierres ; mais les Américains, remarquant que ces armes faisaient peu d'effet, se disposèrent à faire usage de leurs épées et de leurs massues. Cortez attendait ce moment pour faire jouer l'artillerie, qui en fit un grand carnage ; les arquebuses ne causèrent pas moins de désordre dans leurs rangs. Comme leur point d'honneur était de dérober la connaissance du nombre de leurs morts et de leurs blessés, ce soin, qui ne cessait pas de les occuper, contribua beaucoup à les jeter dans la confusion. Cortez n'avait pensé jusqu'alors qu'à courir, avec ses cavaliers, aux endroits où le péril était pressant, pour rompre à coups de lances et dissiper ceux qui s'approchaient le plus. Mais, reconnaissant leur trouble, il résolut de saisir ce moment pour les charger, dans l'espérance de s'ouvrir un passage, et de prendre quelque poste où toutes les troupes pussent combattre de front : il communiqua son dessein à ses officiers; les cavaliers furent placés sur les ailes; et, tout d'un coup, invoquant saint Pierre à haute voix, le bataillon espagnol s'avança contre les Tlascalans. Ils soutinrent assez vigoureusement le premier effort; mais la furie des chevaux, qu'ils prenaient pour des êtres surnaturels, leur causa tant de frayeur, qu'ils s'ouvrirent enfin avec toutes les marques d'une affreuse consternation. Dans le temps qu'ils se heurtaient entre eux, et que, se renversant les-uns sur les autres, ils se faisaient plus de mal qu'ils n'en voulaient éviter, il arriva un incident qui ranima leur courage, et qui faillit entraîner la ruine des Espagnols. Un cavalier, nommé *Pierre de Moron*, qui montait un cheval très-léger, mais peu docile, s'engagea si loin dans la mêlée, que plusieurs officiers tlascalans,

qui s'étaient ralliés, et qui le virent séparé
de ses compagnons, l'attaquèrent de concert :
les uns saisirent sa lance et les rênes de la
bride, tandis que les autres percèrent le cheval de tant de coups, qu'il tomba mort au
milieu d'eux ; aussitôt ils lui coupèrent la tête,
et, l'élevant au bout d'une lance, ils exhortèrent les plus timides à redouter moins des
monstres qui ne résistaient pas à la pointe de
leurs armes. Moron reçut plusieurs blessures,
et demeura quelques momens prisonnier ; mais
il fut secouru par d'autres cavaliers qui l'enlevèrent à ses vainqueurs. Cependant une partie
des Tlascalans, encouragée par la mort du
monstre, reprit ses rangs, et parut se disposer au combat ; mais, lorsque les Espagnols se
croyaient menacés d'une nouvelle attaque, ils
furent surpris de voir succéder tout d'un coup
un profond silence aux cris des ennemis, et
de ne plus entendre que le bruit de leurs timbales et de leurs cors : c'était la retraite qu'ils
sonnaient à leur manière. Un mouvement
qu'ils firent aussitôt vers Tlascala ne permit
pas de douter qu'ils ne fussent près d'abandonner le champ de bataille. En effet, ils s'é-
loignèrent insensiblement jusqu'à ce qu'une
colline les déroba tout-à-fait aux yeux des
Espagnols. L'armée avait perdu ses principaux
chefs ; et Xicotencatl, voyant la plupart de
ses bataillons sans commandans, avait craint
de ne pouvoir suffire seul pour faire agir ce
grand corps ; cependant il n'en prit pas moins

*...

un air de triomphe; et la tête du cheval, qu'il portait lui-même, et qu'il envoya bientôt au sénat, lui tint lieu de tous les avantages de la victoire.

Ils étaient demeurés à Cortez, puisqu'il se trouvait maître du champ de bataille, après avoir repoussé tant d'ennemis; mais il se voyait forcé d'accorder quelques repos à ses troupes qui étaient accablées de fatigue. D'ailleurs, informé par les prisonniers que l'animosité des Tlascalans venait de l'opinion qu'ils avaient conçue de son voyage à la capitale du Mexique, où ils s'imaginaient qu'il allait rechercher l'amitié de Montézuma, pour lequel ils avaient une haine mortelle, il se flattait de pouvoir les détromper sur ses intentions, et de leur inspirer du goût pour la paix. Ces deux raisons le déterminèrent à se saisir d'un petit bourg, qu'on découvrait à peu de distance sur une hauteur qui commandait toute la plaine. Les habitans s'étant retirés à son approche, laissèrent assez de vivres pour renouveler ses provisions. Un lieu naturellement capable de défense ne fut pas difficile à fortifier par quelques ouvrages; et les Zampoalans, irrités du mépris avec lequel ils voyaient traiter leur alliance, apportèrent une ardeur infatigable au travail. Aussitôt que le général espagnol se crut en sûreté dans ce poste, il se mit à la tête de deux cents hommes, moitié des troupes zampoalanes, et moitié des siennes, pour aller lui-même observer la disposition des ennemis aux environs de Tlascala. Il y fit quelques prisonniers, qui lui apprirent que Xicotencatl était campé assez proche de la ville, et qu'il y assemblait une nouvelle armée. Cette nouvelle l'obligea de retourner à son quartier, mais ce ne fut pas sans avoir brûlé quelques villages, pour faire connaître à ses ennemis qu'il ne craignait point la guerre ; et, revenant néanmoins à l'espérance de leur donner une meilleure idée de ses intentions, il rendit la liberté à deux de ses prisonniers, avec ordre de déclarer à Xicotencatl « qu'il était affligé de la mort d'un si grand nombre de braves Tlascalans qui avaient péri dans le dernier combat; mais que ce malheur ne devait être attribué qu'à ceux qui l'attiraient à leur patrie en recevant à main armée des étrangers qui venaient leur demander la paix : qu'il la demandait encore malgré les outrages qu'il avait reçus, et qu'il promettait de les oublier; mais que, s'il ne recevait cette grâce à l'heure même, il jurait de détruire la ville de Tlascala pour en faire un exemple dont tous les peuples voisins seraient effrayés. » Après la perte que les Tlascalans avaient réellement essuyée, cette déclaration aurait pu faire quelque impression sur le sénat, si toutes les voies n'eussent été fermées pour la faire passer dans la ville; mais elle était adressée à Xicotencatl, qui en fut irrité jusqu'à couvrir de blessures ceux qui avaient eu l'audace de s'en charger; et, les renvoyant dans cet état à Cortez, il lui fit dire « qu'il n'avait pas voulu leur donner la mort, afin que les Espagnols apprissent d'eux quelles étaient ses dernières résolutions; que le lendemain, au lever du soleil, ils le verraient en campagne avec une armée innombrable; que son dessein était de les prendre tous en vie, et de les porter sur les autels de ses dieux pour leur faire un sacrifice du sang et des cœurs de leurs ennemis. » Ensuite, joignant la raillerie à cette réponse, il fit porter au camp espagnol trois cents poulets d'Inde et autres provisions, afin que les ennemis de ses dieux, faisait-il dire à Cortez, ne s'imaginassent point qu'il aimait mieux les prendre par la faim que par les armes, et qu'après avoir bien mangé, leur chair dont il voulait faire un grand festin, fût d'un goût plus savoureux. Cette raillerie accompagnée d'un présent de vivres ne dut pas déplaire aux Espagnols; et Cortez profita de l'avis qu'il avait reçu pour se disposer à tous les événemens. Il prit avantage de la nature du terrain pour former plusieurs batteries, et ses bataillons furent distribués suivant l'expérience qu'il avait de la méthode des Tlascalans. A la pointe du jour, on vit en effet la campagne inondée d'ennemis, qui devaient avoir fait beaucoup de diligence pour s'être approchés du camp dans l'espace d'une nuit. Cette armée montait à plus de cinquante mille hommes : c'était le dernier effort de la république et de tous ses alliés. On découvrait au centre

un aigle d'or fort élevé, qui n'avait point
encore paru dans les autres combats, et que
les Tlascalans ne portaient pour enseigne que
dans les plus pressantes occasions : ils semblaient
courir plutôt que marcher. Cortez, les voyant
à la portée du canon, fit faire une décharge
générale qui ralentit beaucoup cette ardeur.
Cependant, après avoir paru quelque temps
arrêtés par la crainte, ils reprirent courage
pour s'avancer jusqu'à la portée des frondes et
des arcs ; mais ils furent arrêtés une seconde
fois par de nouvelles décharges de l'artillerie
et des arquebuses, dont chaque coup faisait
de larges ouvertures dans leurs rangs. Le combat dura long-temps sous cette forme, avec
peu de dommage pour les Espagnols, qui
voyaient tomber à leurs pieds les flèches et les
pierres, tandis que leurs boulets et leurs balles
portaient le désordre et la mort dans tous les
bataillons ennemis. Cependant un gros de soldats, comme transporté de fureur, s'approcha
jusqu'au pied des batteries, et commençait à
causer de l'inquiétude à Cortez, lorsque, la
confusion se répandant plus que jamais dans
le corps de leur armée, on y remarqua divers
mouvemens opposés les uns aux autres, qui
aboutirent à une retraite sans désordre pour
ceux qui composaient l'arrière-garde, et qui
se tournèrent bientôt en fuite pour ceux qui
combattaient dans les postes avancés. Alors
Cortez les fit charger avec l'épée et la lance,
mais sans permettre à ses gens de s'écarter

trop, dans la crainte de quelques ruses, qui pouvaient les exposer au danger d'être enveloppés.

Cette étrange révolution passa d'abord aux yeux des Espagnols pour un miracle du ciel en faveur des armes chrétiennes : mais on sut bientôt que Xicotencatl, jeune homme fort emporté, avait outragé un des caciques auxiliaires, parce qu'il avait différé d'obéir à ses ordres, et que le cacique s'était ressenti de ses injures jusqu'à lui proposer un combat singulier. Tous les alliés de la république s'étaient soulevés à cette occasion ; ils avaient résolu brusquement de quitter une armée où l'on marquait si peu de reconnaissance pour leur zèle et leur valeur. Ce dessein s'était exécuté avec une précipitation qui avait jeté le désordre dans les autres troupes, et Xicotencatl, troublé par un incident si funeste, avait pris le parti d'abandonner la victoire et le champ de bataille aux Espagnols.

Malgré tant de marques d'un bonheur privilégié, le péril dont ils se voyaient délivrés, mais qui pouvait se renouveler à tout moment, les jeta dans une vive inquiétude qui produisit de nouveaux murmures. Cortez retomba dans la nécessité d'employer son éloquence et son adresse pour les apaiser ; il ordonna une assemblée générale sous prétexte de délibérer en commun sur une situation dont il reconnaissait le danger : il avait recommandé à ses confidens de placer sans affectation les plus

mutins près de sa personne, autant pour s'assurer d'en être entendu que pour se les concilier par cette apparence de distinction et de
faveur. Le discours qu'il leur tint fut à peine
achevé, qu'un factieux des plus emportés éleva
la voix, et dit à ses partisans : « Mes amis,
le général nous consulte ; mais, en nous demandant le parti qui nous reste à prendre, il
nous l'enseigne : je crois, comme lui, qu'il est
impossible de nous retirer sans nous perdre. »
Tous les autres entrèrent dans le même sentiment, et reconnurent l'injustice de leurs
plaintes.

D'un autre côté, la nouvelle déroute des
Tlascalans avait jeté tant de consternation dans
la ville, que le peuple y demandait la paix à
grands cris. Les plus timides proposaient de
se retirer dans les montagnes avec leurs familles ; mais la plupart, persuadés que les Espagnols étaient des dieux, voulaient qu'on se
hâtât de les apaiser par des adorations. Le sénat, s'étant assemblé pour chercher quelque remède aux malheurs publics, conclut que les
merveilleux exploits des étrangers devaient
être l'effet de quelque enchantement, et cette
idée le fit recourir aux magiciens du pays pour
détruire un charme par un autre. Ces impos-
teurs furent appelés ; ils déclarèrent qu'ayant
déjà raisonné sur les circonstances, ce qui paraissait obscur aux sénateurs était d'une extrême clarté pour eux ; que, par la force de
leur art, ils avaient découvert que les Espa-

gnols étaient des enfans du soleil, produits par l'activité de ses influences sur la terre des régions orientales ; que leur plus grand enchantement était la présence de leur père, dont la puissante ardeur leur communiquait une force supérieure à celle de la nature, qui les faisait approcher de celle des immortels ; mais que, l'influence cessant lorsque le soleil déclinait vers le couchant, ils s'affaiblissaient alors et se flétrissaient comme l'herbe des prairies ; d'où les magiciens inféraient qu'il fallait les attaquer pendant la nuit, avant que le retour du soleil les rendît invincibles. Le sénat donna de grands éloges à cette découverte, et se flatta d'une victoire certaine. Quoique les combats nocturnes fussent opposés aux usages de la nation, l'ordre fut donné à Xicotencatl d'attaquer le camp espagnol après le coucher du soleil. Heureusement que la vigilance de Cortez n'était jamais en défaut. Il avait des postes avancés et des sentinelles dans l'éloignement : il faisait faire exactement les rondes ; les chevaux étaient sellés pendant toute la nuit, et les soldats dormaient armés. Le soir, avant la nuit qu'on avait marquée pour l'attaque, les sentinelles découvrirent un gros d'ennemis qui s'avançaient à petits pas vers le camp, dans un silence qui ne leur était pas ordinaire. Cortez en fut averti ; quoiqu'il ignorât encore leur dessein, non-seulement il donna ses ordres pour la défense, mais il recommanda qu'à leur exemple le silence fût observé à tous les postes. La confiance de Xicotencatl augmenta, lorsqu'à peu de distance du camp, il se crut assuré par ces apparences de langueur que les Espagnols se ressentaient de l'absence de leur père. Il s'approcha jusqu'au pied des remparts, où il forma trois attaques qui furent exécutées avec beaucoup de hardiesse et de diligence : mais les premiers qui entreprirent de monter furent reçus avec une vigueur à laquelle ils ne s'attendaient pas ; et ceux qui les suivaient prirent l'épouvante en voyant tomber les plus avancés, dont les corps roulaient jusqu'à eux. Xicotencatl reconnut l'imposture des magiciens : cependant sa colère et son courage le firent retourner à l'assaut ; ses gens donnèrent des témoignages extraordinaires de valeur ; ils s'aidaient des épaules de leurs compagnons pour monter sur le rempart, où ils recevaient sans étonnement de mortelles blessures qui continuaient de les faire tomber sans que les autres parussent rebutés de ce spectacle. Le combat dura long-temps dans cette situation, où les Espagnols n'avaient que la peine d'allonger le bras pour les tuer à coups de lance. Enfin Xicotencatl, désespérant de son entreprise, prit le parti de faire sonner la retraite. Cortez, qui savait que la méthode des ennemis était de se retirer en pelotons et sans ordre, sortit alors avec une partie de son infanterie, tandis que les cavaliers, qui avaient garni de sonnettes le poitrail de leurs chevaux, descendirent aussi dans la campagne pour augmenter la terreur par la nouveauté de ce bruit. Une charge à laquelle les Tlascalans s'attendaient si peu acheva de les mettre en fuite, et le jour ne revint que pour montrer le nombre des morts et des blessés qu'ils avaient laissés, contre leur usage, au pied du rempart. Les Espagnols perdirent un Zampoalan, et n'eurent que deux ou trois soldats blessés ; ce qu'ils regardèrent comme un miracle à la vue de l'effroyable quantité de flèches, de dards et de pierres qui était tombée dans l'enceinte de leur quartier.

Leur joie n'eut d'abord pour objet qu'une victoire qui leur avait si peu coûté; mais elle augmenta beaucoup en apprenant des prisonniers quelle avait été l'espérance de leurs ennemis. Cortez ne douta point que la réputation qu'il devait se promettre d'un événement de cette nature ne servît plus que la force des armes au succès de ses desseins. En effet, tous les sénateurs de Tlascala, croyant reconnaître dans ces invincibles étrangers les hommes célestes qui étaient annoncés par leurs prophéties, craignirent de s'attirer les derniers malheurs en rejetant plus long-temps leur amitié. Ils commencèrent par sacrifier à leurs dieux une partie des magiciens qui les avaient trompés, comme des victimes de propitiation pour apaiser le courroux du ciel. Ensuite, pensant à nommer des ambassadeurs qui devaient être chargés de négocier la paix, ils envoyèrent d'avance un ordre exprès à Xicotencatl de faire cesser toutes sortes d'hostilités. Ce fier Américain, loin d'approuver la délibération de ses maîtres, répondit à leur envoyé que son armée était le véritable sénat, et qu'il aurait soin de soutenir la gloire de sa nation, puisqu'elle était abandonnée par les pères de la patrie. Quoiqu'il fût désabusé de la folle opinion qu'il avait conçue du raisonnement des magiciens, il n'avait point encore perdu l'espérance de forcer pendant la nuit les étrangers dans leurs murs. Il attribuait sa dernière disgrâce à l'imprudence qu'il avait eue de les attaquer sans avoir fait reconnaître la disposition de leur camp; et, dans cette idée, il résolut d'y envoyer quelques espions, avec ordre d'en examiner toutes les parties. Les habitans des villages voisins, attirés par les présens des Espagnols, ne faisaient nulle difficulté d'y porter des vivres. Il choisit quarante soldats qu'il fit déguiser en paysans, avec des fruits, de la volaille et du maïs. Il leur recommanda d'observer les endroits par lesquels on pouvait attaquer la place avec plus de facilité. Les espions travestis entrèrent dans le camp, et y passèrent quelques heures; ce fut un Zampoalan qui remarqua le premier la curiosité avec laquelle ils observaient la hauteur du mur. Cortez, qui en fut averti, se hâta de les faire arrêter. La force des tourmens en fit parler quelques-uns : il forma là-dessus un dessein qui lui réussit au-delà de ses espérances; ce fut celui de feindre qu'il avait pénétré celui de Xicotencatl par des lumières supérieures aux connaissances humaines, et de lui renvoyer la plus grande partie de ses espions pour lui déclarer de sa part que les Espagnols craignaient aussi peu la ruse et la trahison que la force des armes; qu'ils l'attendaient sans crainte, et qu'ils avaient laissé la vie à la plupart de ses gens, afin que leurs observations ne fussent pas perdues pour lui; mais en même temps, pour répandre la terreur dans l'armée ennemie, il fit mutiler diversement les malheureux qu'il renvoyait. Ce spectacle sanglant causa tant d'horreur aux troupes qui marchaient déjà pour l'attaque, qu'elles parurent balancer sur l'obéissance qu'elles devaient à leur chef. Xicotencatl, frappé lui-même de voir son projet éventé, se figura que les étrangers n'avaient pu connaître ses espions, et pénétrer jusqu'au fond de leurs pensées sans avoir quelque chose de divin. Il était dans cette agitation lorsque deux ministres, envoyés par le sénat, qui avait été choqué de l'insolence de sa réponse, vinrent lui ôter le commandement; et ses troupes, peu disposées à le soutenir dans sa désobéissance, ne tardèrent point à se dissiper. Il rentra néanmoins dans Tlascala, sous la protection de ses parens et de ses amis, qui le présentèrent aux sénateurs, avec lesquels ils firent sa paix.

Les Espagnols avaient passé la nuit sous les armes et dans une vive inquiétude. Le jour suivant ne fut pas plus tranquille; et quoiqu'ils apprissent de ceux qui leur apportaient des vivres que l'armée des Tlascalans était rompue, leur incertitude dura jusqu'au lendemain. Mais les sentinelles découvrirent au point du jour une troupe d'Américains qui s'avançaient vers le camp, et Cortez donna l'ordre qu'on leur laissât la liberté d'approcher. C'était l'ambassade du sénat, composée de quatre vénérables personnages, dont l'habit et les plumes blanches annonçaient ouvertement la paix. Ils étaient environnés de leur cortége, après lequel marchaient quantité de tamènes, chargés de toutes sortes de provisions. Ils s'arrêtaient par intervalles, avec de profondes inclinations de corps vers le camp des Espagnols; et, baissant les mains jusqu'à terre, ils les portaient ensuite à leurs lèvres. A quelques pas des murs, ils rendirent leurs derniers hommages par des encensemens qu'ils firent au fort. Marina parut sur le bord du rempart, et leur demanda dans leur langue de quelle part et dans quelles vues ils se présentaient. Ils répondirent qu'ils étaient envoyés par le sénat et la république de Tlascala pour traiter de la paix. On ne leur refusa point l'entrée; mais Cortez les reçut avec un appareil de grandeur et un air de sévérité qu'il jugea nécessaire pour leur inspirer du respect et de la crainte. Après avoir recommencé leurs révérences et leur encensement, ils exposèrent le sujet de leur députation, qui se réduisit à des excuses frivoles, tirées de l'emportement brutal des Otomies, que toute l'autorité du sénat n'avait pu réprimer, et à l'offre de recevoir des Espagnols dans leur ville, où ils promettaient de les traiter comme les frères de leurs dieux. Cortez, dissimulant la joie qu'il ressentait de ce langage, affecta de les laisser dans le doute de ses intentions. Il leur fit valoir la bonté qu'il avait de les écouter lorsqu'ils avaient mérité sa colère, et le penchant qu'il conservait encore pour la paix après une guerre injuste qui lui donnait sur eux tous les droits de la victoire. Cependant il promit de ne pas reprendre les armes, s'il n'y était forcé par de nouvelles offenses, et de laisser le temps à la république de réparer le passé par une prompte satisfaction. Il avait deux vues dans cette réponse : l'une de s'assurer en effet de la bonne foi des Tlascalans, et l'autre de prendre quelques jours pour rétablir sa santé.

A peine les ambassadeurs étaient sortis du fort, qu'on y vit entrer cinq Mexicains, qui se firent annoncer au nom de l'empereur Montézuma. Ils avaient pris des chemins détournés pour entrer sur les terres des Tlascalans ; et c'était à force de précautions qu'ils les avaient traversées sans obstacle. Montézuma, informé par la diligence de ses courriers de tout ce qui se passait à Tlascala, sentit redoubler ses alarmes en voyant une nation belliqueuse qui avait résisté tant de fois à toutes ses forces vaincue dans plusieurs batailles par un petit nombre d'étrangers. Il commençait à craindre qu'après avoir soumis ces rebelles,

Cortez ne formât de plus grandes entreprises, et n'employât leurs armes à la conquête de l'empire. Il paraît étonnant qu'avec de si justes soupçons il n'assemblât point une armée pour sa défense. Mais on observe dans toute sa conduite qu'il se fiait beaucoup aux artifices de sa politique, et que son espérance était encore de rompre l'union qui pouvait se former entre les Espagnols et les Tlascalans. C'était dans cette vue qu'il envoyait une ambassade à Cortez, sous prétexte de le féliciter de l'heureux succès des ses armes, et de l'exhorter à traiter sans ménagement leurs ennemis communs, pour lesquels il se flattait de lui inspirer de la défiance et de la haine par les plus odieuses peintures de leur mauvaise foi. D'ailleurs ses ambassadeurs avaient ordre de faire de nouvelles instances au général étranger, pour lui faire abandonner le dessein de se rendre à sa cour, en lui expliquant avec des apparences d'amitié les raisons qui ne permettaient pas à leur maître de lui accorder cette liberté. Leurs instructions portaient aussi de reconnaître la situation des Tlascalans; et, s'ils les voyaient portés à la paix, de faire naître assez d'obstacles au traité pour se donner le temps de s'informer du succès de leur négociation.

Cortez les reçut avec d'autant plus de joie et de civilité, que le silence de ce monarque commençait à lui causer de l'inquiétude. Il marqua une extrême reconnaissance pour leurs présens, qui montaient à la valeur de deux mille marcs d'or ; mais il trouva des prétextes pour différer sa réponse, parce qu'il voulait qu'avant leur départ ils vissent avec quelle soumission les Tlascalans lui demandaient la la paix ; et, de leur côté, ils ne demandèrent point d'être dépêchés, parce que ce délai semblait favorable à leur commission. Cependant ils ne furent pas long-temps sans la faire pénétrer par des questions indiscrètes, qui firent connaître toutes les frayeurs de Montézuma, et de quelle importance il était, pour le déterminer, de conclure avec Tlascalans.

La république, qui voulait persuader les Espagnols de la sincérité de ses intentions, envoya ordre à toutes les bourgades voisines du camp d'y porter des vivres sans paiement et sans échange. L'abondance y régna aussitôt, et les paysans du canton poussèrent la fidélité jusqu'à refuser les moindres récompenses. Deux jours après, on découvrit sur le chemin de la ville un gros d'Américains qui s'approchaient avec toutes les marques de la paix. Cortez ordonna que le fort leur fût ouvert, sans aucune apparence de soupçon. Il se fit accompagner, pour les recevoir, de cinq ambassadeurs mexicains, après leur avoir fait entendre avec noblesse qu'il ne voulait rien avoir de réservé pour ses amis. Les chefs des Tlascalans était Xicotencatl même, qui avait brigué cette commission pour achever de se rétablir dans l'esprit des sénateurs, ou peut-être, suivant la conjoncture de Solis, parce qu'ayant reconnu la nécessité de la paix, son ambition lui faisait désirer que la république n'en eût l'obligation qu'à lui. Il avait pour cortége cinquante seigneurs des plus distingués, tous dans une magnifique parure. Sa taille était au-dessus de la médiocre, assez dégagée, mais droite et robuste; il était vêtu d'une robe blanche ornée de quantité de plumes et de quelques pierreries. Les traits de son visage, quoique sans proportion, formaient une physionomie majestueuse et guerrière. Après quelques révérences, il s'assit sans attendre l'invitation de Cortez, et, le regardant d'un œil ferme, il lui dit qu'il se reconnaissait seul coupable de toutes les hostilités qui s'étaient commises, qu'il s'était imaginé que les Espagnols étaient dans les intérêts de Móntézuma, dont il avait le nom en horreur; mais qu'étant mieux informé, il venait se rendre entre les mains de ses vainqueurs, et qu'il souhaitait de mériter par cette soumission le pardon de la république, au nom de laquelle il se présentait pour demander la paix et pour la recevoir aux conditions qu'il leur plairait de l'accorder; qu'il la demandait une, deux et trois fois, au nom du sénat, de la noblesse et du peuple, et qu'il suppliait le général d'honorer leur ville de sa présence; qu'il y trouverait des logemens pour toute son armée; que jamais les Tlascalans n'avaient été forcés d'en ouvrir les portes; qu'ils menaient dans ces montagnes une vie pauvre et laborieuse, uniquement jaloux de leur liberté; mais que, l'expérience leur ayant fait connaître la valeur des Espagnols, ils ne voulaient pas tenter plus long-temps la fortune, et qu'ils leur demandaient seulement en grâce d'épargner leurs dieux, leurs femmes et leurs enfans.

Cortez, porté naturellement à estimer la grandeur d'âme, fut touché de la noblesse de ce discours, et de l'air libre et guerrier de Xicotencatl, et il lui témoigna d'abord tout le cas qu'il faisait de lui. Ensuite, reprenant un air sévère, il lui fit des reproches fort vifs de l'obstination avec laquelle il avait entrepris de résister à ses armes; il exagéra la grandeur du crime pour faire valoir le mérite du pardon; et, promettant enfin la paix sans aucune réserve, il ajouta que, lorsqu'il jugerait à propos d'aller à Tlascala, il en donnerait avis aux sénateurs. Ce retardement parut affliger Xicotencatl, qui le regarda comme un reste de défiance, ou comme un prétexte pour mettre la bonne foi des Tlascalans à l'épreuve. Il se hâta de répondre que lui, qui était le général, et la principale noblesse de la nation dont il était accompagné, s'offraient à demeurer prisonniers entre les mains des Espagnols pendant tout le temps qu'il voudrait passer dans la ville. Cortez, quoique fort satisfait de cette offre, affecta de la rejeter par une générosité supérieure. Il fit dire au général que les Espagnols n'avaient pas plus besoin d'otages pour entrer dans la ville qu'ils n'en avaient eu pour se maintenir dans le pays des Tlascalans au milieu de leurs nombreuses armées ; qu'on pouvait s'assurer de la paix sur sa parole, et qu'il irait à la ville aussitôt qu'il aurait dépêché des ambassadeurs que Montézuma lui avait envoyés. Ce discours, que son habileté lui fit jeter comme sans dessein, eut également son effet sur les ministres des deux nations. Xicotencatl se hâta de retourner à Tlascala, où la paix fut aussitôt publiée avec des réjouissances fort éclatantes. Les Mexicains, qui demeurèrent dans le camp, firent d'abord quelques railleries sur le traité et sur le caractère de ceux qui le proposaient. Ensuite, feignant d'admirer la facilité des Espagnols, ils poussèrent l'artifice jusqu'à dire à Cortez qu'ils le plaignaient de ne pas mieux connaître les Tlascalans, nation perfide, qui se maintenait moins par la force des armes que par la ruse, et qui ne pensait qu'à tromper par de fausses apparences pour le perdre avec tous ses soldats ; mais, lorsqu'il leur eut répondu qu'il ne craignait pas plus la trahison que la violence, que sa parole était une loi sacrée, et que d'ailleurs, la paix étant l'objet de ses armes, il ne pouvait la refuser à ceux qui la demandaient, ils tombèrent dans une profonde rêverie, dont ils ne sortirent que pour le supplier de différer de six jours son entrée dans Tlascala. Cortez paraissant surpris de cette demande, ils lui avouèrent que, dans la supposition de la paix, ils avaient ordre d'en donner avis à l'empereur avant qu'elle fût conclue, et d'attendre ses ordres pour s'expliquer davantage. L'habile Espagnol leur accorda volontiers cette grâce, non-seulement parce qu'il voulait conserver des égards pour Montézuma, mais parce qu'il demeura persuadé qu'elle pourrait servir à lever les difficultés que ce prince faisait de se laisser voir.

Les députés revinrent le sixième jour, accompagnés de six autres seigneurs de la cour impériale, qui apportaient de nouveaux présens à Cortez; ils lui dirent que l'empereur du Mexique désirait avec passion d'obtenir l'alliance et l'amitié du grand monarque des Espagnols, dont la majesté paraissait avec tant d'éclat dans la valeur de ses sujets, et que ce dessein le portait à partager avec lui ses immenses richesses; qu'il s'engageait à lui payer un tribut annuel, parce qu'il le révérait comme le fils du soleil, ou du moins comme le seigneur des heureuses régions où les Mexicains voyaient naître la lumière; mais que ce traité devait être précédé de deux conditions : la première, que les Espagnols ne formassent aucune alliance avec la république de Tlascala, puisqu'il n'était pas raisonnable qu'ayant tant d'obligations à la générosité de l'empereur, ils prissent parti pour ses ennemis; la seconde, qu'ils achevassent de se persuader que le dessein qu'ils avaient d'aller à Mexico était contraire aux lois de sa religion, qui ne

permettaient pas au souverain de se laisser
voir à des étrangers; qu'ils devaient considé-
rer les périls dans lesquels l'une ou l'autre de
ces entreprises ne manquerait pas de les engager; que les Tlascalans, nourris dans l'habitude
de la trahison et du brigandage, ne cherchaient
qu'à leur inspirer une fausse confiance pour
trouver l'occasion de se venger, et pour se
saisir des riches présens qu'il avaient faits à
Cortez; et que les Mexicains étaient si jaloux
de l'observation de leurs lois, et d'ailleurs si
farouches, que toute l'autorité de l'empereur
ne serait pas capable d'arrêter leurs emportemens; que par conséquent les Espagnols,
après avoir été tant de fois avertis du danger,
ne pourraient se plaindre avec justice de ce
qu'ils auraient à souffrir.

Cortez se trouva fort loin de ses espérances;
il comprit plus que jamais que Montézuma le
regardait avec toute l'horreur que ses funestes
présages lui avaient inspirée pour les étrangers, et qu'en feignant d'obéir à ses dieux,
il se faisait une religion de sa crainte. Cependant il dissimula son chagrin pour répondre
froidement aux nouveaux ambassadeurs qu'a-
près les fatigues de leur voyage, il voulait
leur laisser prendre un peu de repos, et qu'il
ne tarderait point à les congédier. Son dessein était de les rendre témoins de son traité
avec les Tlascalans, et de suspendre ses dernières explications, pour ôter à Montézuma le
temps d'assembler une armée. On était bien

informé qu'il n'avait point encore fait de préparatifs pour la guerre.

Cependant les délais affectés de Cortez causaient beaucoup d'inquiétude au sénat tlascalan, qui croyait ne les pouvoir attribuer qu'aux intrigues des ambassadeurs mexicains. Les sénateurs prirent la résolution de se rendre au camp des Espagnols pour les convaincre de leur affection, et de ne pas retourner dans leur ville sans avoir déconcerté toutes les négociations de Montézuma. Ils partirent avec une nombreuse suite, et des ornemens dont la couleur annonçait la paix : chacun était porté dans une sorte de litière sur les épaules des ministres inférieurs. Magiscatzin, qui avait toujours opiné en faveur des étrangers, était à la tête, avec le père de Xicotencatl, vénérable vieillard que son grand âge avait privé de l'usage des yeux sans avoir affaibli son esprit, qui faisait encore respecter son sentiment dans les délibérations. Ils s'arrêtèrent à quelques pas du logement de Cortez ; et le vieil aveugle, étant entré le premier, se fit placer proche de lui, et l'embrassa avec une familiarité noble et décente ; ensuite il lui passa la main sur le visage et sur différentes parties du corps, comme s'il eût cherché à connaître sa figure par le sens du toucher au défaut de ses yeux, qui ne pouvaient lui rendre cet office. Cortez fit asseoir autour de lui tous les sénateurs, et reçut dans cette situation un nouvel hommage de la république par la bouche de ses chefs. Si leur

discours fut tel qu'on le rapporte, il prouve
que la véritable éloquence, celle de l'âme, est
de tous les pays : il y a même des traits subli-
mes. Solis, plus équitable que les autres écrivains, est bien loin de regarder les Mexicains
avec mépris; ses réflexions à ce sujet sont fort
justes : A la vérité, dit-il, ils admiraient des
hommes qui leur paraissaient d'une autre espèce ; ils regardaient leur barbe comme une
singularité merveilleuse, parce qu'ils n'en
avaient pas eux-mêmes; ils prenaient les armes à feu pour des foudres, et les chevaux
pour des monstres; ils donnaient de l'or pour
du verre : mais leur étonnement ne venait que
de la nouveauté de ces spectacles, et ne doit
pas faire juger plus mal de leur raison : l'admiration ne suppose que l'ignorance, et non
pas l'imbécillité. Voici le discours du vieillard :

« Généreux capitaine, que tu sois ou non
» de la race des immortels, tu as maintenant
» dans ton pouvoir le sénat de Tlascala, qui
» vient te rendre ce dernier témoignage de
» son obéissance. Nous ne venons point excu-
» ser les fautes de notre nation, mais seule-
» ment nous en charger, avec l'espérance d'a-
» paiser ta colère par notre sincérité. C'est nous
» qui avions résolu de te faire la guerre; mais
» c'est nous aussi qui avons conclu à te de-
» mander la paix. Nous n'ignorons point que
» Montézuma s'efforce de te détourner de no-
» tre alliance : écoute-le comme notre enne-
» mi, si tu ne le considères pas comme un

» tyran tel qu'il doit déjà te le paraître, puis-
» qu'il te recherche dans le dessein de te per-
» suader une injustice. Nous ne demandons
» pas que tu nous assistes contre lui ; nos seu-
» les forces nous suffisent contre tout ce qui
» ne sera pas toi : mais nous verrons avec cha-
» grin que tu prennes confiance à ses promes-
» ses, parce que nous connaissons ses artifi-
» ces. Au moment que je te parle, il s'offre à
» moi, malgré mon aveuglement, certaines lu-
» mières qui me découvrent de loin le péril où
» tu t'engages. Tu nous as offert la paix, si
» Montézuma ne te retient. Pourquoi te re-
» tient-il ? Pourquoi te refuses-tu à nos prières ?
» Pourquoi ne veux-tu pas honorer notre ville
» de ta présence ? Nous venons, résolus d'ob-
» tenir ton amitié et ta confiance, ou de met-
» tre entre tes mains notre liberté. Choisis de
» ces deux partis celui qui te sera le plus
» agréable : il n'y a point de milieu pour nous
» entre la nécessité d'être tes amis ou tes es-
» claves. »

Cortez ne put résister à des soumissions qui
portaient un caractère de bonne foi si peu suspect. Après avoir fait une réponse favorable
aux sénateurs, il exigea seulement qu'ils lui
envoyassent des hommes pour la conduite de
l'artillerie et le transport du bagage. Dès le
jour suivant on vit arriver à la porte du fort
cinq cents Tamènes qui se disputèrent entre
eux l'honneur de porter les plus pesans far-
deaux. Aussitôt Cortez fit disposer tout pour la

marche. On forma des bataillons, et l'armée prit le chemin de Tlascala, avec l'ordre et les précautions qu'elle observait dans les plus grands dangers. La meilleure partie des prospérités de Cortez était due à l'exactitude de la discipline, dont il ne se relâcha jamais. La campagne se trouva couverte d'une multitude innombrable d'Américains. Leurs cris et leurs applaudissemens différaient peu des menaces qu'ils employaient dans les combats; mais les Espagnols avaient été prévenus sur ces témoignages de joie, qui étaient en usage dans les plus grandes fêtes du pays. Le sénat vint au-devant d'eux escorté de toute la noblesse. A l'entrée de la ville, les acclamations redoublèrent avec un nouveau bruit d'instrumens barbares, qui se mêlèrent à la voix du peuple. Les femmes jetaient des fleurs sur leurs hôtes; et les sacrificateurs, revêtus des habits de leur ministère, les attendaient au passage avec des brasiers de copal, dont ils dirigeaient vers eux la fumée. Il faut avouer que cinq cents Espagnols, dont l'alliance est disputée entre deux états puissans, et que leurs ennemis reçoivent l'encens à la main, jouaient peut-être le plus grand rôle dont jamais des hommes puissent se glorifier. Cependant, à tout prendre, quel avantage avaient-ils sur les Tlascalans, qui avaient montré, en les combattant, une bravoure au moins égale à la leur? des chevaux et de la poudre à canon.

Toute l'armée fut logée commodément dans

un spacieux édifice, où l'on entrait par trois grands portiques. Cortez avait amené les ambassadeurs mexicains malgré leur résistance. Il leur fit donner un appartement près du sien, pour les mettre à couvert sous sa protection. Tlascala était alors une ville fort peuplée, bâtie sur quatre éminences, qui s'étendaient de l'est au couchant, et qui avaient l'apparence de quatre citadelles, avec des rues de communication, bordées de murs fort épais, qui formaient l'enceinte de la place. Ces quatre parties étaient gouvernées par autant de caciques, descendus des premiers fondateurs, mais soumis néanmoins à l'assemblée du sénat, où ils avaient droit d'assister, et dont ils recevaient les ordres pour tout ce qui concernait le bien public. Les maisons étaient d'une hauteur médiocre, et d'un seul étage. Elles étaient de pierre et de brique, avec des terrasses et des corridors au lieu de toit. La plupart des rues étaient étroites et tortueuses, suivant les différentes formes des montagnes. Enfin l'architecture paraissait aussi bizarre que la situation.

La province entière, dans une circonférence de cinquante lieues, qui en avait dix de longueur de l'est à l'ouest, sur quatre de largeur du nord au sud, n'offrait qu'un pays inégal et montueux, mais fertile néanmoins et soigneusement cultivé. Il était borné de tous côtés par des provinces de l'empire du Mexique, à l'exception du nord, où ses limites étaient resserrées par la grande Cordilière, dont les montagnes presque inaccessibles lui donnaient communication avec les Otomies, les Totonaques et d'autres nations barbares. Il s'y trouvait quantité de bourgs et de villages fort peuplés. Le pays abondait en maïs, d'où la province tirait le nom de *Tlascala*, qui signifie *Terre de pain*. On n'admirait pas moins l'excellence et la variété de ses fruits, et l'abondance de ses animaux sauvages et domestiques. Elle produisait aussi quantité de cochenille, qui est encore une de ses plus grandes richesses, et dont Solis assure que ces peuples ne connaissaient pas l'usage avant l'arrivée des Espagnols. Mais ces avantages de la nature étaient balancés par de grandes incommodités. Le voisinage des montagnes exposait la province à de furieuses tempêtes, à des ouragans terribles, et souvent aux inondations d'une rivière nommée *Zahual*, dont les eaux s'élevaient jusqu'au sommet des collines. On leur attribue la propriété de causer la gale à ceux qui en boivent et qui s'y baignent. Le défaut de sel était un autre inconvénient pour les Tlascalans, non qu'ils n'en pussent tirer des provinces de l'empire en échange pour leurs grains ; mais, dans leurs idées d'indépendance, ils aimaient mieux se priver de ce secours que d'entretenir le moindre commerce avec leurs ennemis. Une politique de cette nature, et d'autres remarques qui firent connaître à Cortez le caractère extraordinaire de cette nation ne lui causèrent pas moins d'inquiétude que de surprise. Il dissimula ses soupçons, mais il faisait faire une garde exacte autour de son logement ; et jamais il n'en sortait sans être escorté d'une partie de ses gens avec leurs armes à feu. Il ne leur permettait d'aller à la ville qu'en troupes nombreuses, toujours avec les mêmes précautions. Les habitans s'affligèrent de cette défiance, et le sénat en fit des plaintes. Il répondit qu'il connaissait la bonne foi des Tlascalans, et qu'ils devaient avoir la même opinion de la sienne ; mais que l'exactitude des gardes était un usage de l'Europe, où les soldats faisaient les exercices de la guerre au milieu de la paix pour conserver l'habitude de la vigilance et de la soumission ; et que les armes qu'ils portaient sans cesse étaient une marque honorable qui distinguait leur profession. Les sénateurs parurent satisfaits de cette raison ; et Xicotencatl, naturellement guerrier, prit tant de goût pour la méthode espagnole, qu'il entreprit d'introduire les mêmes usages parmi les troupes de la république. Cet éclaircissement ayant fait cesser les alarmes des Tlascalans, Cortez, qui sentit ce qu'il avait à se promettre d'une nation si prudente et si guerrière, n'épargna rien pour se les attacher par l'estime et l'affection. Il fit entrer tous ses soldats dans les mêmes vues, et le succès de cette conduite répondit bientôt à ses espérances. Chaque jour lui en donnait des preuves par les civilités et les présens qu'il recevait de toutes les villes et des autres places de la république. Le sénat ne

parut point mécontent que la plus belle salle
du logement des Espagnols eût été destinée à
servir d'église. Ils y élevèrent un autel où les
saints mystères étaient célébrés à la vue des
principaux de la république, qui observaient
respectueusement les cérémonies. Un des plus
vieux sénateurs demanda un jour à Cortez s'il
était mortel. « Vos actions, lui dit-il, parais-
» sent surnaturelles ; elles ont ce caractère de
» grandeur et de bonté que nous attribuons à
» nos dieux : mais nous ne comprenons pas
» ces cérémonies par lesquelles il semble que
» vous rendiez hommage à une divinité supé-
» rieure. L'appareil est d'un sacrifice ; cepen-
» dant nous ne voyons pas de victimes ni d'of-
» frandes. » Cortez avoua que lui et ses soldats
étaient des hommes mortels ; mais il ajouta qu'é-
tant nés sous un meilleur climat, ils avaient
beaucoup plus d'esprit et de force que les autres hommes ; et, prenant occasion de cette
ouverture pour sonder les dispositions des
Tlascalans par celles du sénateur, il lui dit
adroitement que non-seulement les Espagnols
reconnaissaient un supérieur au ciel, mais qu'ils
faisaient gloire aussi d'être les sujets du plus
grand prince de la terre, à qui les peuples de
Tlascala obéissaient maintenant, puisque, étant
les frères des Espagnols, ils étaient obligés de
reconnaître le même souverain. Le sénateur et
ceux qui l'accompagnaient ne marquèrent point
d'éloignement pour devenir vassaux de l'Espagne, à condition d'être protégés contre les

violences de Montézuma ; mais ils parurent peu disposés à renoncer à leurs erreurs. Ils répondirent que le dieu des Espagnols était très-grand, et peut-être au-dessus des leurs, mais que chaque pays devait avoir les siens ; que leur république avait besoin d'un dieu contre les tempêtes, d'un autre contre les déluges qui ravageaient leurs moissons, d'un autre pour les assister à la guerre, et de même pour les autres nécessités, parce qu'il était impossible qu'un seul dieu fût capable de suffire à tant de soins. Là-dessus Cortez ayant chargé un de ses deux aumôniers de combattre ces erreurs, ils l'écoutèrent avec assez de complaisance ; mais, lorsqu'il eut cessé de parler, ils prièrent le général, avec beaucoup d'empressement, de ne pas permettre que cet entretien se répandît hors de son quartier, parce que, si leurs dieux en étaient informés, ils appelleraient les tempêtes pour ruiner entièrement la province. Cortez, dans le transport de son zèle, méditait déjà de faire briser les idoles. Il semblait se fier au succès que la même entreprise avait eu dans Zampoala ; mais l'aumônier lui représenta que la ville où il se trouvait était incomparablement plus peuplée, et la nation plus guerrière ; que la violence d'ailleurs ne s'accordait pas avec les maximes de l'Évangile, et qu'avant d'introduire le vrai culte, il fallait penser à le rendre aimable par des instructions et des exemples. Cependant les représentations du général convainquirent le sénat que les sacrifices du sang humain étaient contraires aux lois de la nature. Cortez eut le crédit de les faire cesser. On délivra quantité de misérables captifs qui étaient destinés à servir de victimes aux jours des plus grandes fêtes. Les prisons, ou plutôt les cages où ils étaient engraissés, furent brisées en plein jour, sans aucun ménagement pour les prêtres, qui se virent forcés d'étouffer leurs murmures. Si jamais les Espagnols n'avaient commis d'autre violence, ils auraient été les vrais héros de l'humanité.

Après avoir donné ses premiers soins à ces importantes occupations, Cortez se crut obligé de congédier les ambassadeurs mexicains, qu'il n'avait retenus que pour les rendre témoins de son triomphe. Sa réponse avait été différée jusqu'alors. Il leur fit déclarer en sa présence, par la bouche de Marina, qu'ils pouvaient rapporter à l'empereur ce qui s'était passé devant leurs yeux, c'est-à-dire l'empressement des Tlascalans à demander la paix, qu'ils avaient méritée par leurs soumissions et la bonne foi continuelle avec laquelle elle était observée; que ces peuples étaient maintenant dans sa dépendance, et qu'avec le pouvoir qu'il avait sur eux il espérait les faire rentrer sous l'obéissance de l'empire; que c'était un des motifs de son voyage, entre quelques autres d'une plus haute importance, qui l'obligaient de continuer sa route et d'aller solliciter de plus près la bonté de Montézuma pour mériter ensuite son alliance et ses faveurs. Les ambassadeurs comprirent le sens de ce discours, et partirent, avec les marques d'un vif chagrin, sous l'escorte de quelques Espagnols, qui les conduisirent jusqu'aux terres de l'empire. Leur départ fut suivi de l'arrivée d'un grand nombre de députés des principales places de la province. Ils venaient rendre leurs soumissions à l'Espagne, entre les mains de Cortez, qui en fit dresser des actes formels au nom du roi Charles.

Il arriva, dans le même temps, un accident qui surprit les Espagnols, et qui causa beaucoup d'épouvante aux Américains, mais que l'habileté de Cortez fit tourner à l'avantage de ses entreprises. De l'éminence où la ville de Tlascala est située on découvre, à la distance de huit lieues, le sommet d'une montagne qui s'élève beaucoup au-dessus de toutes les autres. Il en sortit tout d'un coup des tourbillons de fumée qui montaient en l'air avec beaucoup de rapidité, sans céder à l'impétuosité des vents, jusqu'à ce qu'ayant perdu leur force, ils se divisassent pour former des nuées plus ou moins obscures, suivant la quantité de cendre et de vapeurs qu'elles avaient entraînée. Bientôt ces tourbillons parurent mêlés de flammes ou de globes de feu, qui se séparaient, dans leur agitation, en une infinité d'étincelles. Les Américains n'avaient pas marqué de crainte à la vue de la fumée. Ce spectacle n'était pas nouveau pour eux; mais les flammes répandirent une horrible frayeur dans la nation. Elle se crut menacée de quelque redoutable événement. Les principaux sénateurs parurent persuadés que c'étaient les âmes des méchans qui sortaient pour châtier les habitans de la terre; et cette opinion, qui renfermait du moins quelque idée de l'immortalité de l'âme, fut une occasion pour Cortez de leur inspirer les espérances et les craintes qui convenaient à ses grandes vues. Pendant que toute la nation était consternée, Diégo d'Ordaz demanda la permission d'aller reconnaître de plus près ce volcan. Une proposition si hardie fit trembler les Américains. Ils s'efforcèrent de le faire renoncer à un dessein dont ils lui représentèrent tous les dangers. Jamais les plus braves Tlascalans n'avaient osé s'approcher du sommet de la montagne. On y entendait quelquefois des mugissemens effroyables; mais, les difficultés ne faisant qu'animer Ordaz, il obtint facilement la permission de Cortez, qui s'applaudit de pouvoir faire connaître à ses nouveaux alliés qu'il n'y avait point d'obstacles insurmontables pour la valeur des Espagnols.

Ordaz partit avec deux soldats de sa compagnie et quelques Américains, qui ne refusèrent pas de le conduire jusqu'au pied de la montagne, après lui avoir déclaré qu'ils s'affligeaient d'avoir été choisis pour être les témoins de sa mort. La première partie de la côte est un pays charmant, revêtu des plus beaux arbres du monde, qui forment un délicieux ombrage ; mais on ne trouve au-delà qu'un terrain stérile et couvert de cendre, que l'opposition de la fumée faisait paraître aussi blanche que la neige. Les Américains s'étant arrêtés dans ce lieu, Ordaz continua de monter courageusement avec ses deux Espagnols ; ils eurent besoin de s'aider autant des mains que des pieds jusqu'au sommet de la montagne. En approchant de l'ouverture, ils sentirent que la terre tremblait sous eux par de violentes secousses : bientôt ils entendirent les mugissemens qu'on leur avait annoncés, et qui furent suivis immédiatement d'un tourbillon, accompagné d'un bruit encore plus horrible, et de flammes enveloppées de cendre et d'une affreuse fumée. Quoique le tourbillon fût sorti si rapidement, qu'il n'avait pu échauffer l'air, il s'étendit en parvenant à sa hauteur, et répandit sur les trois aventuriers une pluie de cendre si épaisse et si chaude, qu'ils furent obligés de se mettre à couvert sous un rocher, où ils perdirent quelque temps la respiration. Cependant, lorsque le tremblement eut cessé, et que la fumée fut devenue moins épaisse, Ordaz, animant ses compagnons, acheva de monter jusqu'à la bouche du volcan. Il remarqua au fond de cette ouverture une grande masse de feu qui lui parut s'élever en bouillons comme une matière liquide et fort brillante ; la circonférence de cette horrible bouche, qui occupait presque tout le sommet de la montagne, n'avait pas moins d'un quart de

lieue. Ordaz revint tranquillement après ces
observations, et sa hardiesse fit l'étonnement
de tous les Américains. Elle n'avait passé d'a-
bord aux yeux de Cortez que pour une curiosité bizarre et téméraire ; mais il en reçut
dans la suite un fruit plus considérable que l'admiration des Tlascalans. Quelque temps après,
manquant de poudre dans une des plus importantes circonstances de son expédition, il
se ressouvint de ces bouillons de matière liquide et enflammée qu'Ordaz avait observés
au fond du volcan, et ses gens en tirèrent assez
d'excellent souffre pour la munition de toute
l'armée.

Les Espagnols passèrent vingt jours à Tlascala, qui furent autant de fêtes pendant lesquelles ils ne reçurent que de nouveaux témoignages de la fidélité des habitans. Enfin,
Cortez ayant marqué le jour de son départ,
on lui fit naître quelques difficultés sur le chemin qu'il devait tenir. Son inclination le portait à prendre celui de Cholula, grande ville
fort peuplée, qui n'était qu'à cinq lieues de
Tlascala, et capitale d'une autre république
avec laquelle Montézuma vivait en si bonne
intelligence, qu'il y avait ordinairement ses
vieilles troupes en quartier; mais cette raison
qui causait le penchant du général espagnol
était celle, au contraire, que les Tlascalans faisaient valoir pour lui conseiller de prendre
une autre route. Ils lui représentaient les Cholulans comme une nation perfide et rusée, ser-

vilement soumise à l'empereur, qui n'avait pas de sujets plus dévoués à ses ordres ; ils ajoutaient que toutes les provinces voisines de cette ville la regardaient comme une terre sacrée, parce qu'elle renfermait dans l'enceinte de ses murs plus de quatre cents temples et des divinités si bizarres, qu'il était dangereux de s'approcher, sans leur approbation, des lieux qu'elles protégaient. Pendant cette irrésolution, de nouveaux ambassadeurs arrivèrent avec des présens de la part de Montézuma. Leurs instructions ne portaient plus de détourner Cortez du voyage du Mexique; mais, paraissant supposer qu'il y était déterminé, ils lui témoignèrent que l'empereur, ayant jugé qu'il prendrait le chemin de Cholula, lui avait fait préparer un logement dans cette ville. Les sénateurs tlascalans ne doutèrent plus alors qu'on n'y eût dressé quelques embûches. Cortez, surpris lui-même d'un changement si peu prévu, ne put se défendre de quelques soupçons : cependant comme il croyait important de les déguiser aux Mexicains, il conclut avec son conseil qu'il ne pouvait refuser le logement qu'ils lui offraient sans marquer une défiance à laquelle ils n'avaient encore donné aucun fondement; et qu'en la supposant juste, loin de s'engager dans de plus grandes entreprises, en laissant derrière lui des traîtres qui pouvaient l'incommoder beaucoup, il devait, au contraire, aller droit Cholula pour y découvrir leurs desseins, et pour donner une

nouvelle réputation à ses armes par le châti--
ment de leur perfidie. Les Tlascalans, qu'il fit
entrer dans ses vues, lui offrirent le secours
de leurs troupes, et plusieurs écrivains les font
monter à cent mille hommes; mais il leur déclara qu'il n'avait pas besoin d'une escorte si
nombreuse; et, pour marquer néanmoins la
confiance qu'il avait à leur amitié, il accepta
un corps de six mille hommes.

CHAPITRE II.

Départ de Cortez pour la capitale du Mexique
Son séjour à la cour de Montézuma.

La marche fut paisible pendant quatre lieues
jusqu'à la vue de Cholula. Cortez fit faire halte
à son armée sur les bords d'une agréable rivière, pour ne pas entrer la nuit dans une ville
si peuplée. A peine eut-il donné cet ordre,
qu'on vit arriver des ambassadeurs cholulans
qui lui apportaient diverses sortes de provisions: leur compliment se réduisit à excuser
leurs caciques de ne lui avoir pas rendu plus
tôt ce devoir, parce qu'ils ne pouvaient entrer dans Tlascala, dont les habitans étaient
leurs anciens ennemis. Ils lui offrirent un logement qu'on lui avait préparé dans leur ville,
avec des témoignages exagérés de la joie que
leurs citoyens allaient ressentir en recevant

des hôtes si célèbres. Cortez les reçut sans affectation : le jour suivant, il continua sa marche. On ne vit sortir personne de la ville pour le recevoir ; et cette marque commençant à réveiller ses soupçons, il donna ordre à ses gens de se tenir prêts à combattre ; mais, à peu de distance des murs, on vit paraître enfin les caciques et les sacrificateurs, accompagnés d'un grand nombre d'habitans désarmés. Cortez s'arrêta pour les laisser venir jusqu'à lui. Ils donnèrent d'abord des marques assez naturelles de joie ; cependant, comme on observait leurs moindres actions, on fut surpris de voir tout d'un coup un grand changement sur leurs visages, et d'entendre un bruit désagréable qui semblait marquer entre eux quelque altercation. Les Espagnols redoublèrent leurs précautions, et Marina eut ordre de leur demander la cause de ce mouvement. Ils répondirent qu'ayant aperçu des troupes tlascalanes, ils étaient obligés de déclarer au général étranger qu'ils ne pouvaient recevoir leurs ennemis dans leurs murs, et qu'ils le priaient ou de les renvoyer dans leur ville, ou de les faire demeurer à quelque distance, comme un obstacle à la paix qu'ils désiraient. Cette demande causa quelque embarras à Cortez ; il y trouvait une apparence de justice, mais peu de sûreté pour lui-même ; cependant il fit espérer aux caciques qu'on trouverait le moyen de les satisfaire. Ses capitaines, qu'il assembla aussitôt, furent d'avis de faire camper les

Tlascalans hors de la ville pour se donner le temps de pénétrer les desseins des caciques. On leur fit cette proposition, à laquelle ils consentirent plus facilement qu'on ne l'avait espéré. Les chefs firent assurer Cortez qu'ils n'étaient venus que pour recevoir ses ordres, et qu'ils allaient sur-le-champ établir leur quartier hors de Cholula; mais qu'ils voulaient demeurer à la vue des murs, pour voler au secours de leurs amis, puisque les Espagnols voulaient risquer leur vie en la commettant à des traîtres : ce parti fut approuvé des caciques.

L'entrée des Espagnols à Cholula fut accompagnée de mille circonstances qui lui donnèrent l'apparence d'un triomphe. La ville parut si belle aux Espagnols, qu'ils la comparèrent à Valladolid : elle était située dans une plaine ouverte; on y comptait environ vingt mille habitans, sans y comprendre ceux des faubourgs, qui étaient en plus grand nombre. Elle était fréquentée sans cesse par quantité d'étrangers, qui s'y rendaient de toutes parts comme au sanctuaire de leur religion. Les rues étaient bien percées, les maisons plus grandes, et d'une architecture plus régulière que celles de Tlascala. On distinguait les temples par la multitude de leurs tours. Le logement qu'on avait préparé pour les Espagnols était composé de plusieurs grandes maisons qui se touchaient, et où leur premier soin fut de se fortifier avec les Zampoalans : d'un autre côté, les troupes tlascalanes avaient pris, à cinq cents pas de la ville, un fort bon poste qu'elles fermèrent de quelques fossés, avec des corps-de-garde et des sentinelles, suivant la méthode dont elles étaient redevables à l'exemple de leurs nouveaux alliés. Les premiers jours se passèrent avec beaucoup de tranquillité : on ne vit dans les caciques que de l'empressement à faire leur cour au général. Les vivres venaient en abondance, et tout semblait démentir l'idée qu'on s'était formée des Cholulans : cependant ils n'eurent pas l'adresse de cacher long-temps leurs desseins : l'abondance des provisions diminua par degrés; ensuite les visites et les caresses des caciques cessèrent tout d'un coup. Dans l'intervalle, on remarqua que les ambassadeurs mexicains avaient des conférences secrètes avec les chefs de la nation; il fut même aisé d'observer sur leur visage un air de mépris, qui venait apparemment de la confiance qu'ils avaient au succès de leurs complots; mais tandis que Cortez apportait tous ses soins à pénétrer la vérité, elle se découvrit d'elle-même, par un de ces coups du hasard dont les Espagnols furent souvent favorisés dans cette expédition. Une vieille Américaine d'un rang distingué, qui avait lié une amitié fort étroite avec Marina, la prit un jour à l'écart : elle plaignit le misérable esclavage où elle était réduite, et, la pressant de quitter d'odieux étrangers, elle lui offrit un asile secret dans sa maison. Marina, toujours dévouée à Cortez, feignit d'être

retenue par la violence parmi des gens qu'elle
haïssait. Elle accepta l'offre de l'asile : elle prit
des mesures pour sa fuite ; enfin l'Américaine
la crut engagée si loin, qu'achevant de s'ouvrir sans ménagement, et lui conseillant de
hâter sa résolution, elle lui apprit que le jour
marqué pour la ruine des Espagnols n'était
pas éloigné ; que l'empereur avait envoyé
vingt mille hommes, qui s'étaient approchés
de la ville ; qu'on avait distribué des armes aux
habitans, amassé des pierres sur les terrasses
des maisons, et tiré dans les rues plusieurs
tranchées, au fond desquelles on avait planté
des pieux fort aigus qu'on avait couverts de
terre sur des appuis légers et fragiles, pour y
faire tomber les chevaux ; que Montézuma
voulait exterminer tous les Espagnols ; mais
qu'il avait ordonné qu'on en réservât quelques-uns, pour satisfaire la curiosité qu'il avait
de les voir, et pour en faire un sacrifice à ses
dieux ; enfin que, pour animer les habitans de
Cholula, par une faveur extraordinaire, il
avait fait présent d'un tambour d'or à la ville.
Marina parut se réjouir de ce qu'elle avait entendu, et loua la prudence avec laquelle on
avait conduit une si grande entreprise : elle ne
demanda qu'un moment pour emporter ce
qu'elle avait de plus précieux ; mais elle en
profita pour avertir Cortez, qui fit arrêter
aussitôt l'Américaine, et cette malheureuse,
effrayée ou convaincue, acheva sa confession
dans les tourmens.

Deux soldats tlascalans, qui s'étaient déguisés pour entrer dans la ville, arrivèrent presqu'en même temps au quartier des Espagnols, et, se présentant à Cortez de la part de leurs chefs, ils l'assurèrent que, de leur camp, on avait vu passer quantité de femmes et de meubles que les Cholulans envoyaient dans les villes voisines, ce qui semblait marquer quelque dessein extraordinaire. On apprit d'ailleurs que, dans un temple de la ville, on avait sacrifié dix enfans de l'un et de l'autre sexe, cérémonie commune à tous ces peuples lorsqu'ils se préparaient à la guerre. Quelques Zampoalans, qui s'étaient promenés dans la ville, avaient découvert plusieurs tranchées, quoiqu'on eût pris le temps de la nuit pour ce travail. Tant de preuves paraissaient suffire; cependant, comme il était important de porter la conviction au dernier degré, Cortez se fit amener, sous divers prétextes, trois des principaux sacrificateurs. Il les interrogea séparément, sans avoir fait éclater le moindre soupçon. Dans l'étonnement qu'ils eurent de s'entendre reprocher leur perfidie avec un détail du complot qui leur fit juger que le général espagnol était un dieu qui pénétrait jusqu'au fond de leurs pensées, ils n'osèrent désavouer la moindre circonstance, et, se reconnaissant coupables, ils rejetèrent leur crime sur Montézuma, qui avait dressé le plan de la conspiration, et qui les y avait engagés par ses ordres. Cortez les mit sous une garde sûre:

enfin, ayant assemblé ses capitaines, il prit avec eux la resolution de signaler sa vengeance par un exemple éclatant.

Il fit déclarer sur-le-champ aux caciques de la ville que son dessein était de partir le jour suivant : non-seulement il leur ôtait par cet avis le temps de faire de plus grands apprêts, mais, les mettant dans la nécessité de changer toutes leurs mesures, il leur causait un trouble dont il espérait tirer quelque avantage : en même temps il leur fit demander des vivres pour la subsistance de ses troupes pendant la marche, des Tamènes pour le transport des bagages, et deux mille hommes de guerre pour l'accompagner, à l'exemple des Tlascalans et des Zampoalans. Les caciques firent quelques difficultés sur les vivres et les Tamènes : ils accordèrent volontiers l'escorte militaire, mais par des raisons fort opposées à celles qui la faisaient demander. Cortez avait en vue de diviser leurs forces, et d'avoir sous ses yeux une partie des traîtres qu'il voulait punir; au lieu que le dessein des caciques était d'introduire des ennemis couverts parmi les Espagnols, pour les armer contre eux dans l'occasion.

Avant la fin du jour, les Tlascalans reçurent ordre de passer la nuit sous les armes, et de s'approcher des murs le lendemain au matin, comme s'ils ne pensaient qu'à suivre la marche de l'armée, mais prêts, lorsqu'ils entendraient la première décharge, à pénétrer dans la ville pour se joindre aux Espagnols. Les Zampoalans eurent aussi leurs instructions : ensuite le général fit appeler les ambassadeurs mexicains, et, feignant de leur apprendre un secret dont il ne doutait pas qu'ils ne fussent bien instruits, il leur dit qu'il avait découvert une horrible conjuration qui violait également les lois de l'hospitalité, le nœud sacré de la paix, et le respect que les Cholulans devaient aux intentions de l'empereur; qu'il devait cette connaissance non-seulement à sa pénétration, mais à l'aveu même des principaux conjurés; que, pour se justifier, ils s'étaient rendus coupables d'une lâcheté encore plus énorme, puisqu'ils avaient osé dire qu'ils agissaient par l'ordre de l'empereur; mais qu'un si grand prince ne pouvant être soupçonné d'un projet si noir, c'était cette raison même qui le portait à les châtier rigoureusement de l'outrage qu'ils faisaient à leur maître. Il ajouta que, comme ambassadeurs représentant celui qui les avait envoyés, il avait voulu leur communiquer son dessein pour leur en faire connaître la justice, et pour les mettre en état de rendre témoignage à l'empereur que les Espagnols étaient moins offensés de l'injure qui regardait leur nation que de voir d'indignes sujets autoriser une trahison au nom de leur souverain.

Les Mexicains, saisissant l'ouverture qui leur était présentée, feignirent assez adroitement d'ignorer la conjuration, tandis que Cortez, ravi de les voir donner dans le piège, s'applau-

dissait de pouvoir éviter une guerre ouverte
avec Montézuma, et de faire tourner contre lui
ses propres ruses. Il se persuada plus que jamais qu'un ennemi qui n'osait l'attaquer ouvertement ne prendrait pas le parti le plus vi-
goureux; et, se fiant à ses mesures, il fit garder étroitement les ambassadeurs. Cependant
on vit arriver les Tamènes à la pointe du jour,
mais en petit nombre, avec fort peu de vivres.
Ils furent suivis des gens de guerre, qui ne
vinrent qu'à la file, pour mieux cacher qu'ils
étaient en plus grand nombre qu'on ne l'avait
demandé. On apprit dans la suite qu'ils avaient
ordre de charger les Espagnols au signal dont
ils étaient convenus. Cortez les fit poster séparément en divers endroits de son quartier, où
ils étaient gardés à vue, sous prétexte que c'é-
tait sa méthode lorsqu'il avait un ordre de
marche à former. Pour lui, montant à cheval
avec quelques-uns de ses plus braves gens, il fit
appeler les caciques pour les informer enfin de
sa résolution : quelques-uns se présentèrent,
et d'autres cherchèrent des excuses. Marina fut
chargée de déclarer à ceux qui avaient eu la
hardiesse de paraître que leur trahison était
découverte, et qu'ils allaient apprendre qu'il
leur aurait été plus avantageux de conserver la
paix. A peine eut-elle parlé de châtiment, qu'ils
se retirèrent, en donnant à grands cris le signal du combat; mais Cortez fit tomber aussitôt son infanterie sur les Cholulans qui étaient
divisés dans son quartier. Quoiqu'ils fussent

sous les armes, et qu'ils fissent des efforts extraordinaires pour se réunir, la plupart furent taillés en pièces; et ceux qui se dérobèrent à la fureur des Espagnols ne durent leur salut qu'à leurs lances, dont ils se servaient avec une adresse extraordinaire pour sauter par-dessus les murs.

Aussitôt qu'on se fut défait de ces ennemis domestiques, on donna le signal aux Tlascalans, et l'infanterie espagnole s'avança par la principale rue, après avoir laissé une garde au logement. Quelques Zampoalans eurent ordre de marcher à la tête pour découvrir les tranchées. Le cri des caciques avait déjà produit son effet; et pendant l'action du quartier, les habitans avaient introduit dans la ville le reste des troupes mexicaines. Elles s'étaient rassemblées dans une grande place bordée de plusieurs temples. Une partie avait occupé les portiques et les forts, tandis que le reste, divisé en plusieurs bataillons, se disposait à faire face aux Espagnols. Le combat allait commencer avec les premiers rangs de Cortez, lorsque les Tlascalans vinrent tomber sur l'arrière-garde ennemie. Cette attaque imprévue les jeta dans une consternation dont ils ne purent se relever. Les Espagnols trouvèrent si peu de résistance, qu'après avoir tué un grand nombre de ces misérables, dont la plupart semblaient avoir perdu l'usage de leurs mains et se présentaient aux coups, ils forcèrent les autres à se réfugier dans les temples. Cortez, s'approchant en bon ordre du plus grand de ces édifices, fit crier à haute voix qu'il accordait la vie à tous ceux qui descendraient pour se rendre ; mais cet avis ayant été répété inutilement, il fit mettre le feu au temple, et quantité d'habitans furent consumés par les flammes Une si rigoureuse exécution ne put vaincre l'obstination des autres, et les historiens admirent qu'il n'y en eut qu'un seul qui vint se rendre volontairement entre les mains des Espagnols ; cependant il paraît que tous les autres temples, et les maisons même où le reste de ces malheureux se tenait renfermé furent attaqués aussi par le feu. La guerre, dit Solis, cessa faute d'ennemis, et les Tlascalans profitèrent des circonstances pour se répandre dans la ville, où le pillage fut le moindre de leurs excès. Il ajoute que cette horrible journée ne coûta pas un seul homme aux Espagnols.

Cortez retourna dans son quartier avec les Espagnols et les Zampoalans. Il en marqua un dans la ville aux Tlascalans, après quoi il fit rendre la liberté à tous les prisonniers ; mais il les fit amener sous ses yeux, avec les sacrificateurs qu'il avait fait arrêter, l'Américaine qui avait découvert la conspiration, et les ambassadeurs mexicains. Il témoigna un extrême regret de la nécessité où les habitans l'avaient mis de les châtier avec tant de rigueur. Il exagéra leur crime, et rassura les esprits par de meilleures espérances ; enfin, protestant que sa justice était satisfaite et sa colère apaisée, il accorda un pardon général, qui fut publié avec beaucoup d'appareil. Il faut convenir qu'après cet horrible carnage, le mot de *pardon* était une cruelle ironie.

Le jour suivant, on vit arriver Xicotencatl à la tête de vingt mille hommes, que la république de Tlascala envoyait au secours des Espagnols sur le premier avis qu'elle avait reçu de la conspiration. Cortez les remercia beaucoup : mais, après leur avoir appris que leur secours ne lui était plus nécessaire pour la réduction de Cholula, il leur fit comprendre que, son dessein étant de prendre bientôt le chemin du Mexique, il ne voulait pas réveiller la jalousie de Montézuma, ni l'obliger de prendre les armes en introduisant dans ses provinces une si grande armée. Les Tlascalans ne firent pas difficulté de se retirer, et lui promirent seulement de se tenir prêts à marcher au premier ordre. Avant leur départ, il entreprit d'établir une amitié sincère entre eux et les Cholulans. Cette proposition trouva d'abord beaucoup de difficultés ; mais elles furent levées en peu de jours, et l'alliance fut jurée entre les deux peuples avec toutes les cérémonies qui pouvaient la rendre constante. La politique de Cortez ouvrait par ce traité un chemin libre aux Tlascalans pour lui conduire toutes sortes de secours, et lui assurait un passage pour sa retraite, si le succès de son voyage ne répondait pas à ses espérances.

Il avait marqué le jour de son départ, lors-

qu'une partie des Zampoalans qui servaient sous
ses ordres lui demandèrent la liberté de se retirer, soit qu'ils fussent effrayés du dessein de
pénétrer jusqu'à la cour de Montézuma, ou
qu'ils appréhendassent seulement de s'éloigner
trop de leur patrie. Il consentit sans peine à
leur demande ; et, témoignant même beaucoup
de reconnaissance pour leurs services, il saisit
cette occasion pour informer Escalante et les
Espagnols de Vera-Cruz du succès que le ciel
avait accordé à ses armes. De nouveaux ambassadeurs de Montézuma arrivèrent dans le
même temps. Ce monarque, informé de tout
ce qui s'était passé à Cholula, voulait dissiper
les défiances des Espagnols. Ses ministres poussèrent la dissimulation jusqu'à rendre grâce à
Cortez d'avoir puni les Cholulans. Ils exagérè-
rent la colère et le ressentiment de leur maître,
traitant de perfidie un malheureux peuple
qui n'avait mérité cette qualité que pour avoir
exécuté ses ordres. Cette harangue était accompagnée d'un magnifique présent, qui fut étalé
avec beaucoup d'ostentation ; mais on eut bientôt occasion de reconnaître que c'était un nouvel artifice pour engager les Espagnols à s'observer moins dans leur marche, et pour les
faire tomber dans une embuscade qui était
déjà dressée.

On partit enfin après la réduction de Cholula. L'armée passa la première nuit dans un
village de la juridiction de Guagoxinjo, petite
république peu affectionnée à Montézuma.

Cortez fut ravi d'y trouver les mêmes plaintes qu'il avait entendues dans les provinces plus éloignées. Le jour suivant il continua sa marche par un chemin fort rude, sur des montagnes d'une hauteur égale à celle du volcan. Un cacique de Guagoxinjo l'avait averti qu'il était menacé de quelque danger à la descente des montagnes, et que depuis plusieurs jours on y avait vu les Mexicains boucher avec des pierres et des troncs d'arbres le chemin qui conduit à la province de Chalco, tandis que d'autres avaient aplani l'entrée d'une route voisine. On parvint avec beaucoup de fatigue au sommet de la montagne, parce qu'il tombait de la neige, avec un vent furieux. Il s'y présenta deux chemins à peu de distance l'un de l'autre, et Cortez n'eut pas de peine à les reconnaître aux marques que le cacique lui avait données. Malgré l'émotion qu'il ressentit en vérifiant cette nouvelle trahison, il demanda tranquillement aux ambassadeurs mexicains, qui marchaient près de lui, dans quelle vue on avait fait des changemens aux deux chemins. Ils répondirent que, pour la commodité de sa marche, ils avaient fait aplanir le plus aisé, et boucher l'autre, qui était le plus difficile. Cortez reprenant avec la même tranquillité : « Vous connaissez mal, leur dit-il, les guerriers qui m'accompagnent : ce chemin que vous avez embarrassé est celui qu'ils vont suivre, par la seule raison qu'il est difficile. Dans le choix de deux partis, les Espagnols

se déterminent toujours pour le moins aisé. »
Alors, sans s'arrêter, il ordonna aux alliés de
prendre les devans et de débarrasser le chemin
en écartant les obstacles qui le couvraient,
et, s'y étant engagé sans crainte, il laissa les
ambassadeurs dans l'admiration de son choix,
qu'ils attribuèrent à une espèce de divination.
Il était vrai que les Mexicains avaient dressé
une embuscade au pied de la montagne; mais,
se croyant découverts lorsqu'ils virent prendre
aux Espagnols un chemin différent de celui
qu'ils avaient préparé, ils ne pensèrent qu'à
s'éloigner, comme s'ils eussent été poursuivis
par une armée victorieuse. Cortez descendit
librement dans la plaine.

Cependant Montézuma, désespéré du mauvais succès de ses artifices, demeurait dans ses
irrésolutions, sans oser faire usage de ses forces. Il se contentait de consulter ses dieux, en
faisant ruisseler le sang sur leurs autels. Mais il
ne trouvait rien qui n'augmentât son trouble.
Les réponses de ses prêtres se contredisaient
sans cesse. Enfin, lorsqu'il eut appris que les
Espagnols étaient dans la province de Chalco,
et que son dernier stratagème n'avait tourné
qu'à sa confusion, il assembla tous ses magiciens et ses devins, et, dans la confiance qu'il
avait dans leur art, il leur donna ordre d'aller
au-devant des Espagnols pour les mettre en
fuite, ou les endormir par la force de leurs
charmes.

L'armée espagnole ne continua pas moins.

sa marche; elle arriva le jour suivant dans un village de la province de Chalco, à deux lieues du pied des montagnes. Le cacique, en présentant des vivres à Cortez, lui fit des plaintes amères de la tyrannie de Montézuma. On fit quatre lieues le jour suivant au travers d'un pays fort agréable, pour aller passer la nuit dans le bourg d'Amameca, situé sur le bord du grand lac de Mexico. Il se fit dans ce lieu un si grand concours de Mexicains, la plupart armés, que les Espagnols en conçurent de l'inquiétude. Cortez fit faire quelques décharges de l'artillerie et des arquebuses; il donna ordre que les chevaux fussent présentés à cette multitude de curieux, et maniés avec assez d'action pour leur inspirer de l'effroi; tandis que ses plus fidèles interprètes affectaient de répandre que ce bruit et ces terribles animaux annonçaient quelque chose de sinistre. Tous les Mexicains, effrayés, s'éloignèrent aussitôt du camp, sans qu'on pût juger quel dessein les avait amenés. Mais il resta quelque soupçon au général qu'ils étaient venus pour l'attaquer.

Cependant, lorsqu'il était prêt à se remettre en marche, quelques seigneurs mexicains vinrent lui donner avis que Cacumatzin, neveu de Montézuma et prince de Tezcuco, s'approchait avec une suite nombreuse pour le visiter au nom de l'empereur. En effet, ce prince arriva bientôt, porté sur les épaules de plusieurs Mexicains dans une espèce de chaise, dont le principal ornement était une multitude de plumes fort bien assorties. C'était un jeune homme d'environ vingt-cinq ans, et d'une figure agréable. Aussitôt qu'il fut descendu, quelques gens de sa suite s'empressèrent de nettoyer devant lui le terrain sur lequel il devait marcher. Cortez le reçut à la porte de son logement avec toute la pompe dont il avait soin de s'environner. Après les premières civilités, le prince témoigna la satisfaction qu'il ressentait de voir un homme si célèbre ; mais, revenant aux difficultés qui ne permettaient pas de recevoir les Espagnols dans la capitale de l'empire, il feignit que la disette avait été fort grande cette année, et que les habitans ne verraient pas volontiers une armée étrangère dans le sein de leur ville lorsqu'ils manquaient eux-mêmes de ce qui était nécessaire à leur subsistance. Cortez répéta ce qu'il avait dit plusieurs fois de la grandeur de son maître, et des importantes raisons qui lui faisaient désirer de voir l'empereur du Mexique. A l'égard de la stérilité du pays, il assura que les Espagnols, accoutumés à la fatigue, et supérieurs aux infirmités communes, n'avaient pas besoin de beaucoup d'alimens pour conserver leurs forces. Le prince mexicain, n'ayant rien à répliquer, accepta quelques présens que Cortez lui fit offrir, et prit le parti d'accompagner l'armée jusqu'à Tezcuco.

Cette ville était alors une des plus grandes

de l'empire; elle le disputait à la capitale même, sur laquelle on lui donnait d'ailleurs l'avantage de l'ancienneté. Ses maisons s'étendaient sur les bords du grand lac, dans une belle situation, à l'entrée de la chaussée principale qui conduisait à Mexico. Cortez passa sur la chaussée sans s'arrêter à Tezcuco, pour se rendre le soir à Istacpalapa, d'où il se proposait de faire le jour suivant son entrée dans Mexico. La chaussée, qui avait dans ce lieu environ vingt pieds de largeur, était composée de pierres liées avec de la chaux, et bordées par intervalles de quelques ouvrages. On avait des deux côtés la vue d'une grande partie du lac, sur lequel on découvrait plusieurs autres chaussées qui se croisaient diversement, et quantité de bourgades embellies de tours, d'arbres et de jardins qui paraissaient nager dans l'eau et comme hors de leur élément. Les Espagnols arrivèrent, entre Tezcuco et Istacpalapa, dans un bourg d'environ deux mille maisons, nommé *Quittavaca*, auquel ils donnèrent alors le nom de *Vénézuéla*, ou petite Venise, parce qu'il était réellement bâti dans l'eau. Le cacique, étant venu au-devant d'eux, les pressa si vivement de passer la nuit dans son domaine, que Cortez, augurant bien de ces témoignages d'affection, lui accorda ce qu'il désirait. Il trouva des logemens commodes pour toute son armée; et les habitans, dont la politesse semblait annoncer le voisinage de la cour, lui fournirent des provisions en abondance. Il ne

s'était pas trompé dans l'opinion qu'il avait
eue des motifs du cacique : ce seigneur lui
confia ses chagrins, et l'envie qu'il avait de
secouer un joug insupportable. Il lui peignit
l'empereur comme un tyran ; et, pour l'animer
dans son entreprise, il lui donna toutes les
instructions qu'il aurait pu attendre du plus
fidèle ami de l'Espagne. Cortez apprit de lui
que le reste de la chaussée était plus large et
mieux entretenu ; qu'il n'avait rien à redouter
dans tous les bourgs qui la bordaient ; que
la ville même d'Istacpalapa, quoique dépen-
dante d'un parent de l'empereur, était paisible et ne s'opposerait point à son passage ;
que cette indifférence des Mexicains venait
de l'extrême abattement de Montézuma, dont
l'esprit paraissait troublé par les prodiges du
ciel, par les réponses de ses oracles, et par
les merveilles qu'on lui racontait des étrangers. Enfin le cacique l'assura qu'il trouverait
la capitale prête à le recevoir, et l'empereur
plus disposé à souffrir des humiliations qu'à se
livrer aux emportemens de sa fierté. Ces lumières venaient d'autant plus à propos, qu'une
partie de l'armée avait commencé à s'effrayer
de tant de grands objets, qui devaient faire
prendre une magnifique idée de la grandeur
et de la force de l'empire.

Le lendemain, Cortez fit partir toutes ses
troupes en ordre de bataille, suivant la largeur de la chaussée, qui ne pouvait contenir que huit cavaliers de front. L'armée était

alors composée de quatre cent cinquante Espagnols, sans y comprendre les officiers, et six
mille Américains zampoalans et tlascalans. Elle
marcha sans obstacle jusqu'aux portes d'Istacpalapa. Cette ville se faisait distinguer entre
toutes les autres par la beauté de ses tours et
la hauteur de ses édifices, dont une partie
était bâtie dans l'eau, et l'autre sur les bords
de la chaussée. On y comptait environ six
mille maisons. Le cacique, accompagné de
plusieurs autres princes, vint recevoir le général étranger, et chacun se fit connaître par
son nom et sa dignité. Les présens qu'il reçut
à l'entrée de la ville montèrent à deux mille
marcs d'or. Tous les Espagnols furent logés
dans le palais même du cacique, et les Américains de l'armée dans les portiques et les cours.
Cortez eut un appartement de plusieurs salles
fort ornées, dont le plafond était de cèdre et
les tapisseries de coton, avec des figures et des
compartimens de plusieurs couleurs. Il admira dans la ville quantité de fontaines d'eau
douce, qui venait des montagnes voisines par
des canaux, qui servaient ensuite à la répandre dans plusieurs jardins fort bien cultivés.
Celui du cacique était d'une beauté singulière :
on y voyait quantité d'arbres fruitiers qui formaient de larges allées, et des parterres divisés par de fort beaux treillages en plusieurs
formes, qui offraient une variété admirable
d'herbes odoriférantes et de fleurs. Le centre
était un étang carré d'eau douce et fort pure,

qui n'avait pas moins de quatre cents pas sur
chaque face, et dont les bords étaient revêtus
d'un mélange de brique et de pierre, avec des
degrés de chaque côté pour descendre jusqu'au
fond du bassin. On y nourrissait toutes sortes
de poissons et d'oiseaux de rivière. Cet ouvrage, que les Espagnols jugèrent digne de
l'Europe, et qui n'était que l'entreprise d'un
sujet de l'empire du Mexique, augmenta l'o-
pinion qu'ils avaient des richesses et de la
grandeur du souverain.

Il ne restait que deux lieues de chaussée
jusqu'à la capitale. Cortez, résolu d'y faire
son entrée le lendemain, donna ordre que l'armée fût prête à la pointe du jour. La nuit se
passa tranquillement, et le lendemain on continua la marche dans l'ordre établi, en laissant
à côté la ville de Magiscatzingo, fondée aussi
dans l'eau; et celle de Cuyoacan sur le bord
de la chaussée, outre quantité de grosses bourgades qu'on découvrait sur le lac. Enfin l'on
eut la vue de la grande ville de Mexico, qui se
faisait reconnaître pour la capitale de l'empire
à la hauteur et à la magnificence de ses bâtimens. Un corps de plus de quatre mille hommes, qui paraissait composé de la noblesse et
des officiers de la ville, vint ici au-devant du
général; et quoique leurs complimens ne fussent qu'une simple révérence que chacun faisait en passant à la file devant la tête de l'armée, cette cérémonie l'arrêta long-temps.

Mexico était défendu de ce côté-là par un

boulevart de pierre qui le couvrait dans toute la largeur de la chaussée, et dont la porte donnait sur un autre bout de chaussée, terminée par un pont-levis, après lequel on trouvait une seconde fortification, qui faisait proprement l'entrée de la ville. Aussitôt que la noblesse mexicaine eut passé le pont, elle se rangea des deux côtés pour laisser l'entrée libre, et les Espagnols découvrirent alors une fort grande rue, dont toutes les maisons étaient bâties sur le même modèle, avec des terrasses et des balcons qui parurent chargés d'une multitude infinie d'habitans. Il ne s'en présentait pas un dans la rue; mais Cortez fut averti qu'on la tenait dégagée par l'ordre exprès de l'empereur, qui voulait venir le recevoir lui-même à la tête des seigneurs de sa cour, pour honorer son arrivée par une distinction sans exemple.

En effet, on découvrit bientôt la première partie du cortége de ce monarque, composée de deux cents officiers de la maison impériale, tous en habit uniforme, avec de grands panaches de même figure et de même couleur. Ils marchaient deux à deux les pieds nus et les yeux baissés. En arrivant à la tête de l'armée, ils se rangèrent le long des murs pour laisser voir dans l'éloignement une autre troupe plus nombreuse et plus richement vêtue, au milieu de laquelle Montézuma était élevé sur les épaules de ses favoris, dans une litière d'or bruni, dont l'éclat perçait au travers de quan-

Quelques officiers étendirent aussitôt des
tapis dans l'intervalle.

tité de belles plumes. Quatre des principaux seigneurs de l'empire marchaient autour de lui, et soutenaient au-dessus de sa tête un dais de plumes vertes tissues avec tant d'art, qu'elles formaient une espèce de toile mêlée de quelques figures en argent. Trois des principaux magistrats le précédaient, armés chacun d'une verge d'or qu'ils levaient par intervalles pour avertir que l'empereur approchait. A ce signal, tout le peuple, dont les maisons étaient couvertes, se prosternait et baissait le visage ; lever les yeux dans cette occasion était un crime qu'on ne distinguait pas du sacrilége. Cortez descendit de cheval à quelque distance de Montézuma, et ce prince mit en même temps pied à terre. Quelques officiers étendirent aussitôt des tapis dans l'intervalle.

L'empereur s'avança lentement avec beaucoup de gravité, les deux mains appuyées sur les bras des princes d'Istacpalapa et de Tezcuco, ses neveux; il fit ainsi quelques pas vers Cortez. Son âge paraissait d'environ quarante ans; il avait la taille de hauteur moyenne, mais plus dégagée que robuste, le nez aquilin, et le teint moins basané que le commun des Américains ; ses cheveux descendaient jusqu'au-dessous des oreilles; ses yeux étaient fort vifs, et toute sa personne avait un air de majesté dans lequel on remarquait néanmoins quelque chose de composé. Sa parure était un manteau de coton très-fin, attaché simplement sur ses épaules, assez long pour lui couvrir la plus

grande partie du corps, et bordé d'une frange
d'or qui traînait jusqu'à terre; les joyaux
d'or, les perles et les pierres précieuses dont il
était couvert semblaient plutôt un fardeau
qu'un ornement. Sa couronne était une espèce
de mitre d'or qui se terminait en pointe par-
devant, et dont l'autre partie, moins pointue,
se recourbait vers le derrière de la tête. Il portait des souliers d'or massif; plusieurs cour-
roies, qui étaient serrées par des boucles de
même métal, et qui remontaient en se croisant
jusqu'au milieu de la jambe, représentaient
assez bien l'ancienne chaussure des Romains.

Cortez s'avança de son côté d'un air noble, mais à plus grands pas, et fit une profonde
révérence, que le monarque du Mexique rendit en baissant la main jusqu'à terre, suivant
l'usage commun de sa nation, et la portant ensuite à ses lèvres. Cette civilité, qu'on n'avait
jamais vu pratiquer aux empereurs mexicains,
parut encore plus étonnante dans Montézuma,
qui saluait à peine les dieux d'un signe de tête,
et dont on connaissait l'orgueil. Une déférence
de cette nature, jointe à la démarche qu'il faisait en sortant pour recevoir le général étranger, fit sur l'esprit des peuples une impression
d'autant plus avantageuse à Cortez, que, révé-
rant tous les décrets de leurs empereurs avec
une soumission aveugle, ils se persuadèrent
que Montézuma, dont ils connaissaient la
fierté, n'avait pu s'abaisser à ce point sans de
puissantes raisons, dont ils devaient respecter

la justice et la force. Cortez portait sur ses armes une chaîne d'émail chargée de pierres fausses, mais d'un très-grand éclat, qui représentaient des diamans et des émeraudes, et son dessein avait toujours été d'en faire le présent de sa première audience; mais, se trouvant si proche de l'empereur, il prit cette occasion pour la lui mettre au cou. Les deux princes qui soutenaient ce monarque s'efforcèrent en vain de l'arrêter, en lui faisant connaître que cette politesse était trop libre; Montézuma blâma lui-même leur scrupule, et parut si satisfait du présent, qu'il le regarda quelque temps avec admiration. Il voulut s'acquitter sur-le-champ par une action éclatante ; et, prenant le temps que tous les officiers employaient à lui faire la révérence pour se faire apporter un collier qui passait pour la plus riche pièce de son trésor, il le mit aussi de ses propres mains au cou de Cortez : c'étaient un grand nombre de coquilles fines et fort précieuses dans cette partie du Nouveau-Monde, à chacune desquelles pendaient de chaque côté quatre écrevisses d'or. Cette nouvelle faveur fit monter au comble l'étonnement des Mexicains. Les complimens furent courts dans cette première entrevue. Montézuma donna ordre à l'un des deux princes ses neveux d'accompagner Cortez jusqu'au logement qui lui était destiné ; et, continuant de s'appuyer sur le bras de l'autre, il remonta dans sa litière pour se retirer avec la même pompe. Tous les historiens rapportent l'entrée des Espagnols dans la capitale du Mexique au huitième jour de novembre 1519.

Ils font une brillante description du logement qu'on avait préparé pour Cortez; c'était un des édifices qu'Axayaca, père de l'empereur, avait fait bâtir : il égalait en grandeur le premier des palais impériaux. On l'aurait pris pour une forteresse par la force et l'épaisseur de ses murs, qui étaient flanqués par intervalles de tours et de parapets. Toute l'armée trouva facilement à s'y loger, et le premier soin du général fut d'en reconnaître lui-même toutes les parties, pour y placer des corps de garde, et pour y poster son artillerie. Quelques salles destinées aux officiers étaient tendues de tapisseries de coton, principale étoffe du pays, mais d'un prix fort différent, suivant la variété des couleurs et la délicatesse du travail. Les chaises étaient de bois et d'une seule pièce, variées néanmoins par l'industrie des ouvriers. Les lits n'étaient composés que d'une natte étendue et d'une autre roulée, qui en faisait le chevet ; mais ils étaient environnés fort proprement de courtines, suspendues en forme de pavillon. Dans un pays où l'on ne connaissait point encore les recherches de la volupté, les princes mêmes n'avaient point de lits plus délicats.

Le soir du même jour, Montézuma, suivi du même cortége, se rendit au quartier des Espagnols, et fit avertir Cortez, qui alla le recevoir dans la première cour, d'où il le conduisit jusqu'à son appartement. L'empereur s'y assit d'un air familier, et fit approcher un siége pour Cortez : ses officiers se rangèrent le long des murs, et ceux de Cortez se mirent dans la même situation. Marina fut appelée pour servir d'interprète, et Cortez se disposait à s'expliquer le premier; mais l'empereur témoigna qu'il voulait parler avant lui. Son discours, s'il fut tel que les historiens le rapportent, n'est ni sans art, ni sans noblesse; mais de pareils monumens, toujours embellis à plaisir par ceux qui les recueillent long-temps après, doivent paraître un peu suspects. L'on n'en peut guère admettre avec quelque confiance que les idées principales. Montézuma pria Cortez de ne point s'en rapporter à la renommée qui avait à la fois exagéré les richesses de son empire et noirci son gouvernement. Il avait lui-même, disait-il, rejeté les récits fabuleux qu'on lui avait faits de la puissance et de la méchanceté des Espagnols; et comme il ne croyait pas à leur divinité, il ne croyait pas non plus à tout le mal qu'on disait d'eux. Il ajouta, soit crédulité, soit adresse à déguiser la honte de ses soumissions, qu'il savait bien que le grand monarque qui avait envoyé Cortez descendait de Quézalcoatl, fondateur de l'empire du Mexique; que, suivant une tradition reçue, ce Quézalcoatl était sorti de son pays pour aller conquérir de nouvelles terres vers l'orient; mais qu'il avait promis que ses descendans reviendraient réformer les lois et les mœurs du Mexique.

La réponse de Cortez roula sur deux objets, l'alliance offerte par Charles-Quint, et l'établissement du christianisme. Sur le premier de ces articles, l'empereur parut disposé à consentir à tout; mais lorsqu'il entendit parler mal de ses dieux, il eut peine à se contenir jusqu'à la fin. Il se leva pour déclarer d'un air ému qu'il recevrait avec beaucoup de reconnaissance les offres d'alliance et d'amitié qu'on lui faisait de la part d'un grand prince descendant de Quézalcoatl; mais qu'il croyait que tous les dieux étaient bons, et que celui des Espagnols pouvait être tel qu'on le représentait sans faire tort aux siens. Ensuite il exhorta Cortez à se reposer dans un palais dont il pouvait se regarder comme le maître; et, s'étant fait apporter de riches présens qu'il le pria d'accepter, et dont il distribua quelques-uns aux officiers espagnols qui assistaient à l'audience, il se retira.

Le jour suivant, Cortez lui fit demander audience dans le palais impérial, et l'obtint avec tant de facilité, que les seigneurs mexicains qui devaient l'accompagner arrivèrent avec la réponse. C'étaient les maîtres des cérémonies de l'empire. Le général se fit suivre de quatre capitaines, Alvarado, Sandoval, Vélasquez de Léon, et Ordaz, avec six de ses plus braves soldats, entre lesquels était Bernard Diaz, qui commençait à recueillir tout ce qui se passait sous ses yeux pour en composer son histoire. Les rues se trouvèrent remplies d'une multitude infinie de peuple à qui l'on entendait souvent répéter entre leurs acclamations le nom de *Teules*, qui signifie dans leur langue, dieux, ou gens descendus du ciel. Les Espagnols découvrirent de fort loin le palais de Montézuma, et furent frappés de sa magnificence. On y entrait par trente portes qui répondaient au même nombre de rues; et la principale face, qui donnait sur une place fort spacieuse, dont elle occupait tout un côté, était bâtie de jaspe noir, rouge et blanc. On remarquait sur la principale porte un grand écusson chargé des armes de Montézuma. C'était une sorte de griffon, dont la moitié du corps représentait un aigle, et l'autre un lion; il avait les ailes étendues, comme prêt à voler, et de ses griffes il tenait un tigre qui semblait se débattre avec fureur. En approchant de la porte, les officiers mexicains qui accompagnaient le général s'avancèrent près de lui, et formèrent une double ligne de manière à ne passer que deux à deux. Après avoir traversé trois vestibules incrustés de jaspe, ils arrivèrent à l'appartement de l'empereur, dont Cortez admira la grandeur et les ornemens. Les planchers étaient couverts de nattes d'un travail fort délicat et fort varié. Les tentures de coton, dont les murs étaient revêtus, formaient une tapisserie fort brillante par l'éclat de leurs couleurs et la beauté des figures. Les lambris étaient composés d'un mélange de cyprès, de cédre et d'autres bois odoriférans, avec des feuillages et des festons en relief. Les

Mexicains, sans avoir l'usage des clous ni des chevilles, ne laissaient pas de faire de très-grands plafonds, qui devaient leur solidité à l'art avec lequel toutes les pièces se soutenaient mutuellement. Chaque salon de l'appartement impérial offrait un grand nombre d'officiers de divers rangs, qui exerçaient différentes fonctions. Les premiers ministres attendaient Cortez à la porte de l'antichambre. Ils le reçurent avec beaucoup de civilités; après quoi ils prirent un moment pour se revêtir d'habits simples, au lieu de riches manteaux et de sandales dorées avec lesquels ils avaient paru d'abord. Mais quoique l'usage de la cour mexicaine ne permît point de se présenter devant l'empereur avec un habit brillant, on ne proposa point aux Espagnols de faire le même changement à leur parure.

Ils furent introduits avec un grand silence. Montézuma était debout, et revêtu de toutes les marques de la dignité suprême. Il fit quelques pas pour aller au-devant du général, et lui mit les mains sur les épaules lorsqu'il se fut baissé pour le saluer. Ensuite, ayant jeté un regard doux et caressant sur les Espagnols du cortége, il s'assit; et l'on donna, par son ordre, des siéges à Cortez et à tous ses gens. L'audience fut longue, et prit la forme d'une simple conversation. Montézuma fit diverses questions sur l'histoire, les productions et les usages des pays orientaux. Les explications qu'il demanda sur plusieurs difficultés firent

connaître qu'il ne se livrait pas légèrement à des
témoignages étrangers. Enfin, revenant à la
considération que les Mexicains devaient aux
descendans de leur premier roi, il s'applaudit
particulièrement de voir accomplir sous son règne une prophétie qui s'était conservée depuis
tant de siècles. Cortez fit tourner adroitement le
discours sur la religion ; mais se bornant à
vanter la morale du christianisme, qui venait
naturellement à la suite des éclaircissemens
qu'il avait donnés sur les lois de sa nation, il
en prit occasion de se récrier avec beaucoup
de force contre les sacrifices du sang humain,
et contre le barbare usage de manger la chair
des victimes. Ses représentations dûrent être
fort vives, puisqu'à la fin de cette première
audience Montézuma bannit de sa table les
plats de chair humaine. Cependant il n'osa le
défendre absolument à ses sujets ; et, loin de
se rendre sur l'article des sacrifices, il soutint
qu'il n'y avait pas de cruauté à tuer au pied
des autels des prisonniers de guerre qui étaient
déjà condamnés à la mort. Cortez ne put lui
faire entendre (disent les historiens) que sous
le nom de son prochain on dût compter jusqu'à ses ennemis. Il faut avouer que, s'il ne
le lui fit pas comprendre par ses discours, il
put y réussir encore moins par ses exemples.

Dans les conversations que l'aumônier de
Cortez eut souvent avec ce prince, on observe
qu'il ne put jamais lui faire abandonner le
principe dans lequel il se renfermait toujours ;

que ses dieux étaient bons au Mexique comme celui des chrétiens l'était dans les lieux où il était adoré. Dès les premiers jours, après avoir fait voir aux Espagnols la grandeur et la magnificence de sa cour, il voulut, par un autre sentiment de vanité, leur montrer aussi le plus grand de ses temples ; il les pria néanmoins de s'arrêter peu de temps à l'entrée, tandis qu'il alla consulter un moment avec les sacrificateurs s'il pouvait faire paraître devant leurs dieux des étrangers qui ne les adoraient pas. La réponse ayant été qu'ils pouvaient être admis, pourvu qu'ils n'y commissent rien d'offensant, deux ou trois des plus anciens sacrificateurs sortirent pour l'apporter à Cortez avec la prière qu'on lui faisait. Aussitôt toutes les portes de ce vaste et superbe édifice s'ouvrirent en même temps ; Montézuma prit soin lui-même d'expliquer aux Espagnols ce qu'il y avait de plus saint et de plus mystérieux ; il leur montra les lieux destinés au service du temple, l'usage des vases et des instrumens sacrés ; il leur apprit le nom de chaque idole, et le culte particulier qu'on lui rendait. Quelques-uns n'ayant pu s'empêcher de rire, il feignit de ne s'en être pas aperçu ; mais il se tourna vers eux d'un air imposant pour arrêter leur indiscrétion par ses regards. Cortez ne laissa point de lui dire avec la confiance d'un missionnaire que, s'il voulait permettre un moment que la croix des chrétiens fût plantée au milieu du temple, il reconnaîtrait bientôt que toutes ces fausses divinités n'en soutiendraient pas la présence. Les sacrificateurs parurent irrités d'une proposition si hardie; et Montézuma même, embarrassé de sa réponse, lui dit, après avoir paru balancer entre son ressentiment et le désir de se contraindre, que les Espagnols pouvaient accorder au lieu où ils étaient l'attention qu'ils devaient du moins à sa personne. Il sortit aussitôt; et, s'arrêtant sous le portique, il leur dit avec moins d'émotion qu'ils étaient libres de retourner à leur quartier, tandis qu'il allait demeurer dans le temple pour demander pardon à ses dieux de l'excès de sa patience. Après une aventure si délicate, Cortez se détermina, suivant le conseil de ses aumôniers, à demander au ciel des conjonctures plus favorables pour traiter l'affaire de la religion; ce qui n'empêcha point qu'il n'obtînt de Montézuma la liberté de changer en église une des salles de son quartier.

Les premiers jours qui suivirent celui de son arrivée s'étaient passés en réjouissances; et la discipline qu'il faisait garder par ses troupes répondant à l'idée qu'il avait donnée des principes de sa religion et des motifs de son ambassade, il observait avec joie que la vénération des Mexicains croissait pour le nom espagnol, et que l'empereur même pourrait revenir de ses préventions. Ce prince lui rendait de fréquentes visites dans lesquelles il ne se lassait point d'admirer tout ce qui venait d'Espagne : il ne mettait point de bornes à ses présens. Les nobles s'efforçaient, à son exemple, de s'attirer l'estime et l'amitié de leurs hôtes par des soins et des services qui approchaient de la soumission; et le peuple pliait les genoux devant le moindre soldat espagnol. Enfin le quartier des étrangers était respecté comme un temple; et l'armée s'y était déjà rétablie de ses fatigues, dans l'abondance de toutes sortes de provisions, lorsque deux Zampoalans, déguisés en Mexicains, arrivèrent dans la ville par des chemins détournés, et rendirent au général une lettre du conseil de Véra-Cruz qui troubla cette agréable situation.

Escalante, commandant de la nouvelle colonie, n'avait pensé qu'à fortifier la place et à se conserver les amis que Cortez lui avait laissés. Sa tranquillité ne reçut aucune atteinte des peuples du pays; mais il fut informé qu'un général de Montézuma était entré dans la province avec une armée considérable pour châtier quelques alliés des Espagnols, qui s'étaient dispensés de payer à l'empereur le tribut ordinaire, dans la confiance qu'ils avaient à la protection de leurs nouveaux amis. Ce capitaine mexicain, nommé *Qualpopoca*, qui commandait toutes les troupes répandues sur les frontières de Zampoala, les avait assemblées, dans la seule vue de soutenir les commissaires impériaux qui venaient recueillir le tribut; mais, sous ce prétexte, elles s'étaient portées aux plus horribles violences. Les Totonaques de la montagne, dont elles détruisaient les habitations, portèrent leurs plaintes à la colonie espagnole. Escalante tenta les voies de la négociation; il dépêcha au général mexicain deux Zampoalans qui demeuraient dans Véra-Cruz, pour le prier, en qualité d'ami, de suspendre les hostilités jusqu'à l'arrivée d'un nouvel ordre de la cour, parce qu'étant informé depuis peu que l'empereur avait permis aux ambassadeurs d'Espagne d'y passer, pour établir une alliance constante entre les deux couronnes, il ne pouvait se persuader que ce prince eût en même temps des intentions contraires à la paix. La réponse de Qualpopoca fut injurieuse, et le conseil espagnol ne put dissimuler cet outrage. Escalante forma un corps de montagnards qui fuyaient les violences des Mexicains; il se mit à leur tête avec quarante Espagnols et deux pièces d'artillerie. Qualpopoca vint au-devant de lui en fort bon ordre; le combat fut engagé, et les Espagnols remportèrent une victoire éclatante; mais elle leur coûta la perte de leur commandant et de sept de leurs plus braves soldats, qui moururent, quelques jours après, de leurs blessures. Un d'entre eux, nommé *d'Arguello*, homme d'une taille et d'une force extraordinaires, ayant été mortellement blessé à quelque distance de ses compagnons, fut enlevé par les vaincus avec la même promptitude qu'ils mettaient à retirer leurs propres morts : circonstance particulière aux mœurs de ces peuples, et dont Cortez dans la suite sut tirer un grand avantage.

Le conseil de Véra-Cruz lui rendait compte de tous ces événemens, en reconnaissant que la victoire même laissait des suites fâcheuses à redouter, et lui demandait avec ses ordres un successeur pour Escalante. Un contre-temps si cruel et si peu attendu le jeta dans une affliction qu'il ne put déguiser à ses officiers : il les assembla tous ; et, n'osant se fier aux premières délibérations , il les pria de prendre quelque temps , comme il leur avoua qu'il en avait besoin lui-même pour réfléchir sur le fond de cet incident. Il leur recommanda le secret, dans la crainte que le soldat ne prît trop vivement l'alarme ; et ses aumôniers reçurent ordre d'implorer le secours du ciel par leurs plus ardentes prières ; ensuite, s'étant retiré dans son appartement, il y passa seul le reste de la nuit. On rapporte qu'en s'y promenant avec beaucoup d'agitation, le hasard lui fit découvrir un endroit nouvellement maçonné, où l'empereur avait fait cacher tous les trésors de son père, et qu'étant rempli de soins plus importans, il se contenta de le remarquer, sans être tenté alors de le faire ouvrir. Avant la fin de la nuit, il se fit amener secrètement les Américains les plus habiles et les plus affectionnés qu'il eût à sa suite, pour leur demander s'ils n'avaient pas remarqué quelque chose d'extraordinaire dans la conduite ou dans l'esprit des Mexicains , et s'ils jugeaient que l'estime de cette nation se soutînt pour les Espagnols. Ils répondirent que le peuple ne pensait qu'à se réjouir dans les fêtes qui se faisaient en faveur des étrangers, et qu'il paraissait les révérer de bonne foi, parce qu'il les voyait honorés de l'empereur; mais que les nobles étaient devenus rêveurs et mystérieux, et qu'ils tenaient des conférences dont il était aisé de voir que la cause était déguisee; et qu'on avait entendu de quelques-uns des discours interrompus qui pouvaient recevoir une interprétation sinistre, particulièrement sur la facilité de rompre les ponts des chaussées. Deux ou trois des mêmes Américains avaient appris dans la ville que, peu de jours auparavant, on avait apporté à Montézuma la tête d'un Espagnol, et que ce prince, après en avoir admiré la grosseur et la fierté des traits (détails qui convenaient à celle d'Arguello), avait recommandé qu'elle fût cachée soigneusement. Cortez fut d'autant plus frappé de ce dernier récit, qu'il y crut trouver une preuve certaine que Montézuma était entré, par son approbation ou par ses ordres, dans l'entreprise de son général.

A la pointe du jour, il fit appeler tous ses capitaines avec quelques - uns des principaux soldats, auxquels leur mérite ou leur expérience avaient fait donner entrée au conseil. Il leur fit une nouvelle exposition du sujet de l'assemblée, et de tous les avis qu'il avait reçus. On proposa diverses ouvertures : les uns voulaient qu'on demandât un passe-port à Montézuma pour aller au secours de la colonie ; d'autres, à qui cette voie parut dangereuse,

témoignèrent plus d'inclination à sortir secrètement de la ville avec toutes les richesses qu'on
y avait amassées. Le plus grand nombre fut
d'avis de demeurer sans faire connaître qu'on
eût appris ce qui s'était passé à Véra-Cruz, et
d'attendre l'occasion de se retirer avec honneur. Cortez recueillit toutes ces propositions;
mais ce fut pour les rejeter après en avoir fait
sentir le danger. Il insista sur cette tête d'Arguello, qui ne devait laisser aucun doute que
Montézuma ne fût informé de la conduite de
son général; et sur le silence de ce prince, dont
on devait conclure avec la même certitude
qu'il fallait redouter les intentions. Là-dessus
il établit la nécessité de tenter quelque chose
de grand, qui fût capable de faire une profonde impression sur l'esprit des Mexicains, et
de leur inspirer autant de respect que de
crainte. Enfin il proposa, comme le seul parti
dans lequel il vît de la sûreté, ou comme le
seul du moins dont on pût espérer une compo-
sition qui convînt à la dignité du nom espagnol, de se saisir de la personne de l'empereur
et de le retenir dans le quartier, en donnant
pour prétexte la mort d'Arguello dont il avait
eu connaissance, et la perfidie avec laquelle son
général avait violé la paix. Il ajouta qu'après
avoir considéré les difficultés d'une entreprise
si hardie, il en trouvait beaucoup moins que
dans toute autre résolution; et, s'attachant à représenter les avantages qui devaient résulter du
succès, il en fit une peinture si plausible, qu'elle

entraîna toute l'assemblée dans son opinion.

L'histoire n'a pas d'autre exemple d'une audace de cette nature. Mais Cortez se voyait également perdu, soit par une retraite qui lui ôtait sa réputation, soit en se maintenant dans son poste sans tenter quelque action extraordinaire. Pour ne pas causer d'alarme aux Mexicains, il choisit l'heure à laquelle il rendait sa visite ordinaire à l'empereur. Il donna ordre que toute l'armée prît les armes dans le quartier, que les chevaux fussent sellés, et que tous ces mouvemens se fissent sans bruit et sans affectation. Ensuite, ayant fait occuper par quelques brigades l'entrée des principales rues qui conduisaient au palais, il s'y rendit accompagné d'Alvarado, de Sandoval, de Vélasquez de Léon, de Lugo et d'Avila, avec une escorte de trente soldats choisis. On ne fut pas surpris de les voir entrer avec leurs armes, parce qu'ils avaient pris l'habitude de les porter comme un ornement militaire. Montézuma les reçut sans défiance, et les officiers se retirèrent dans un autre appartement, suivant l'usage qu'il avait lui-même établi. Les interprètes s'étant approchés, Cortez prit un air chagrin, et commença son discours par des plaintes. Il peignit vivement l'insolence de Qualpopoca, qui avait attaqué les Espagnols de Véra-Cruz au mépris de la paix et de la protection de l'empereur, sur laquelle ils devaient se reposer. Il traita comme le plus noir et le plus infâme de tous les crimes le massacre d'un de ses soldats, qui avait été tué de sang-froid par les Méxicains, pour venger apparemment la honte de leur défaite; et, s'échauffant par degrés, il donna des noms encore plus odieux à Qualpopoca et à ses capitaines pour avoir osé publier qu'ils avaient commis cet attentat par l'ordre de l'empereur. Mais il ajouta que, loin d'avoir prêté l'oreille à cette indigne supposition, il l'avait regardée comme un autre crime qui blessait l'honneur de sa majesté. Montézuma parut interdit, et, changeant de couleur, il se hâta de protester que ces ordres n'étaient pas venus de lui. Cortez répondit qu'il en était convaincu; mais que les soldats espagnols ne se le persuaderaient pas si facilement, et que les sujets de l'empire ne cesseraient pas d'en croire le récit général, si cette calomnie n'était effacée par un désaveu public; que dans cette vue il venait proposer à sa majesté de se rendre sans bruit, et comme de son propre mouvement, au quartier des Espagnols, pour y passer quelque temps avec ses amis; qu'une si généreuse confiance n'apaiserait pas seulement le chagrin du puissant monarque qui les avait envoyés à sa cour et le soupçon des soldats, mais qu'elle tournerait à son honneur en effaçant une tache qui le ternissait; qu'il lui donnait sa parole, au nom du plus grand prince de la terre, qu'il serait traité entre les Espagnols avec tout le respect qui lui était dû, et qu'ils n'avaient pas d'autre dessein que de s'assurer de sa volonté pour lui rendre leurs services avec plus d'obéissance et de vénération.

Cortez se tut, et Montézuma, frappé d'une si étrange proposition, demeura comme immobile de colère et de surprise. Ce silence ayant duré quelques momens, Cortez, qui ne voulait employer la force qu'après avoir perdu l'espoir de réussir par l'adresse et la douceur, continua de lui représenter que le logement qu'il avait donné aux Espagnols était un de ses palais où il leur avait fait souvent l'honneur de les visiter, et que ses sujets ne s'étonneraient pas de l'y voir passer quelques jours, surtout pour se laver d'une imputation qui faisait tort à sa gloire. Enfin le fier monarque perdit patience; et, ne dissimulant pas même qu'il pénétrait le motif de cette demande, il répondit d'un air assez brusque qu'un empereur du Mexique n'était pas fait pour la prison, et que, quand il serait capable de s'abaisser jusqu'à ce point, ses sujets ne manqueraient pas de s'y opposer. Alors Cortez, prenant un ton plus ferme, lui déclara que, s'il cédait de bonne grâce, sans obliger les Espagnols de perdre le respect qu'ils avaient pour lui, il s'embarrassait fort peu de la résistance de ses sujets, contre lesquels il pourrait employer toute la valeur de ses soldats sans que l'amitié qu'il voulait entretenir avec lui en reçût la moindre diminution. Cette dispute dura long-temps. Cortez se flattait toujours de l'emporter par un mélange de respect et de hauteur. Montézuma, qui commençait à découvrir le péril où il était, se jeta sur diverses propositions. Il offrit de faire arrêter Qualpopoca et tous les officiers, pour les livrer entre les mains de Cortez; il voulait donner ses deux fils en otage; il répétait avec une vive agitation qu'on ne devait pas craindre qu'il prît la fuite et qu'il allât se cacher dans les montagnes. Cortez refusait toutes les offres; l'empereur ne se rendait point. Cependant il s'était passé trois heures, et les officiers espagnols commençaient à s'alarmer d'un si long délai. Vélasquez de Léon dit hautement dans son impatience que les discours étaient inutiles, et qu'il fallait s'en saisir ou le poignarder. Montézuma voulut savoir de Marina ce qu'on disait avec tant d'emportement. Cette habile interprète saisit l'occasion pour l'embarrasser par de nouvelles alarmes; et, feignant de craindre que son discours ne fût entendu des Espagnols, elle lui répondit qu'il était en danger, s'il résistait à des gens dont il connaissait la résolution, et qui étaient assistés d'un secours extraordinaire du ciel; qu'étant née dans son empire, elle n'avait en vue que ses intérêts; que, s'il consentait sur-le-champ à suivre le général étranger, elle lui garantissait qu'il serait traité avec tous les égards dus à son rang; mais que, s'il s'obstinait à résister, elle ne répondait pas de sa vie. Ce discours triompha de sa fierté. Il se leva brusquement pour déclarer à Cortez qu'il se fiait à lui, qu'il était prêt à passer dans son quartier, et que c'était la volonté des dieux du Mexique, puisqu'ils permettaient que les persuasions des Espagnols l'emportassent sur toutes ses difficultés. Il appela aussitôt ses officiers domestiques pour leur ordonner de préparer sa litière. Il nomma ceux qui devaient l'accompagner, après leur avoir dit que, par des raisons d'état qu'il avait concertées avec ses dieux, il avait résolu d'aller passer quelques jours dans le palais de son père. Ses ministres, qu'il fit appeler aussi, reçurent ordre de communiquer sa résolution au peuple. Il ajouta qu'il l'avait formée volontairement et pour le bien de l'empire. D'un autre côté, chargeant un capitaine de ses gardes d'aller se saisir de Qualpopoca et de tous les chefs de l'armée, il lui remit, pour la sûreté de sa commission, un sceau qu'il portait attaché au bras droit. En donnant publiquement tous ces ordres, il priait Marina de les expliquer aux Espagnols, dans la crainte de leur donner de l'ombrage et de s'exposer à quelque violence.

Il sortit de son palais avec une suite assez nombreuse : les Espagnols étaient autour de sa litière, et le gardaient sous prétexte de l'escorter. Le bruit s'étant répandu dans toute la ville que les étrangers enlevaient l'empereur, on vit aussitôt les rues pleines d'un peuple qui poussait de grands cris avec l'apparence d'un soulèvement général. Les uns se jetaient à terre, d'autres témoignaient leur affliction par leurs larmes. L'empereur prit un air gai et tranquille qui apaisa ce tumulte, surtout lorsqu'ayant fait signe de la main il eut déclaré que, loin d'être prisonnier, il allait passer librement quelques jours avec les étrangers, pour se divertir avec eux. En arrivant au quartier des Espagnols, il fit écarter la foule, qui n'avait pas cessé de le suivre, avec ordre à ses ministres de défendre les assemblées tumultueuses sous peine de mort. Il fit beaucoup de caresses aux soldats espagnols, qui vinrent le recevoir avec les plus grandes marques de respect. Il choisit l'appartement qu'il voulait occuper. On mit à la vérité des corps de garde à toutes les avenues; on doubla ceux du quartier. On plaça des sentinelles dans les rues; aucune précaution ne fut oubliée. Mais les portes demeurèrent ouvertes pour les officiers de l'empereur, que l'on connaissait tous, et pour les seigneurs mexicains, qui venaient lui faire leur cour, avec cette réserve que, sous prétexte d'éviter la confusion, on n'en admettait qu'un certain nombre, à mesure que les autres étaient congédiés. Dès le premier jour, Cortez rendit une visite au monarque, après lui avoir fait demander audience avec les mêmes cérémonies qu'il avait toujours observées. Il le remercia d'avoir honoré cette maison de sa présence, comme si son séjour y eût été libre; et ce prince affecta de paraître aussi content que si les Espagnols n'eussent pas été témoins de sa résistance. Il leur distribua de sa main quantité de présens qu'il se fit apporter dans cette vue; et, loin de découvrir à ses ministres le secret de sa prison, il s'efforça de dissiper toutes leurs défiances, pour conserver du moins la dignité de son rang dans l'opinion des Mexicains. Entre ceux qui ne pouvaient se persuader qu'il fût libre, les uns, condamnant la conduite de Qualpopoca, louèrent celle de leur souverain, et donnaient le nom de grandeur d'âme à l'effort qu'il avait fait d'engager sa liberté pour faire connaître son innocence. D'autres étaient persuadés que leurs dieux, avec lesquels ils lui supposaient une communication familière, lui avaient inspiré ce qu'il y avait de plus convenable à sa gloire. Les plus sages respectaient sa résolution sans se donner la liberté de l'examiner, d'autant plus qu'il exerçait les fonctions impériales avec la même régularité. Il donnait ses audiences, et tenait son conseil aux mêmes heures. Les affaires de l'état n'étaient pas plus négligées; et ce qui surprenait les Espagnols mêmes, chaque jour semblait augmenter pour eux sa confiance.

On apportait du palais impérial tout ce qui devait être servi sur sa table. Le nombre des plats était beaucoup plus grand qu'il ne l'avait jamais été, et ceux auxquels il n'avait pas touché étaient aussitôt distribués aux soldats espagnols; il connaissait tous les officiers par leurs noms, et l'on remarqua qu'il avait même étudié la différence de leur génie et de leurs inclinations. La familiarité dans laquelle il vivait avec eux leur fit croire à la fin qu'il avait oublié ses ressentimens, ou que les témoignages continuels qu'il recevait de leur respect et de leur affection l'avaient persuadé qu'ils n'a—

vaient en vue que sa gloire et la justice. Il passait les soirs à jouer avec Cortez au totoloque, espèce de jeu de quilles, avec de petites boules et de petites quilles d'or. Montézuma distribuait son gain aux soldats espagnols, et Cortez donnait le sien aux petits officiers mexicains. Alvarado marquait ordinairement et favorisait son général. L'empereur, qui s'en aperçut fort bien, le raillait agréablement de compter mal, et ne laissait pas de l'engager chaque fois à prendre la même peine. Solis assure que, soit qu'il fût naturellement doux et libéral, et que la disgrâce l'eût ramené à son caractère naturel, soit qu'il se fît violence pour plaire aux Espagnols, il parvint à s'en faire aimer comme un frère.

On lui accordait quelquefois la liberté d'aller se promener sur le lac, et se réjouir même dans les maisons de plaisance; mais il était toujours accompagné d'une garde espagnole et d'un grand nombre de Tlascalans qui le ramenaient le soir dans sa prison.

Cependant le capitaine des gardes, qui avait été dépêché dans la province des Totonaques, amena chargés de chaînes Qualpopoca et les principaux officiers. Ils s'étaient rendus sans résistance à la vue du sceau impérial. Cortez permit qu'ils fussent conduits droit à Montézuma, parce qu'il souhaitait que ce prince les obligeât de cacher qu'ils eussent agi par ses ordres. Ensuite ils lui furent amenés, et l'officier qui les conduisait lui dit de la part de l'empereur qu'il pouvait tirer d'eux la vérité, et les punir avec toute la rigueur qui convenait à leur crime. Ils confessèrent d'abord qu'ils avaient rompu la paix par une guerre injuste, et qu'ils étaient coupables du meurtre d'Arguello, sans chercher à s'excuser par l'ordre de leur maître; mais, lorsqu'on leur eut déclaré qu'ils allaient être punis rigoureusement, ils s'accordèrent tous à rejeter leur faute sur lui. Cortez refusa d'écouter leur déposition, qu'il traita d'imposture. La cause fut jugée militairement, et les coupables reçurent leur sentence qui les condamnait à être brûlés vifs devant le palais impérial.

On délibéra aussitôt sur la forme de l'exécution. Il parut important de ne la pas différer; et dans la crainte que Montézuma ne s'aigrît, et ne voulût soutenir des malheureux dont tout le crime était d'avoir exécuté ses ordres, Cortez forma un dessein qui surpasse tout ce qu'on a vu jusqu'à présent de plus audacieux dans ses résolutions; mais l'empereur ayant déjà consenti à se laisser mener en prison, Cortez put en conclure que celui qui pouvait tout souffrir invitait à tout oser. Il se fit apporter des fers tels qu'on les mettait aux Espagnols qui avaient mérité cette punition; il se rendit à l'appartement de l'empereur, suivi d'un soldat, qui les portait à découvert, de Marina pour lui servir d'interprète, et d'un petit nombre de ses capitaines; il ne se dispensa d'aucune des révérences et des autres marques de respect qu'il rendait ordinairement à ce monarque; ensuite, élevant la voix d'un ton fier, il lui déclara que son général et les autres coupables étaient condamnés à mourir, après avoir confessé leur crime; qu'ils l'en avaient chargé lui-même, en soutenant qu'ils ne l'avaient commis que par son ordre; que des indices si violens l'obligeaient de se laver par quelque mortification personnelle; qu'à la vérité les souverains n'étaient pas soumis aux peines de la justice commune, mais qu'ils devaient reconnaître une justice supérieure qui avait droit sur leurs couronnes, et à laquelle ils devaient quelque satisfaction. Alors il commanda d'un air ferme et absolu qu'on lui mit les fers, et s'étant retiré sans lui laisser le temps de répondre, il donna ordre qu'on ne lui permît aucune communication avec ses ministres.

Un traitement si honteux jeta le malheureux Montézuma dans une si profonde consternation, que la force lui manqua également pour résister et pour se plaindre. Il fut long-temps dans cet état, comme un homme absolument hors de soi. Quelques-uns de ses domestiques qui étaient présens accompagnaient sa douleur de leurs larmes, sans avoir la hardiesse de parler. Ils se jetaient à ses pieds pour soutenir le poids de ses chaînes. Ils faisaient passer entre sa chair et le fer quelques morceaux d'une étoffe déliée, dans la crainte que ses bras et ses jambes ne fussent offensés. Lorsqu'il revint de cette espèce d'égarement,

il donna d'abord quelques marques de chagrin
et d'impatience ; mais ces mouvemens s'apaisèrent bientôt, et son malheur lui parut une
disposition du ciel, dont il attendit la fin avec
assez de constance. D'un autre côté, les Espagnols pressaient l'exécution des coupables. Ils
avaient reçu avis quelques jours auparavant
que, dans une maison impériale, nommée
Tlacochalco, il y avait un amas de lances, d'é-
pées, de boucliers, d'arcs et de flèches, qu'ils
craignirent de voir quelque jour employés
contre eux. Ils en avaient parlé à Montézuma,
et ce prince leur avait répondu naturellement
que c'était un ancien magasin d'armes tel que
ses prédécesseurs l'avaient toujours eu pour
la défense de l'empire. L'occasion leur parut
favorable pour se délivrer d'un sujet d'alarme.
Ils employèrent toutes ces armes à composer
le bûcher dans lequel Qualpopoca et ses complices furent brûlés. Cette action eut pour témoins tous les habitans de la ville, sans qu'on
entendît aucun bruit qui pût causer le moindre soupçon. Il semblait, dit un historien,
qu'il fût tombé sur les Mexicains un étourdis-
sement qui tenait tout à la fois de l'admiration,
de la terreur et du respect. Leur surprise était extrême de voir exercer une juridiction absolue par
des étrangers, et ils n'avaient pas la hardiesse
de mettre en question un pouvoir qu'ils voyaient
établi par la soumission de leur souverain.

Après l'exécution, Cortez se hâta de retourner à l'appartement de Montézuma, qu'il salua

d'un air gai et caressant. Il lui dit qu'on venait de punir des traîtres qui avaient eu l'insolence de noircir la réputation de leur souverain ; et, l'ayant félicité du courage qu'il avait eu lui-même de satisfaire à la justice du ciel par le sacrifice de quelques heures de liberté, il lui fit ôter ses fers. Quelques relations assurent qu'il se mit à genoux pour les lui ôter de ses propres mains ; ce qui n'est guère vraisemblable : cet excès de respect dans de pareilles circonstances serait devenu un excès d'injure. Ce monarque humilié s'applaudit du retour apparent de sa grandeur avec des transports si vifs, qu'il ne cessait pas d'embrasser Cortez et de lui exprimer sa joie. Tandis qu'il s'y livrait sans mesure, le général espagnol, par un autre trait de cette politique qu'il savait transformer en générosité, donna ordre en sa présence qu'on levât toutes les gardes, et lui dit que, la cause de sa détention ayant cessé, il était libre de se retirer dans son palais. Mais il savait que cette offre ne serait point acceptée. On avait entendu dire à Montézuma, que, jusqu'au départ des Espagnols, il n'était pas de sa dignité de se séparer d'eux, parce qu'il perdrait l'estime de ses sujets, s'ils pouvaient s'imaginer qu'il tînt sa liberté d'une main étrangère. C'était Marina qui lui avait inspiré ce sentiment par l'ordre même de Cortez, qui n'avait pas cessé d'employer l'adresse pour le retenir dans sa prison. Cependant, quoique ce motif conservât sur lui toute sa force, il eut

honte de l'avouer ; et, prenant un autre prétexte dont il crut se faire un mérite dans
l'esprit des Espagnols, il répondit que leur
propre intérêt ne lui permettait pas de les
quitter, parce que sa noblesse et son peuple le
presseraient de prendre les armes contre eux.

Dans cet intervalle, Cortez n'oublia aucune
des précautions qui pouvaient établir sa propre sûreté. Ayant nommé Sandoval pour succéder à Escalante dans le gouvernement de
Véra-Cruz, il se fit apporter les mâts, les voiles,
la ferrure, et tous les agrès des navires qu'il
avait fait couler à fond. Il ne pouvait oublier
ce que les Tlascalans avaient entendu, sur la
facilité de rompre les chaussées et les ponts,
et son dessein était de faire construire deux
brigantins dans Mexico, pour se rendre maître des passages du lac. Il fit agréer cette entreprise à Montézuma, sous le prétexte de lui
donner quelque idée de la marine de l'Europe.
Ce prince lui fournit du bois, et les charpentiers espagnols achevèrent en peu de temps un
ouvrage qui devint un nouveau sujet d'admiration pour les Mexicains. On s'en servit pour
faire des promenades et des chasses, qui donnèrent occasion à Cortez d'observer toutes les
parties du lac. En même temps, il s'informait
de la grandeur et des limites de l'empire, et
les questions qu'il faisait sur une matière si
délicate étaient amenées si habilement, que,
loin d'en concevoir aucun soupçon, l'empereur lui fit dessiner par ses peintres une espèce

de carte qui représentait l'étendue et la situation de ses états. Dans ces explications, les provinces d'où l'on tirait l'or furent nommées, et Cortez, qui tendait par mille détours à cette importante connaissance, offrit aussitôt d'y envoyer quelques Espagnols qui entendaient parfaitement le travail des mines. Sa proposition fut acceptée ; Montézuma lui apprit alors que les plus riches étaient dans la province de Zacatula, du côté du sud, à douze journées de Mexico, et dans celle de Chivantla, située au nord, qui ne dépendait pas à la vérité de son empire, mais où son nom était assez respecté pour garantir ceux qui feraient ce voyage sous sa protection. Il lui nomma le pays des Zapotecas, en lui promettant des guides qui connaissaient tous ces lieux. Cortez choisit Umbria et Pizarre pour une commission qui fut briguée de tous les Espagnols. Ils partirent avec quelques soldats de leur nation et une bonne escorte d'Américains. Umbria, qui revint le premier, apporta trois cents marcs d'or, et rendit témoignage que les mines du sud étaient fort abondantes. Pizarre apporta mille marcs de celles du nord.

C'est pendant leur voyage qu'on place une entreprise beaucoup plus dangereuse, qui est rapportée avec une sorte de faste par les historiens originaux, comme le plus glorieux exploit de Cortez, et sur laquelle néanmoins Solis fait naître des doutes. Elle regarde la religion, dont on prétend que le zèle transporta

Cortez jusqu'à le faire entrer à force ouverte dans le principal temple de Mexico pour y faire célébrer la messe au milieu des idoles. Ceux qui croient ce récit injurieux pour sa prudence, et qui le traitent de fiction, conviennent du moins que son emportement contre l'idolâtrie alarma les sacrificateurs. Cacumatzin, prince de Tezcuco, animé par leurs sollicitations, prit ce prétexte pour se déclarer fortement contre les Espagnols. Il y joignit celui de rendre la liberté à Montézuma, et de soutenir tout à la fois l'honneur de ses dieux et de son souverain. Quoique ces motifs ne fussent peut-être qu'un voile pour couvrir l'ambition qui le faisait aspirer au trône, il les fit valoir avec tant de force et d'adresse, qu'ayant engagé dans sa cause un grand nombre de seigneurs qui n'attendaient que l'occasion pour faire éclater leur haine contre les étrangers, il se vit bientôt à la tête d'un parti formidable. A cette nouvelle, Cortez résolut d'employer les armes pour étouffer la révolte dans sa naissance. Mais l'empereur, qui pénétra l'intention réelle de son neveu, et qui, dans l'illusion où les Espagnols l'entretenaient sur sa liberté, ne mettait plus de différence entre leurs intérêts et les siens, trouva des voies plus courtes pour arrêter les rebelles. L'ascendant qu'il conservait encore sur quelques-uns des plus puissans, et les récompenses qu'il leur fit offrir en secret les disposèrent à trahir leur chef. Cacumatzin fut arrêté par ses propres complices, et conduit au quartier des Espagnols, où Cortez demanda que sa punition fût bornée à la perte de son domaine, qui fut transporté à Cucusa, son frère.

Cependant, lorsque le calme eut succédé à cette révolution, l'empereur ouvrit les yeux sur le danger dont il était sorti. En réfléchissant sur sa situation, il lui parut que les Espagnols faisaient un long séjour dans sa capitale. Quoiqu'il ne pût lui tomber dans l'esprit qu'un si petit nombre d'étrangers en voulussent à sa couronne, il s'apercevait de la diminution de son autorité parmi ses propres sujets, et la guerre qu'il venait d'éteindre pouvait se rallumer. Il sentait la nécessité d'engager Cortez à presser son départ; mais sa fierté lui donnait de la répugnance pour une ouverture qui renfermait l'aveu de ses craintes : d'ailleurs l'impression du premier avis de Marina durait encore, et l'alarmait pour la sûreté de sa personne. Ces incertitudes produisirent une résolution que les historiens trouvent étrange, et qui prouve seulement que pour lui le premier des intérêts était d'éloigner les Espagnols. Il prit le parti de marquer une extrême impatience de se lier avec leur prince, et non-seulement de les charger de richesses qu'il les presserait de lui porter en son nom, mais de lui rendre entre leurs mains un hommage solennel en qualité de successeur de Quézalcoatl, et de premier propriétaire de l'empire du Mexique. Cette proposition, qu'il trouva le

moyen de leur faire assez adroitement, était
en effet ce qu'il y avait de plus propre à flatter
leur avarice et leur ambition. Aussi Cortez
parut-il extrêmement satisfait de se voir offrir
ce qu'il n'aurait osé demander. Il pénétra néanmoins l'artifice; mais, quelles que pussent être
ses vues, sur lesquelles il ne s'était encore ouvert à personne, il prit le parti d'accepter les
avantages qu'on lui présentait, sans renoncer
au fond de son entreprise, sur lequel il remettait à s'expliquer après l'arrivée des ordres
qu'il attendait d'Espagne. Montézuma ne dif-
féra point à faire rassembler ses caciques : ils
se rendirent dans l'appartement qu'il occupait
au quartier des Espagnols. Diaz assure qu'il
eut avec eux une longue conférence, à laquelle
Cortez ne fut point appelé, pour les disposer
apparemment à goûter ses propositions; mais,
dans une autre assemblée, où il tenait la première place après l'empereur, avec ses interprètes et quelques-uns de ses capitaines, Montézuma fit une courte exposition de l'origine
des Mexicains, de l'expédition des Navatlaques,
des prodigieux exploits de Quézalcoatl, leur
premier empereur, et de la prophétie qu'il leur
avait laissée en partant pour la conquête des
pays orientaux. Ensuite, ayant établi comme
un principe incontestable que le roi d'Espagne,
souverain de ces régions, était le légitime successeur de Quézalcoatl, promis tant de fois par
les oracles, et désiré si ardemment de toute
la nation, il conclut qu'on devait recon-

naître dans ce prince un droit héréditaire, qui appartenait au sang dont il était descendu. Il ajouta que, s'il était venu en personne au lieu d'envoyer ses ambassadeurs, la justice aurait obligé les Mexicains de le mettre en possession de l'empire; et que lui-même, qu'ils reconnaissaient pour leur souverain, il aurait remis sa couronne à ses pieds pour lui en laisser la disposition absolue, ou pour la recevoir de sa main : mais que la même raison l'obligeait de lui en faire hommage dans la personne de ceux qui le représentaient, et de joindre à cette déclaration la plus riche partie de ses trésors ; et qu'il souhaitait que tous les caciques de l'empire suivissent son exemple par une contribution volontaire de leurs biens, pour se faire un mérite de leur zèle aux yeux de leur premier maître.

La résolution de Montézuma paraîtrait incroyable après l'opinion qu'on a dû prendre de sa puissance, et plus encore après les premières idées qu'on a données de son caractère, si l'on ne pouvait pas présumer raisonnablement que, promettant tout pour se délivrer de ses tyrans, il se proposait, après leur départ, de prendre des mesures pour s'affranchir de leur joug. Quoi qu'il en soit, on peut croire qu'au milieu de tant d'humiliations, l'orgueil d'un despote souffrait une mortelle violence. En prononçant le terme d'*hommage*, il s'arrêta quelques momens, et ne put retenir ses larmes. Cortez, voyant que la douleur du souverain faisait impression sur les caciques, se hâta de les rassurer en leur déclarant que l'intention du roi son maître n'était pas d'introduire une nouvelle forme de gouvernement dans l'empire, et qu'il ne demandait que l'éclaircissement de ses droits en faveur de ses descendans; mais qu'au reste il était si éloigné du Mexique, et partagé par tant d'autres soins, qu'on ne verrait peut-être de long-temps l'effet des anciennes prédictions; mais il n'en accepta pas moins la disposition qui venait de se faire en faveur des Espagnols. Il faut convenir qu'on n'a point vu dans l'histoire un autre exemple d'un aventurier qui, sans être même avoué par son souverain, jeté pour ainsi dire au milieu d'un grand empire avec cinq cents hommes, se voit offrir par le maître de cet empire un hommage et un tribut qu'il n'avait pas même demandés.

Cette fameuse cérémonie, qui a fait le principal titre de l'Espagne pour justifier la conquête du Mexique, fut accompagnée de toutes les formalités qui pouvaient lui faire mériter le nom d'*acte national*. Peu de jours après, Montézuma fit remettre à Cortez les riches présens qu'il tenait prêts : c'étaient quantité d'ouvrages d'or curieusement travaillés, des figures d'animaux, d'oiseaux et de poissons du même métal; des pierres précieuses, surtout un grand nombre de celles que les Mexicains nommaient *chalcuites*, de la couleur des émeraudes, et qui leur tenaient lieu de diamans; de fines

étoffes de coton, des tableaux et des tapisseries tissues des plus belles plumes du monde;
enfin tout l'or qui se trouvait en masse dans
la fonderie impériale. Les caciques ayant apporté leur contribution de toutes les provinces, cet amas de richesses monta bientôt, en
or seulement, à plus de deux mille quatre-
vingts marcs, que Cortez prit le parti de faire
fondre en lingots de différens poids, et dont
il tira le quint pour lui, après avoir levé celui
du roi d'Espagne: il se crut en droit de prendre aussi les sommes pour lesquelles il se trouvait engagé dans l'île de Cuba. Le reste fut partagé entre les officiers et les soldats, en y comprenant ceux qu'on avait laissés à Véra-Cruz.
Quelque soin qu'on pût apporter à mettre une
juste proportion dans les parts, il était difficile d'aller au-devant de toutes les plaintes
entre des gens dont l'avarice était égale, et
qui ne se rendaient point justice sur l'inégalité
du mérite et des droits; mais Cortez, avec un
désintéressement digne de sa grandeur d'âme,
fournit de son propre fonds ce qui manquait
à la satisfaction de ceux qui se croyaient maltraités.

Montézuma n'eut pas plus tôt rempli ses en-
gagemens, qu'il fit appeler le général espagnol. Celui qui fut chargé de cet ordre était
un soldat de Cortez, que ce prince avait pris
en affection, parce qu'il parlait déjà facilement
la langue mexicaine, et qui avait remarqué
pendant la nuit précédente que plusieurs sei-

gneurs et quelques prêtres s'étaient introduits secrètement dans l'appartement impérial. Cortez, alarmé d'un message qui venait à la suite d'une conférence dont on lui avait fait mystère, se fit accompagner de douze de ses plus braves soldats ; il fut surpris de trouver sur le visage de l'empereur un air de sévérité qu'il n'y avait jamais vu pour lui. Ses soupçons augmentèrent lorsqu'il se vit prendre par la main et conduire dans une chambre intérieure où ce prince, l'ayant prié gravement de l'écouter, lui déclara qu'il était temps de partir, puisqu'il ne lui restait rien à demander, après avoir reçu toutes ses dépêches ; que, les motifs ou les prétextes de son séjour ayant cessé, les Mexicains ne pourraient se persuader qu'un plus long retardement ne couvrît pas des vues dangereuses. Cette courte explication, qui paraissait préméditée, et même accompagnée d'un air de menace, alarma si vivement Cortez, qu'il ordonna secrètement à un de ses capitaines de faire prendre les armes aux soldats, et de les tenir prêts à défendre leur vie. Cependant, ayant rappelé toute sa modération, il prit un visage plus tranquille pour répondre à l'empereur, qu'il pensait lui-même à retourner dans sa patrie, et qu'il avait déjà fait une partie de ses préparatifs ; mais qu'on n'ignorait pas qu'il avait perdu ses vaisseaux, et qu'il demandait du temps et de l'assistance pour construire une nouvelle flotte.

On prétend que l'empereur avait déjà cinquante mille hommes armés, et qu'il était déterminé à employer la force. Mais, comme il ne voulait rompre qu'à l'extrémité, sa joie fut si vive de voir le général disposé à le satisfaire, que, l'ayant embrassé avec transport, il lui protesta que son intention n'était point de précipiter le départ des Espagnols sans leur fournir ce qui était nécessaire à leur voyage, et qu'il allait donner des ordres pour la construction des vaisseaux. Il ajouta, dans cette effusion de cœur, avec une imprudence qui fit pénétrer ses motifs, qu'il lui suffisait, pour obéir à ses dieux et pour apaiser les plaintes de ses sujets, d'avoir déclaré qu'il faisait attention à leurs demandes. Ce langage fit juger combien la religion entrait dans sa politique. Cortez, informé en effet que les sacrificateurs avaient demandé son départ au nom des idoles avec d'horribles menaces, prit le parti d'apaiser l'orage par toutes les apparences d'une prompte soumission. Les ordres furent donnés pour rassembler les ouvriers sur la côte, et le départ des Espagnols fut publié. Montézuma nomma les bourgs qui devaient contribuer au travail, et les lieux où les bois devaient être coupés. Cortez fit partir aussi ses charpentiers avec ce qui lui restait de cordages et de fer. Il ne s'entretint en public que de l'ouvrage auquel il paraissait donner tous ses soins dans l'éloignement; mais il avait chargé ceux qui en avaient la conduite, de faire naître des obstacles et des contre-temps;

en un mot, son but, sur lequel il se vit forcé
de s'ouvrir à ses officiers, était de se maintenir à quelque prix que ce fût dans cette
cour, et d'y faire un établissement qui le mît
dans le cas de braver toutes les forces de l'empire. Il voulait gagner du temps jusqu'au retour de Montéjo, qu'il avait envoyé en Espagne, et qu'il espérait de voir revenir avec
un puissant secours; ou du moins avec des
ordres de l'empereur pour autoriser son entreprise; et, s'il se trouvait réduit par la violence
à quitter le poste qu'il occupait dans la capitale, il se promettait du moins de s'arrêter à
Véra-Cruz, où, se couvrant des fortifications
de cette place, et s'appuyant du secours de
ses alliés, il se croyait capable de faire tête
assez long-temps aux Mexicains pour attendre
des nouvelles d'Espagne.

Pendant qu'il rapportait tout à ce grand
projet, Montézuma fut averti par ses courriers qu'on avait vu paraître sur la côte dix-
huit navires étrangers; et la description qu'il
reçut de cette flotte par les portraits qui tenaient lieu d'écriture aux Mexicains ne lui
laissant aucun doute qu'elle ne fût espagnole,
il fit appeler aussitôt le général pour lui déclarer, en lui montrant ses peintures, que les
préparatifs qu'on faisait pour son départ devenaient inutiles lorsqu'il pouvait s'embarquer sur des vaisseaux de sa nation. Cortez
regarda ces tableaux avec plus d'attention que
d'étonnement: quoiqu'il ne comprît rien aux

caractères qui leur servaient d'explication, il crut reconnaître l'habit espagnol et la fabrique des vaisseaux de l'Europe. Son premier mouvement fut un transport de joie proportionné à la faveur qu'il recevait du ciel en voyant arriver une flotte si puissante, qu'il ne pouvait prendre que pour le secours qu'il attendait sous les ordres de Montéjo; mais, dissimulant sa satisfaction, il se contenta de répondre qu'il ne tarderait point à partir, si ces vaisseaux retournaient bientôt en Espagne; et, sans être plus surpris que l'empereur eût reçu les premiers avis de leur arrivée, parce qu'il connaissait l'extrême diligence de ses courriers, il ajouta que, les Espagnols qu'il avait laissés à Zampoala, ne pouvant manquer de l'informer bientôt des mêmes nouvelles, on apprendrait d'eux, avec plus de certitude, la route de cette flotte, et l'on verrait s'il était nécessaire de continuer les préparatifs. Montézuma parut goûter cette réponse, et reprit toute sa confiance pour les Espagnols.

Il était vrai qu'une flotte s'était approchée des côtes du Mexique; mais il s'en fallait de beaucoup que ce fût un bonheur ni un secours pour Cortez. La liaison des événemens oblige de reprendre ici le voyage de Montéjo et de Porto-Carréro, qu'il avait envoyés en Espagne. Ils étaient partis de Véra-Cruz le 16 de juillet de l'année précédente, avec l'ordre précis de prendre leur route par le canal de Bahama, sans toucher à l'île de Cuba. Leur navigation fut heureuse; mais ils s'étaient exposés au dernier danger par une imprudence dont aucun historien ne les excuse. Montéjo avait une habitation dans l'île de Cuba : il ne put se voir à la hauteur du cap Saint-Antoine sans proposer à son collègue d'y relâcher, sous prétexte d'y prendre quelques rafraîchissemens. Ce lieu étant fort éloigné de la ville de San-Iago, où Diégo de Vélasquez faisait sa résidence, il lui parut peu important de s'écarter un peu des ordres du général. Cependant c'était risquer non-seulement son vaisseau et le riche présent qu'il avait à bord, mais encore toute la négociation qui lui avait été confiée. Vélasquez, que la jalousie tenait fort éveillé, n'avait pas manqué de répandre des espions sur toute la côte pour être averti de tous les événemens. Il craignait que Cortez n'envoyât quelque navire à Saint-Domingue pour y rendre compte de sa découverte, et demander du secours à ceux qui gouvernaient cette île. Ses espions lui ayant appris l'arrivée de Montéjo, il dépêcha deux vaisseaux bien armés, avec ordre de se saisir de celui de Cortez. Ce mouvement fut si prompt, que Montéjo eut besoin de toute l'habileté du pilote Alaminos pour échapper à un péril qui mit au hasard la conquête de la Nouvelle-Espagne.

Le reste de la navigation fut heureux jusqu'à Séville, où il arriva dans le cours du mois d'octobre de la même année; mais il y trouva les conjonctures peu favorables à ses prétentions.

Diégo de Vélasquez avait encore dans cette ville les mêmes envoyés qui avaient obtenu pour lui l'office d'adélantade, et qui attendaient un embarquement pour retourner à Cuba. Surpris de voir paraître un vaisseau de Cortez, ils employèrent tout le crédit qu'une longue négociation leur avait fait acquérir auprès des ministres pour faire valoir leurs plaintes à la *Contractacion*, nom qu'on avait déjà donné au tribunal des Indes. Benoît Martin, aumônier de Vélasquez, représenta vivement que le navire et sa charge appartenaient au gouverneur de Cuba, son maître, comme le premier fruit d'une conquête qui lui était attribuée par ses commissions; que Fernand Cortez étant entré furtivement et sans autorité dans les provinces du continent avec une flotte équipée aux frais de Vélasquez, Montéjo et Porto-Carréro, qui avaient l'audace de se présenter en son nom, méritaient d'être punis sévèrement, ou du moins qu'on devait se saisir de leur vaisseau jusqu'à ce qu'ils eussent produit les titres sur lesquels ils fondaient leur commission. Vélasquez s'était fait tant d'amis par ses présens, que les représentations de ses agens furent écoutées. On saisit le navire et ses effets, en laissant néanmoins aux envoyés de Cortez la liberté d'en appeler à l'empereur.

Ce prince étant alors à Barcelone, les deux capitaines et le pilote se hâtèrent de prendre le chemin de cette ville; mais ils arrivèrent la veille du départ de la cour, qui se rendait à la

Corogne, où les états de Castille avaient été convoqués. Ils jugèrent avec prudence qu'une affaire de si grand poids ne devait pas être traitée dans l'agitation d'un voyage; et s'étant informés de la marche de l'empereur, qui devait aller prendre congé de la reine Jeanne sa mère, après la tenue des états, et passer quelque temps avec elle pour se rendre ensuite en Allemagne, où il était appelé par les cris de l'empire, ils résolurent de l'attendre à Tordesillas, séjour ordinaire de cette princesse. Dans l'intervalle, ils employèrent le temps à visiter Martin Cortez, père de Fernand. Outre la satisfaction de le consoler par de glorieuses nouvelles, qui devaient lui causer autant de joie que d'admiration, ils avaient pensé que, s'ils pouvaient l'engager à se rendre à la cour avec eux, la présence de ce vénérable vieillard donnerait beaucoup de force aux demandes de son fils. En effet, l'ayant déterminé à les accompagner, ils ne trouvèrent que de la faveur dans leur première audience. Un heureux incident servit encore à lever les difficultés. Les officiers de la Contractacion n'ayant osé comprendre dans leur saisie le présent qui était destiné à l'empereur, il arriva précisément à Tordesillas dans le temps que les envoyés de Cortez avaient choisi pour s'y présenter. Cette conjoncture les fit écouter avec d'autant plus de plaisir, que toutes les merveilles qu'ils avaient à raconter étaient soutenues par des témoignages présens. Ces bijoux d'or, aussi

précieux par l'industrie de leur travail que par
leur matière, ces curieux ouvrages de plume
et de coton, ces captifs américains qui applaudissaient eux-mêmes aux grandes actions de
leurs conquérans, passèrent pour autant de
preuves qui donnaient de l'autorité à des relations incroyables.

Aussi furent-elles écoutées avec toute l'admiration qu'on avait eue pour les premières découvertes des Colomb. L'empereur, après avoir
fait rendre à Dieu des grâces solennelles pour
la gloire qui était réservée à son règne, eut diverses conférences avec les deux capitaines et
le pilote; et vraisemblablement il aurait décidé
en leur faveur, s'il ne lui était survenu des affaires plus pressantes qui le mirent dans la
nécessité de hâter son départ. La requête de
Cortez fut renvoyée au cardinal Adrien, et au
conseil qui avait été nommé pour l'assister,
avec ordre, à la vérité, de favoriser la conquête de la Nouvelle-Espagne; mais de trouver aussi des expédiens pour sauver les prétentions de Vélasquez. Le président du conseil
des Indes était toujours ce même Fonseca, alors
évêque de Burgos, qui, après avoir été si long-
temps l'ennemi des Colomb, né s'était pas moins
prévenu contre Cortez. Son penchant déclaré
pour le gouverneur de Cuba lui fit diffamer ouvertement l'expédition du Mexique comme un
crime dont les conséquences étaient dangereuses pour l'Espagne. Non-seulement il soutint que la conduite de l'entreprise apparte-

nait à Vélasquez, et qu'elle ne pouvait lui être
ôtée sans injustice ; mais, insistant sur le caractère de Cortez, il prétendit qu'on ne pouvait
prendre de confiance aux intentions d'un aventurier qui avait commencé par une révolte
scandaleuse contre son bienfaiteur et son maître ; et que, dans des contrées éloignées, on ne
devait attendre que des désordres d'une si mauvaise source. Il protesta de tous les malheurs
que l'avenir présentait à son imagination. Enfin
ses remontrances ébranlèrent le cardinal et les
ministres du conseil jusqu'à leur faire prendre
le parti de remettre la décision au retour de
l'empereur. L'unique grâce qu'ils accordèrent
pendant ce délai à Martin Cortez et aux envoyés fut une médiocre provision sur les effets saisis, pour fournir à leur subsistance en
Espagne. Ainsi il était de la destinée de tous
ceux qui découvrirent le Nouveau-Monde d'ê-
tre traversés par leur gouvernement et leurs
concitoyens, et de voir punir leurs succès
comme on aurait dû punir leurs crimes.

D'un autre côté, l'aumônier de Vélasquez
ayant saisi la première occasion pour informer
son maître de l'arrivée du vaisseau de Cortez et
de l'accueil que ses envoyés avaient reçu à la
cour, cette nouvelle, jointe au titre d'adelantade, dont le gouverneur de Cuba se voyait
honoré, réveilla si vivement sa colère et ses
prétentions, qu'il résolut d'équiper une puissante flotte pour ruiner Cortez et tous ses partisans. L'intérêt qu'il y fit prendre à tous les

siens, en partageant d'avance avec eux les trésors qu'il devait tirer des régions conquises, le rendit capable d'assembler en peu de temps huit cents hommes d'infanterie espagnole, quatre-vingts cavaliers, et dix ou douze pièces d'artillerie, avec une abondante provision de vivres, d'armes et de munitions. Il nomma pour commander cette armée Pamphile de Narvaëz, né à Valladolid, homme de mérite et fort considéré, mais trop attaché à ses opinions, qu'il soutenait avec dureté. Il lui donna la qualité de son lieutenant, en prenant lui-même celle de gouverneur de la Nouvelle-Espagne, et l'ordre secret de s'attacher particulièrement à se saisir de Cortez.

Les Hiéronymites, qui présidaient encore à l'audience royale de Saint-Domingue, furent instruits de ces préparatifs, et, leur autorité s'étendant sur toutes les autres îles, ils se crurent obligés de faire représenter à Diégo de Vélasquez les malheurs qui pouvaient résulter d'une si dangereuse concurrence, et de l'exhorter à soumettre ses querelles et ses prétentions aux tribunaux de la justice. Le licencié Luc Vélasquez d'Aillon, qui fut chargé de cet ordre, trouva la flotte de Cuba composée de onze navires de haut bord et de sept brigantins, et prête à mettre à la voile. Ses remontrances n'ayant fait aucune impression sur le gouverneur, qui se croyait trop relevé par sa nouvelle qualité d'adelantade pour reconnaître des supérieurs dans son gouvernement, il produisit ses ordres; mais ils n'eurent pas plus de pouvoir, et cet esprit violent se précipita ainsi dans la même désobéissance dont il faisait un crime à Cortez. D'Aillon, le voyant obstiné dans son entreprise, témoigna quelque désir de voir un pays aussi renommé que le Mexique, et demanda la permission de faire ce voyage par un simple motif de curiosité. On doute si sa résolution venait de lui ou de ses instructions; mais elle fut approuvée de toute l'armée, qui la crut capable d'arrêter les suites d'une rupture éclatante entre les deux partis; et Vélasquez même ne s'y opposa point, quoique son seul motif fût d'empêcher qu'on n'apprît trop tôt à Saint-Domingue le refus qu'il avait fait d'obéir. André Duero, son secrétaire, le même qui avait contribué anciennement à la fortune de Cortez, s'embarqua sur la même flotte, dans le dessein apparemment de faire aussi l'office de médiateur.

La flotte mit à la voile, et eut un vent favorable. C'était elle dont les courriers mexicains avaient déjà porté la description à Montézuma, et que Cortez, dans la flatteuse opinion qu'il avait de sa fortune, prenait pour un secours que Montéjo lui amenait d'Espagne. Elle jeta l'ancre dans le port d'Ulua, et Narvaëz mit quelques soldats à terre pour prendre langue, et reconnaître le pays. Ils recontrèrent deux Espagnols qui s'étaient écartés de Véra-Cruz, et qu'ils amenèrent à bord. Ces deux hommes n'ayant pu cacher ce qui se passait au Mexi-

8...

que et dans la colonie, Narvaëz, qu'ils flattè-
rent peut-être aux dépens de Cortez, se promit de traiter facilement avec Sandoval, gouverneur de Véra-Cruz, et d'entrer dans la ville,
soit pour la garder au nom de Vélasquez, soit
pour la raser, en joignant à son armée les soldats de la garnison. Il commit cette négociation
à un ecclésiastique qui le suivait, nommé *Jean
Ruitz de Guevara*, homme d'esprit, mais plus
emporté qu'il ne convenait à sa profession. Un
notaire eut ordre de le suivre avec trois soldats, qui devaient servir de témoins.

Sandoval, qui avait doublé les sentinelles
pour être averti de tous les mouvemens de la
flotte, fut informé de l'approche des envoyés,
et ne fit pas difficulté de leur faire ouvrir les
portes. Guevara lui remit sa lettre de créance;
et, lui ayant exposé les forces que Narvaëz
conduisait, il ajouta qu'elles venaient tirer satisfaction de l'outrage que Cortez avait fait au
gouverneur de Cuba, et se mettre en possession d'une conquête qui ne pouvait appartenir
qu'à lui, après avoir été entreprise à ses frais
et par ses ordres. Sandoval répondit avec une
émotion qu'il eut peine à cacher que Cortez
et ses compagnons étaient fidèles sujets du roi,
et que, dans l'état où ils avaient mis la conquête
du Mexique, ils devaient espérer pour l'honneur et l'intérêt de l'Espagne que Narvaëz s'u-
nirait à eux pour terminer une si belle entreprise; mais que, s'il tentait quelque violence
contre Cortez, il pouvait compter qu'ils per-

draient tous la vie pour la défense de leur chef
et pour la conservation de ses droits. Guevara,
ne suivant que l'impétuosité de son humeur,
s'emporta jusqu'aux injures. Il donna le nom
de traître à Cortez, et ceux qui le reconnaissaient pour chef ne furent pas plus ménagés.
Ils s'efforcèrent en vain de l'apaiser en lui représentant ce qu'exigeait la bienséance de son
caractère, et de lui faire comprendre du moins
à quoi il avait obligation de leur patience. Sandoval lui pardonna ses invectives; mais voyant
que, sans changer de style, il ordonnait à son
notaire de signifier les ordres dont il était chargé, pour faire connaître à tous les Espagnols
qu'ils étaient obligés, sous peine de la vie, d'o-
béir à Narvaëz, il jura qu'il ferait pendre sur-
le-champ celui qui aurait la hardiesse de lui
signifier des ordres qui ne vinssent pas du roi
même ; et, dans le mouvement de cette première chaleur, il fit arrêter les envoyés. Ensuite,
faisant réflexion que, s'il les renvoyait à Narvaëz après cet outrage, ils pourraient lui communiquer leur ressentiment, il prit le parti de
les faire transporter à Mexico. Des Indiens,
qui furent appelés aussitôt, les mirent dans
une espèce de litière qu'ils nomment *andas*, et
les portèrent sur leurs épaules, escortés de
quelques soldats, sous la conduite de Pierre de
Solis. Sandoval informa le général, par un courrier, de l'arrivée de ses ennemis, et de la conduite qu'il avait tenue. Après quoi, s'étant assuré de la fidélité de ses soldats, il se fortifia

par le secours des Américains alliés, et par toutes les ressources du courage et de la prudence.

Pendant que la fortune préparait ces obstacles à Cortez, divers avis, qu'il reçut par intervalles, lui donnèrent des lumières certaines sur ce qui n'avait encore excité que ses soupçons; il apprit par le courrier de Sandoval, non-seulement que Narvaëz avait débarqué ses troupes et déclaré sa commission, mais qu'il s'avançait droit à Zampoala avec son armée.

Il ne pouvait entreprendre sans témérité d'aller combatte Narvaëz avec des forces inégales, dont il était même obligé de laisser une partie en garnison à Mexico pour garder les trésors qu'il avait acquis, et pour conserver cette espèce de garde que Montézuma souffrait encore. La prudence ne lui défendait pas moins d'attendre l'ennemi dans Mexico, au hasard de remuer l'humeur séditieuse des habitans, en leur donnant un prétexte d'armer pour leur conservation. Il ne se sentait point d'éloignement pour traiter avec Narvaëz, et pour joindre leurs intérêts et leurs forces; mais ce parti, qui lui semblait le plus raisonnable, était aussi le plus difficile : il connaissait la rudesse et la fierté de cet officier. Enfin la nécessité de s'expliquer avec Montézuma, et de donner une couleur honorable à ses démarches, quelque parti qu'il pût embrasser, était un autre sujet d'embarras, et d'autant plus pressant, que ce prince, alarmé lui-même

des nouvelles qu'il recevait de jour en jour, attendait de lui des éclaircissemens, et paraissait
étonné de son silence. Il commença par le délivrer de cette inquiétude en lui disant avec
une feinte assurance que les Espagnols de la
flotte étaient des sujets de son roi, et de nouveaux ambassadeurs qui venaient sans doute
appuyer ses premières propositions ; qu'ils formaient une espèce d'armée, suivant l'usage de
leur nation, mais qu'il les disposerait à retourner en Espagne, puisqu'ils n'avaient rien à désirer de sa majesté, après ce qu'ils en avaient
obtenu, et qu'il était même résolu de partir
avec eux. L'adresse ne lui parut pas moins nécessaire pour animer ses propres soldats ; il
leur dit que Narvaëz était son ancien ami, et
qu'il lui connaissait assez d'élévation d'esprit et
de sagesse pour préférer l'honneur de l'Espagne et le service du roi aux intérêts d'un particulier ; qu'à la vérité Vélasquez ne pensait
qu'à la vengeance ; mais que les troupes qu'il
croyait envoyer contre eux étaient plutôt un
secours qui les aiderait à pousser leurs conquêtes ; et qu'au lieu de les trouver des ennemis, ils pouvaient se promettre d'y voir bientôt leurs compagnons. Cependant il s'ouvrit
plus librement avec ses capitaines ; et, s'étant
contenté de leur faire observer que Narvaëz
entendait peu la guerre, que la plupart de ses
soldats n'avaient pas plus d'expérience, et que
tant de faiblesse et une cause injuste devaient
donner peu d'alarme à des cœurs éprouvés, il

ne laissa pas de les faire entrer, par des raisons de prudence et d'honneur, dans la résolution de tenter la voie d'un accommodement, en offrant à Narvaëz des conditions si raisonnables qu'il ne pût les refuser sans se couvrir de tout le blâme d'une rupture ; ce qui ne l'empêcha point de prendre diverses précautions qui répondaient à son activité. Il avertit ses amis de Tlascala de tenir prêt un corps de six mille guerriers ; les Espagnols qu'il avait employés à la découverte des mines, dans la province de Chinantla, reçurent ordre de disposer les caciques de cette province à lui envoyer deux mille hommes. Ces peuples étaient belliqueux et fort ennemis des Mexicains ; ils avaient témoigné beaucoup d'affection pour les Espagnols. Cortez les crut propres à fortifier ses troupes ; et, se souvenant d'avoir entendu vanter le bois de leurs piques, il en fit venir trois cents qu'il fit armer d'excellent cuivre, au défaut de fer, et qui furent distribuées à ses soldats. Ce soin regardait particulièrement la cavalerie de Narvaëz qui faisait sa principale crainte.

Les prisonniers de Sandoval étant arrivés au bord du lac, et Solis l'ayant informé qu'il attendait ses ordres, il se hâta d'aller au-devant d'eux ; mais ce fut pour leur ôter leurs fers et pour les embrasser avec beaucoup de bonté, en assurant Guevara qu'il punirait Sandoval d'avoir manqué de respect pour sa personne et son caractère ; il le conduisit au quartier,

après avoir recommandé à ses gens de le recevoir avec beaucoup de gaîté et de confiance. Il le
rendit témoin des faveurs dont Montézuma l'ho-
norait, et de la vénération que les princes mexicains avaient pour lui. Parmi toutes ces caresses,
il lui répétait sans affectation qu'il se félicitait de
l'arrivée de Narvaëz, parce qu'ayant toujours
été de ses amis, il s'en promettait tous les fruits
d'un heureuse intelligence. Enfin, l'ayant com-
blé de présens, lui et ses compagnons, ils partirent quatre jours après, également touchés
de ses raisons et de ses bienfaits.

Guevara trouva Narvaëz établi dans Zampoala, où le cacique l'avait reçu comme l'ami
de ses alliés, qui venait à leur secours, et dont
il attendait les mêmes témoignages de confiance et d'affection; mais il reconnut bientôt
dans ces nouveaux hôtes un air de fierté qui se
déclara d'abord par la violence qu'on lui fit
pour enlever de sa maison tout ce que Cortez y
avait laissé. Guevara, aussi rempli de la grandeur et de l'opulence de Mexico que de l'accueil doux et généreux qu'il avait reçu, vint
dans le même temps raconter ses aventures;
et, s'étant expliqué avec force sur la nécessité
de ne donner aucune marque de division, il ne
balança point à conclure par des propositions
d'accommodement. Ce langage déplut si fort à
Narvaëz, qu'après l'avoir brusquement interrompu, et lui avoir dit de retourner à Mexico,
si les artifices de Cortez l'avaient séduit, il le
chassa de sa présence avec indignité. Dans son

ressentiment, Guevara chercha d'un autre côté à se faire entendre, releva de toute sa force les généreuses bontés de Cortez : les uns furent touchés de ses raisons, d'autres furent charmés par la vue de ses présens ; et l'inclination générale était pour la paix. Ainsi, les Espagnols et les Américains commencèrent également à juger fort mal de la dureté de Narvaëz.

Barthélemi d'Olmédo, premier aumônier de Cortez, dont l'éloquence et la sagesse donnaient beaucoup d'autorité à son caractère, suivit de près Guevara ; il était chargé de proposer tous les moyens qui pouvaient conduire à l'union, avec des lettres particulières pour Luc Vélasquez d'Aillon, et pour André Duéro, auxquelles Cortez avait joint des présens qui devaient être distribués suivant l'occasion. Ce député ne fut pas écouté plus favorablement de Narvaëz : on répondit à ses offres de paix et d'amitié qu'il ne convenait point à la dignité d'un gouverneur de Cuba de traiter avec des sujets rebelles, dont le châtiment était le premier objet de son armée ; que Cortez et tous ceux qui lui demeuraient attachés allaient être déclarés traîtres, et que la flotte avait apporté assez de forces pour lui enlever ses conquêtes. Olmédo repartit avec autant de force que de modération que les amis de Diégo de Vélasquez devaient penser deux fois à leur entreprise ; qu'il n'était pas aussi facile qu'ils le supposaient de vaincre un général de la valeur et de l'habileté de Cortez, adoré de tous ses soldats, qui étaient prêts à mourir pour lui, et soutenu par un prince aussi puissant que Montézuma, qui pouvait mettre autant d'armées sur pied que Narvaëz avait d'hommes sur sa flotte; enfin qu'une affaire de cette importance demandait une mûre délibération, et qu'il laissait aux amis de Vélasquez le temps de penser à leur réponse.

Après cette espèce de bravade, qu'il avait crue nécessaire pour diminuer la confiance de Narvaëz, il vit ouvertement d'Aillon et Duéro, qui ne firent pas difficulté d'approuver son zèle et ses ouvertures de paix. Il continua de voir les officiers et les soldats de sa connaissance; et, ménageant avec adresse ses discours et ses présens, il avait déjà commencé à former un parti en faveur de Cortez ou de la paix, lorsque Narvaëz, averti de ses progrès, les interrompit par des injures et des menaces. Il l'aurait fait arrêter, si Duéro ne s'y était opposé par ses représentations; et, dans sa colère, il lui ordonna de sortir sur-le-champ de Zampoala. D'Aillon prit part à ce démêlé pour soutenir qu'on ne pouvait renvoyer un ministre de paix sans avoir délibéré sur la réponse qu'on devait faire à Cortez. Plusieurs officiers appuyèrent cette proposition; mais Narvaëz, transporté d'impatience et de mépris, ne répondit que par un ordre de publier à l'heure même la guerre à feu et à sang contre Fernand Cortez, et de le déclarer traître à l'Espagne. Il promit une récompense à celui qui le prendrait vif ou qui apporterait sa tête, et sur-le-champ il donna des ordres pour la marche de l'armée. D'Aillon ne put supporter cet excès d'emportement; et, s'armant de l'autorité d'un premier juge de l'audience royale, il fit signifier à Narvaëz défense, sous peine de la vie, de sortir de Zampoala, ou d'employer les armes sans le consentement unanime de tous les officiers de l'armée. Il y joignit des protestations solennelles; mais cette barrière fut trop faible. L'ardent général, oubliant qu'il manquait de respect pour le roi dans la personne de son ministre, le fit arrêter honteusement, et conduire à Cuba sur un vaisseau de la flotte. Olmédo, épouvanté de cette violence, reprit le chemin de Mexico sans avoir demandé d'autre réponse; et les troupes mêmes de Vélasquez se refroidirent pour une cause qu'ils voyaient soutenir avec tant d'orgueil et d'indécence.

Le retour d'Olmédo avec de si fâcheuses nouvelles causa assez de chagrin à Cortez pour en faire paraître quelques traces sur son visage; et les avis qui venaient continuellement à la cour par des courriers mexicains éclairèrent bientôt Montézuma sur la division des Espagnols. Dans le premier entretien qu'il eut avec Cortez, il lui parla ouvertement des mauvais desseins que le nouveau capitaine de sa nation faisait éclater contre lui. Il ajouta qu'il n'était pas surpris qu'ils eussent ensemble quelques différends particuliers, mais de ce qu'étant

sujets du même prince, ils commandaient deux
armées qui paraissaient ennemies, et qu'il fallait nécessairement qu'au moins l'un des deux
commandans fût hors des bornes de l'obéissance qu'il devait à son souverain. Le général,
d'autant plus embarrassé de cette conclusion,
qu'il ne croyait pas l'empereur si bien instruit,
rappela toute sa présence d'esprit pour lui répondre que ceux qui l'avaient averti de la mauvaise disposition du nouveau capitaine ne s'é-
taient pas trompés sur ce point, et que, venant
d'en recevoir avis lui-même par Olmédo, il
s'était proposé de communiquer cette nouvelle
à sa majesté; mais que cet officier, qui se nommait Narvaëz, était moins un rebelle qu'un
homme abusé par de spécieux prétextes; qu'é-
tant envoyé par un gouverneur mal informé,
qui résidait dans une province fort éloignée
de la cour d'Espagne, et qui ne pouvait avoir
appris les derniers ordres de leur souverain, il
s'était vainement persuadé que les fonctions de
cette ambassade lui appartenaient; prétention
imaginaire, qui serait bientôt dissipée lorsqu'il
aurait fait signifier lui-même à cet inutile ambassadeur les pouvoirs en vertu desquels il devait commander à tous les Espagnols qui abor-
deraient sur la côte du Mexique; que, pour
remédier promptement à cette erreur, il avait
résolu de se rendre à Zampoala avec une partie de ses troupes, dans la seule vue de renvoyer celles qui s'y étaient arrêtées, et de leur
déclarer qu'elles devaient du respect aux peu-

ples de l'empire depuis qu'ils étaient sous la protection de l'Espagne, et qu'il voulait exécuter promptement ce dessein par le juste empressement qu'il avait d'empêcher qu'elles n'approchassent de la cour, parce qu'étant moins disciplinées que les siennes, il craignait que leur voisinage n'excitât des mouvemens dangereux pour le repos de l'empire.

Cette réponse était d'autant plus adroite, qu'elle intéressait la cour mexicaine à la résolution qu'il avait déjà formée d'aller au-devant de Narvaëz. Aussi l'empereur, qui n'ignorait pas les violences auxquelles ses ennemis s'étaient emportés, ni la supériorité de leurs forces, lui représenta-t-il qu'il y avait de la témérité à s'exposer avec si peu de troupes. Il lui offrit une armée pour soutenir la sienne, et des chefs qui respecteraient ses ordres; mais Cortez sentit le danger d'un secours dont il pouvait être forcé de dépendre; et, s'étant excusé sur la diligence qui était nécessaire à ses vues, il ne pensa qu'aux préparatifs de son départ. Il se flattait encore, sinon d'engager Narvaëz à l'union, du moins de faire servir les intelligences qu'Olmédo lui avait ménagées à le forcer d'accepter des conditions raisonnables. Cependant, pour ne pas donner trop au hasard, il envoya ordre à Sandoval de venir au-devant de lui avec la garnison de Véra-Cruz, ou de l'attendre dans quelque poste où ils pussent se joindre sans obstacle, et d'abandonner sa forteresse à la garde des alliés.

En quittant ses quartiers, il y laissa quatre-vingts Espagnols sous le commandement d'Alvarado, pour lequel il avait remarqué de l'affection aux Mexicains, et dont il connaissait d'ailleurs le courage et la conduite. Il lui recommanda particulièrement de conserver à l'empereur cette espèce de liberté qui l'empêchait de sentir les dégoûts de sa prison, et d'apporter néanmoins toute son adresse à lui ôter les moyens d'entretenir des pratiques secrètes avec les prêtres et les caciques. Il remit à sa charge le trésor du roi et celui des particuliers. Les soldats qui demeuraient sous ses ordres promirent, non-seulement de lui obéir comme à Cortez même, mais encore de rendre à Montézuma plus de respect et de soumission que jamais, et de vivre dans une parfaite union avec tous les Mexicains. La principale difficulté semblait consister à s'assurer des dispositions de l'empereur, dont le moindre changement pouvait renverser les plus sages précautions. Cortez, par des ressources de génie qui augmentaient dans ses plus grands embarras, parvint à lui persuader qu'il n'avait pas d'autre intention que de le servir, et qu'il reviendrait bientôt prendre congé de lui pour retourner en Espagne avec ses présens, et l'assurance de son amitié, qui paraîtrait d'un prix inestimable au grand prince dont il avait accepté l'alliance. Il le toucha par ses respects et par son langage, jusqu'à lui faire engager sa parole de ne pas abandonner les Espagnols, qui se fiaient à sa protection , et de veiller à leur sûreté en continuant son séjour dans leurs quartiers. Si çette promesse était sincère , comme on eut lieu de le croire ensuite, il fallait que ce Montézuma, que l'on peint si fier, eût dans le caractère cette espèce de bonté qui va jusqu'à la faiblesse, ou que Cortez eût sur lui un ascendant qui tient du prodige.

CHAPITRE III.

Cortez quitte Mexico pour aller combattre Narvaëz. Il revient vainqueur.

LES Espagnols prirent leur chemin vers Cholula, où ils furent reçus avec de grandes marques d'affection. De là, s'étant rendus à Tlascala, ils trouvèrent, à quelque distance de cette ville, le sénat et la noblesse qui s'étaient assemblés pour venir au-devant d'eux. Il semblait que Cortez eût acquis un nouveau mérite aux yeux de ces fiers républicains, par l'humiliation de Montézuma.

Cortez se rendit à grandes journées sous les murs de Motaliquita, bourgade alliée, à douze lieues de Zampoala , où Sandoval arriva presqu'en même temps avec sa troupe et quelques soldats de l'armée de Narvaëz, que la violence exercée contre d'Aillon en avait détachés. Cortez apprit d'eux le désordre qui régnait dans l'armée ennemie, et ce récit lui fut confirmé par Sandoval, qui avait fait entrer dans Zampoala deux Espagnols déguisés. Il regarda la négligence de Narvaëz comme une marque de la confiance qu'il prenait à ses forces, et du mépris qu'il faisait du petit nombre de ses adversaires. Mais, quelque avantage qu'il crût pouvoir tirer de cette vaine présomption, il ne voulut pas rompre ouvertement, sans avoir fait de nouveaux efforts pour obtenir la paix. Olmédo fut envoyé pour la seconde fois ; et sa négociation n'ayant pas mieux réussi, le général, soit pour mettre toute la justice de son côté, soit pour se donner le temps de recevoir les deux mille Américains qu'il attendait de Chinantla, résolut d'envoyer Jean Vélasquez de Léon, que la distinction de sa naissance et l'honneur qu'il avait d'appartenir de près par le sang au gouverneur de Cuba rendaient fort propre à cette médiation. Narvaëz avait tenté inutilement de l'attirer dans son parti ; et Cortez avait eu d'autres preuves de sa fidélité, auxquelles il ne pouvait répondre avec plus de noblesse qu'en remettant une affaire si délicate à sa bonne foi.

Lorsqu'il entra dans Zampoala, tous les Espagnols se persuadèrent qu'il venait se ranger sous leurs étendards, et Narvaëz s'empressa d'aller au-devant de lui ; mais, après quelques explications, ces civilités furent suivies de tant d'emportement et de violence, que Vélasquez, irrité jusqu'à défier ceux qui oseraient blesser l'honneur de Cortez, se vit dans la nécessité de retourner sur ses pas : Olmédo le suivit. Narvaëz les eût fait arrêter, si la plupart de ses officiers, offensés de voir traiter si mal un homme du mérite et du rang de Vélasquez, ne s'y fussent opposés avec beaucoup de chaleur. Ce mécontentement passa bientôt des capitaines aux soldats : ils s'expliquèrent si librement sur le peu de soin qu'on prenait de justifier leur conduite dans cette guerre, que Narvaëz n'osa résister au conseil qu'on lui donna d'envoyer promptement après Vélasquez pour lui faire quelques excuses, et pour apprendre de lui quelles étaient les propositions qu'on avait refusé d'écouter. Duéro fut choisi pour cette commission : mais, n'ayant pu le joindre sur la route, il prit le parti de le suivre jusqu'au camp de Cortez, qu'il trouva prêt à changer de poste, dans la résolution de commencer la guerre. Son arrivée fit renaître quelque espérance de paix. Cortez le reçut comme son ami. Dans plusieurs conférences qu'ils eurent ensemble, il s'ouvrit avec tant de franchise sur le désir qu'il avait d'adoucir Narvaëz, dont l'obstination était l'unique obstacle à l'accommodement, que Duéro, charmé de le voir agir si noblement avec un ennemi déclaré, proposa une entrevue entre les deux généraux, comme le seul moyen d'abréger des difficultés dont la fin paraissait fort éloignée. Cette proposition fut acceptée avec joie. Tous les historiens conviennent que, Duéro étant retourné à Zampoala avec la parole de

Cortez, on dressa une capitulation authentique par laquelle l'heure et le lieu de la conférence étaient désignés, et que chacun des commandans s'engagea par écrit à s'y rendre, accompagné seulement de dix officiers, qui devaient servir de témoins à leurs conventions. Mais, tandis que Cortez se disposait à remplir son engagement, il reçut avis par un courrier secret de Duéro, qu'on lui préparait une embuscade, dans le dessein de l'enlever ou de lui ôter la vie; et cette nouvelle lui fut confirmée par d'autres officiers de Narvaëz, qui se sentaient de l'horreur pour la trahison. Un dessein si noir l'obligeant de renoncer à toutes sortes de ménagemens, il écrivit à son ennemi, non-seulement pour lui reprocher sa perfidie, mais pour lui déclarer qu'il rompait le traité, et qu'il déciderait leur querelle par la voie des armes.

Quoiqu'il n'eût encore aucune nouvelle de la marche des Américains auxiliaires, il hâta celle de son armée : elle n'était composée que de deux cent soixante-six Espagnols et des Américains chargés du bagage; mais, jugeant qu'un ennemi capable de tant de bassesses avait peu de fond à faire sur ses propres troupes, il ne craignit point d'asseoir son camp à moins d'une lieue de Zampoala, dans un poste à la vérité qui se trouvait fortifié en tête par un ruisseau, que les Espagnols avaient nommé *rivière des canots*, et derrière lequel il avait à dos la ville de Vera-Cruz. Narvaëz fut informé de ce mouvement; son impétuosité plus que sa diligence le fit sortir aussitôt de son quartier pour tenir la campagne, mais avec une confusion qui répondait à celle de ses idées. Il fit publier encore une fois la guerre : il mit la tête de Cortez à prix pour deux mille écus, et celles de Sandoval et de Vélasquez pour quelque chose de moins. Ses ordres étaient mêlés de menaces; il en donnait plusieurs à la fois : on découvrait un air de crainte dans le mépris qu'il affectait pour Cortez. Enfin son armée se mit d'elle-même en bataille, comme par hasard, et sans attendre ses ordres. Après l'avoir fait avancer l'espace d'un quart de lieue, il résolut d'attendre l'ennemi, dans la folle persuasion que Cortez, malgré son habileté, pourrait oublier le désavantage du nombre, et que la force de ses ressentimens lui ferait quitter son poste. Il passa tout le jour dans cette situation. La nuit approchait, lorsqu'un nuage, où le soleil se cacha tout à coup, répandit une pluie si froide et si abondante, que tous ses soldats demandèrent d'être reconduits au quartier : il céda facilement à leurs instances.

Cortez, qui fut bientôt averti de cette retraite, regretta beaucoup que le ruisseau sur le bord duquel il avait son camp fût trop enflé par la pluie pour lui permettre de le passer à gué, et de tomber sur un ennemi qui semblait fuir; mais son génie guerrier, et le fond qu'il faisait sur ses intelligences, lui inspirèrent un dessein qui demandait toute sa hardiesse pour le tenter, et la confiance qu'il avait à son bonheur pour s'en promettre le succès qu'il obtint. Ce fut de surprendre pendant la nuit, au milieu de Zampoala, ses ennemis mouillés et rebutés de la fatigue du jour. Après avoir communiqué ce projet à ses troupes, et les avoir animées avec la plus vive éloquence, il les divisa en trois corps, dont il donna le premier à Sandoval, et le second à Olid; il prit lui-même le commandement du troisième, et avec quelques-uns de ses plus braves officiers il donna l'exemple en passant dans l'eau jusqu'à la ceinture. Herréra prétend que, par représailles, la tête de Narvaëz fut mise à prix, et que Cortez, pour justifier plus que jamais sa cause, donna par écrit à Sandoval, qui faisait l'office de général-major, un ordre qui portait « que Narvaëz étant entré dans le pays à force ouverte, au préjudice des intérêts de l'Espagne, de la religion et du domaine royal, et n'ayant voulu ni montrer ses provisions, ni prêter l'oreille aux propositions d'accommodement, Fernand Cortez, commandant de la nation espagnole au Mexique, ordonnait à tous les capitaines, cavaliers et soldats de son armée de se saisir de sa personne, et de le tuer, s'il faisait quelque résistance. »

L'armée avait fait près d'une demi-lieue dans les ténèbres, lorsque les coureurs amenèrent une sentinelle de Narvaëz qu'ils avaient enlevée; mais ils rapportèrent qu'il leur en était échappé une, qui s'était dérobée entre les buissons à la faveur de l'obscurité. Cet incident fit perdre l'espérance qu'on avait eue de surprendre les ennemis. Cependant, comme il y avait beaucoup d'apparence que la crainte d'être arrêté ferait prendre quelques détours au fugitif, on résolut de s'avancer promptement, soit pour arriver avant lui, soit pour attaquer les ennemis mal éveillés, s'ils étaient avertis, et dans le trouble d'une première alarme. La sentinelle, que la peur avait rendue fort légère, arriva dans la ville avant Cortez, et répandit la frayeur. Mais Narvaëz, ne pouvant se persuader qu'une troupe d'aventuriers, dont il méprisait le nombre, osât l'attaquer dans une grande ville, ni qu'elle eût pu quitter son poste par un si mauvais temps, rejeta brusquement l'avis, et celui qui l'apportait.

Il était minuit lorsque Cortez entra dans Zampoala, et son cri de guerre, *Saint-Esprit*, qui était pris, suivant la remarque des historiens, de la fête qu'on avait célébrée le même jour, nous apprend que c'était celle de la Pentecôte. Narvaëz était logé avec toute son armée dans le plus grand temple de la ville. Ses coureurs pouvaient s'être égarés ou s'être mis à couvert pendant la pluie; mais des soldats tels que ceux de Cortez, endurcis à la fatigue, et supérieurs à la crainte, pénétrèrent jusqu'au pied du temple sans s'embarrasser s'ils avaient été découverts. Leurs chefs furent surpris néanmoins de ne rencontrer aucune garde. La dispute de Narvaëz durait encore avec la sentinelle qui l'avait averti. Quoique cet avis passât pour une fausse alarme, quelques soldats inquiets s'étaient mis en mouvement. Cortez, qui s'en aperçut, ne balança point à les attaquer avant qu'ils eussent le temps de se reconnaître. Il donna le signal du combat, et Sandoval entreprit aussitôt de monter les degrés du temple. Les canonniers de garde entendirent le bruit, et mirent le feu à deux ou trois pièces qui donnèrent sérieusement l'alarme. Les tambours succédèrent au bruit du canon. On accourut de toutes parts, et le combat se réduisit bientôt aux coups de piques et d'épées. Sandoval eut beaucoup de peine à se soutenir dans un poste désavantageux, et contre une troupe plus nombreuse que la sienne; mais Odid vint à propos le secourir, et presque aussitôt Cortez, ayant laissé son corps de réserve en bataille, parut l'épée à la main, se jeta dans la mêlée, et s'ouvrit un passage où tous ses gens se précipitèrent après lui. Les ennemis ne résistèrent point à cet effort : ils abandonnèrent les degrés, le vestibule et l'artillerie. Plusieurs se retirèrent dans leur logement, et les autres allèrent se rassembler à l'entrée de la principale tour, où l'on combattit long-temps avec une égale valeur.

Narvaëz parut alors : il avait employé quelque temps à s'armer; mais on convient qu'en se présentant au combat, il fit des efforts extraordinaires pour ranimer ses gens, et qu'il marqua de l'intrépidité au milieu du danger : elle alla jusqu'à le mettre aux mains avec les soldats de Sandoval; mais il en reçut dans le visage un coup de pique qui lui creva l'œil, et qui le fit tomber sans connaissance. Le bruit se répandit qu'il était mort : ses gens s'effrayèrent; les uns l'abandonnèrent par une honteuse fuite; les autres cessèrent de combattre; et ceux qui s'empressèrent de le secourir, ne faisant que s'embarrasser mutuellement, les vainqueurs prirent ce temps pour enlever Narvaëz, en le traînant au bas des degrés, d'où Sandoval le fit transporter au milieu du corps de réserve. Sa honte fut égale à sa douleur, lorsque, étant revenu à lui-même, il se trouva les fers aux pieds et aux mains, et qu'il se vit livré à la discrétion de ses ennemis.

On rapporte une circonstance singulière qui prouve combien la fortune tournait tout à l'avantage de Cortez. Des fenêtres de leur logement, les soldats de Narvaëz découvraient, à diverses distances et dans plusieurs endroits, des lumières qui perçaient l'obscurité avec l'apparence d'autant de mèches allumées, qu'ils prirent pour celles de plusieurs troupes d'arquebusiers : c'étaient des vers luisans qui sont beaucoup plus gros et plus brillans que les nôtres dans cet hémisphère, et qui leur firent croire que l'attaque de Cortez était soutenue par les habitans armés. L'artillerie qui fut tournée aussitôt contre les donjons, la menace du feu qu'on y pouvait mettre aisément, et le pardon qui fut offert à tous ceux qui voudraient s'enrôler sous les étendards du vainqueur, avec la liberté du départ et le passage pour ceux qui souhaiteraient de retourner à Cuba, firent quitter les armes au plus grand nombre. Cortez donna ordre qu'elles fussent reçues et soigneusement gardées à mesure qu'ils venaient les rendre en troupes, sans excepter celles de ses partisans secrets, qu'il ne voulait pas faire connaître, parce que leur exemple servait à déterminer les autres. Ce soin de les désarmer était d'autant plus important, qu'à la pointe du jour, s'apercevant que leurs vainqueurs étaient en si petit nombre, ils regrettèrent beaucoup de s'être abandonnés à d'indignes frayeurs. Cependant les civilités de Cortez, et l'opinion qu'ils prirent bientôt de son caractère, devinrent un lien si puissant pour les attacher à lui, qu'il n'y en eut pas un seul qui acceptât l'offre d'être reconduit à Cuba. Il ne restait à soumettre que la cavalerie, qui, n'ayant pu prendre part au combat, en attendait le succès dans la plaine; mais elle fut réduite aisément par les voies de la douceur. Cortez ne perdit que deux hommes dans l'action, et deux autres qui moururent quelques jours après de leurs blessures. Entre les gens de Narvaëz on compta quinze morts et un fort grand nombre de blessés.

Cortez ne se refusa point le plaisir de voir son prisonnier; mais, loin de l'insulter dans sa disgrâce, il affecta de ne pas lui annoncer son arrivée; et Solis assure même que son dessein était de le voir sans se faire connaître; mais, le respect des soldats l'ayant trahi, Narvaëz se tourna vers lui, et lui dit d'un air assez fier : « Seigneur capitaine, estimez l'avantage » qui me rend aujourd'hui votre prisonnier. » Cortez jugea que cet orgueil méritait d'être humilié. Il répondit sans s'émouvoir : « Mon » ami, il faut louer Dieu de tout ; mais je vous » assure sans vanité que je compte cette vic- » toire et votre prise entre mes moindres ex- » ploits. » Après l'avoir fait panser soigneu- sement, il le fit conduire à Vera-Cruz.

A la pointe du jour, on vit arriver les deux mille Chinantlèques, à qui toute leur diligence n'avait pu faire surmonter plus tôt les diffi- cultés d'une longue route. Cortez leur fit le même accueil que s'il eût tiré quelque fruit de leur zèle, et les renvoya quelques jours après dans leur province avec des remercîmens et des caresses qui les disposèrent plus que ja- mais à lui offrir leurs services. Le cacique de Zampoala, qui s'était vu long-temps comme esclave de Narvaëz, fit éclater aussi sa joie, et tous les habitans du pays célébrèrent la vic- toire de leurs anciens alliés. Au milieu de ces soins, Cortez n'oublia point combien il était important pour lui de s'assurer de la flotte. Il dépêcha ses plus fidèles officiers pour faire transporter à Vera-Cruz les voiles, les mâts et les gouvernails des vaisseaux, et pour met- tre ses pilotes et ses matelots à la place de ceux de Narvaëz, avec un commandant que Diaz nomme *Pierre Cavallero*, et qu'il honore du titre d'amiral de la mer.

Le souvenir d'Alvarado et de ses compagnons, qui se trouvaient comme abandonnés à la bonne foi de Montézuma, était l'unique sujet de chagrin qui troublât Cortez; il était résolu de ne pas perdre un moment pour se délivrer de cette inquiétude, en retournant à Mexico ; mais plus de mille Espagnols qu'il voyait réunis tranquillement sous ses ordres lui parurent une armée trop nombreuse et capable d'alarmer les Mexicains. Il n'aurait pas fait difficulté d'en laisser une partie à Vera-Cruz, s'il n'eût craint les mouvemens qui pouvaient naître de l'oisiveté, surtout parmi les nouvelles troupes, qu'il n'avait point encore eu le temps de former à sa discipline. Dans cet embarras, il résolut de les employer à d'autres conquêtes; il nomma Jean Vélasquez de Léon pour aller soumettre avec deux cents hommes la province de Panuco ; et Ordaz avec le même nombre pour peupler celle de Cuazacoalco. Environ six cents soldats espagnols qui composaient le reste de l'armée lui parurent suffisans pour faire son entrée dans Mexico, avec l'éclat d'un vainqueur qui voulait conserver quelque apparence de modération.

Mais lorsqu'il se préparait au départ, il reçut une lettre par un courrier d'Alvarado qui l'obligea de changer toutes ses résolutions. On l'informait que les Mexicains avaient pris les armes, et que, malgré Montézuma, qui n'avait pas quitté le quartier des Espagnols, ils y avaient déjà donné plusieurs assauts. Le soldat qui apportait cette nouvelle était accompagné d'un messager impérial chargé de représenter qu'il n'avait pas été au pouvoir de l'empereur d'arrêter l'emportement des rebelles, et non-seulement d'assurer Cortez qu'il n'abandonnerait point Alvarado et les Espagnols, mais de presser son retour à Mexico, comme le seul remède qu'on pût apporter au désordre. Soit que ce prince fût alarmé pour lui-même, ou que son inquiétude ne regardât que ses hôtes, cette démarche ne laissa aucun doute de sa bonne foi.

On n'avait pas besoin de délibération pour se déterminer dans une conjoncture si pressante ; les anciens et les nouveaux soldats de Cortez firent éclater la même ardeur pour se rendre à Mexico, et cet incident, qui servait de prétexte pour éviter le partage de l'armée, fut regardé comme un présage de la conquête de l'empire, dont la réduction devait commencer par la capitale. Rangel fut laissé à Vera-Cruz en qualité de lieutenant de Sandoval, avec une assez forte garnison, ce qui n'empêcha point que dans la revue des troupes il ne se trouvât encore mille hommes d'infanterie et cent cavaliers bien armés. Cortez leur fit prendre différentes routes, pour ne pas incommoder les peuples. On arriva le 17 juin à Tlascala, où le sénat, toujours animé contre les Mexicains, offrit toutes ses forces pour la délivrance d'Alvarado ; mais Cortez, qui crut remarquer dans le zèle des sénateurs plus de haine contre leurs anciens ennemis que d'affection pour les Espagnols, se contenta de prendre deux mille hommes, dans la crainte d'effrayer Montézuma et de pousser les rebelles au dernier désespoir. Son dessein était de faire une entrée pacifique dans la capitale, et de ramener les esprits par la douceur avant de penser au châtiment des coupables.

Il se présenta devant Mexico, sans avoir trouvé d'autres embarras dans sa route que la diversité et la contradiction des avis qu'il recevait. L'armée passa la grande chaussée du lac avec la même tranquillité, quoiqu'à la vue de plusieurs indices qui devaient réveiller ses défiances. Les deux brigantins construits par les Espagnols étaient en pièces; quelques ponts qui servaient à la communication du quartier avaient été rompus; les remparts et les donjons paraissaient déserts; un morne silence régnait de toutes parts. Des apparences si suspectes obligèrent le général de régler sa marche, et de n'avancer qu'après avoir fait reconnaître successivement tous les postes. Ces précautions durèrent jusqu'au quartier des Espagnols, où les gardes avancées, découvrant le secours qui leur arrivait, poussèrent des cris de joie qui rendirent la confiance à Cortez.

Alvarado vint le recevoir à la porte du quartier, accompagné de tous ses soldats, dont les transports ne peuvent être représentés. La présence de Montézuma, qui parut oublier la fierté de son rang pour accourir avec la même ardeur, retarda de quelques momens les explications ; mais cet empressement fit connaître qu'il souhaitait l'arrivée de Cortez autant que les Espagnols mêmes ; et si l'on croyait pouvoir douter de ses dispositions, il serait difficile d'expliquer pourquoi, n'étant plus retenu par la force, il n'avait pas fait usage de cette liberté pour retourner dans son palais pendant l'absence du général. Tous les historiens reconnaissent que, moitié politique, pour soutenir l'opinion qu'il se flattait d'avoir fait prendre à son peuple, et aux Espagnols mêmes, des motifs qui l'arrêtaient dans leur quartier ; moitié crainte, depuis la révolte du prince de Tezcuco, et peut-être aussi par attachement pour ses hôtes, qui étaient parvenus à lui inspirer de la confiance, et qu'il regardait comme un appui contre ses propres sujets, il ne varia plus dans les témoignages de son affection ni dans l'exécution de ses promesses.

Cortez se fit raconter ce qui s'était passé pendant son absence. Un corps nombreux de Mexicains, animés et conduits par quantité de seigneurs, avait attaqué plusieurs fois les Espagnols dans leurs quartiers, sans respect pour la personne et les ordres de leur souverain, qui n'avait rien épargné pour apaiser la sédition ; ils avaient tenu long-temps Alvarado comme assiégé, et quatre de ses plus braves soldats avaient été tués dans le dernier assaut. Les rebelles s'étaient retirés depuis deux jours ;

mais, loin d'avoir quitté les armes, leur grand nombre et la mort des quatre Espagnols leur inspiraient tant d'audace, qu'ayant appris le retour de Cortez, ils n'avaient pris la résolution de s'éloigner du quartier que pour lui laisser le temps et la liberté d'y revenir, dans la confiance qu'y étant une fois renfermé avec tous ses gens, ils réussiraient plus heureusement que le prince de Tezcuco à détruire les ennemis de leur religion et de leur empire.

Solis, qui fait profession d'avoir pesé tous les témoignages, assure, comme une vérité constante, qu'après le départ de Cortez, les Espagnols observèrent beaucoup de relâchement dans l'attention et la complaisance que les nobles avaient témoignées pour eux, et qu'Alvarado, en ayant pris occasion de veiller sur leurs démarches, apprit de ses émissaires qu'on faisait des assemblées dans quelques maisons de la ville. On approchait d'un jour solennel où l'usage était d'honorer les idoles par des danses publiques. Alvarado, suivant le même récit, fut informé que les conjurés avaient choisi ce temps pour soulever le peuple en l'exhortant à prendre les armes pour la liberté de leur empereur et la défense de leurs dieux. Le même jour, au matin, quelques-uns affectèrent de se montrer dans le quartier des Espagnols, et demandèrent même au commandant la liberté de célébrer leur fête, dans l'espoir de lui fermer les yeux par cette apparence de soumission. Elle le fit douter en effet de la vérité de ses informations; et, dans cette incertitude, il leur accorda ce qu'ils demandaient, à condition qu'ils ne portassent point d'armes, et qu'ils ne répandissent point de sang humain dans leurs sacrifices; mais il apprit bientôt qu'ils avaient employé la nuit précédente à transporter secrètement leurs armes dans les lieux voisins du grand temple. Sur cet avis, il prit des mesures pour attaquer les principaux conjurés pendant leur danse, c'est-à-dire avant qu'ils fussent armés et qu'ils eussent commencé à soulever le peuple. Il sortit avec cinquante Espagnols, sous prétexte de satisfaire sa curiosité en assistant à la fête; il s'approcha du temple, où les conjurés, qui s'y étaient déjà rendus, la plupart ivres et sans défiance, se disposaient à danser pour attirer le peuple au spectacle; mais, sans leur laisser le temps de se reconnaître, il les fit charger par ses gens, qui en tuèrent une partie, et qui forcèrent les autres à se jeter par les fenêtres du temple.

Quelque jugement qu'on doive porter de cette entreprise, l'historien confesse qu'elle fut exécutée avec plus d'ardeur que de prudence, et que les Espagnols déshonorèrent leur cause en se jetant sur les morts et sur les blessés pour arracher les joyaux dont ils les voyaient couverts. D'ailleurs Alvarado se retira sans prendre soin d'informer le peuple des raisons de sa conduite, et Solis lui en fait un reproche. « Il devait, dit-il, publier la conspiration et montrer les armes que les nobles avaient cachées.

Le peuple, qui ne fut informé que du carnage de ses chefs et du pillage de leurs joyaux, attribuant cette exécution à l'avarice effrénée des Espagnols, en conçut tant de fureur, qu'il prit aussitôt les armes sans que les conjurés y eussent contribué par leurs exhortations ou par leurs soins. »

La nuit qui suivit l'arrivée de Cortez ne fut pas moins tranquille que le jour précédent. Ce silence, qui régnait encore le lendemain, paraissant couvrir quelque mystère, Ordaz fut commandé pour aller reconnaître la ville à la tête de quatre cents hommes, Espagnols et Tlascalans. Il s'engagea dans la plus grande rue, où il découvrit bientôt une troupe d'Américains armés, que les séditieux n'y avaient postés que pour l'attirer dans leurs pièges. En effet, lorsqu'il se fut avancé dans le dessein de faire quelques prisonniers, dont il voulait tirer des informations, il se vit couper le passage par des armées entières, qui vinrent le charger de toutes les rues voisines; tandis qu'une populace innombrable, qui se montra tout d'un coup aux fenêtres et aux terrasses, fit pleuvoir une grêle de pierres et de traits.

Ordaz eut besoin de toute sa valeur et de toute son expérience pour repousser une si vive attaque. Il forma son bataillon suivant l'étendue et la disposition du lieu, avec la précaution de le border de piquiers, tandis que les arquebusiers, qui composaient le centre, eurent ordre de tirer aux fenêtres et aux terrasses. Il lui était impossible de faire avertir Cortez de sa situation ; et dans l'opinion où l'on était au quartier qu'il avait assez de forces pour exécuter sa commission, on ne se défia point qu'il eût besoin de secours. Cependant la chaleur des Mexicains ne fut pas long-temps à se ralentir. Leur nombre même leur ôtant l'usage de leurs armes, ils s'étaient avancés avec une confusion qui les livrait sans défense aux coups des piquiers. Ils perdirent tant de monde à la première charge, que, leur retraite devenant aussi tumultueuse que leur approche, ils se précipitaient en arrière les uns sur les autres pour se dérober à la pointe des piques. Les arquebusiers n'eurent pas plus de peine à nettoyer les terrasses. Ordaz, qui n'était venu que pour reconnaître, ne jugea point à propos de pousser plus loin sa victoire ; et, sans faire changer de forme à sa troupe, il chargea si vigoureusement ceux qui l'avaient coupé par-derrière, qu'il s'ouvrit le chemin jusqu'au quartier. Cette action lui coûta néanmoins du sang. La plupart de ses gens furent blessés. Il le fut lui-même, et huit de ses plus braves Tlascalans furent tués sous ses yeux ; mais il ne perdit qu'un Espagnol.

CHAPITRE IV.

Mort de Montézuma. Cortez quitte Mexico et se retire à Tlascala.

CORTEZ avait pensé à ramener les esprits par des propositions de paix ; mais outre qu'il n'avait personne dont il pût attendre ce service, et que Montézuma semblait même se défier de sa propre autorité, le succès d'Ordaz lui fit juger qu'il n'était pas temps de s'abaisser à des offres qui pouvaient augmenter la fierté des ennemis. Il fut confirmé dans ce sentiment par la fureur avec laquelle ils se rassemblèrent après leur défaite pour suivre Ordaz jusqu'à la vue du quartier. Leur dessein était d'y donner un assaut général. En vain tenta-t-on de les effrayer par le bruit de l'artillerie ; leurs timbales donnèrent aussitôt le signal du combat. Ils s'avancèrent en même temps avec un emportement sans exemple. Plusieurs troupes d'archers, dont ils avaient composé leur avant-garde, tiraient aux créneaux pour faciliter les approches à ceux qui les suivaient. Leurs décharges furent si épaisses et si souvent répétées, pendant que les autres passaient dans leurs rangs pour monter à l'assaut, qu'elles causèrent beaucoup d'embarras aux Espagnols, qui se trouvaient partagés tout à la fois par la nécessité de se défendre des flèches, par celle de repousser leurs ennemis, et par le soin de ramasser ces flèches, dont la multitude embarrassait les passages. L'artillerie et les arquebuses faisaient cependant un affreux carnage : mais les Mexicains étaient si déterminés à mourir ou à vaincre, qu'ils s'empressaient de remplir le vide que les morts avaient laissé, et qu'ils se serraient avec le même courage, en foulant aux pieds sans distinction leurs blessés et leurs morts. Plusieurs s'avancèrent jusque sous le canon, où ils s'efforcèrent avec une obstination incroyable de rompre les portes et d'abattre les murs avec leurs haches garnies de pierres tranchantes. Si l'on ne connaissait jusqu'où l'esprit de parti peut porter l'injustice, croirait-on que la bravoure héroïque de ces hommes qui combattaient nus pour leur liberté contre des tyrans armés de fer et de la foudre, est traitée par les historiens espagnols de témérité brutale et de férocité?

Cependant, après avoir été repoussés de toutes parts, ils se retirèrent dans leurs rues pour s'y mettre à couvert des boulets et des balles qui les poursuivaient : leur usage n'étant point de combattre dans l'absence du soleil, ils se séparèrent à la fin du jour ; ce qui n'empêcha pas les plus hardis de venir pendant la nuit mettre le feu à plusieurs endroits du quartier. La flamme s'empara tout d'un coup des édifices, et s'y répandit avec tant de violence, qu'on fut obligé d'en abattre une partie ; après quoi, la nécessité de mettre les brèches en défense imposa un autre travail qui fit durer la fatigue jusqu'au jour.

Les Mexicains reparurent au lever du soleil ; mais, au lieu de s'approcher des murs, ils se contentèrent d'insulter les Espagnols par des reproches injurieux, en les accusant d'être des lâches qui ne se défendaient qu'à l'abri de leurs murailles. Cortez, qui s'était déjà déterminé à faire une sortie, prit occasion de ce défi pour animer ses soldats. Il forma trois bataillons, deux pour nettoyer les rues de traverse, et le troisième, dont il prit lui-même la conduite, pour attaquer le principal corps des ennemis, qu'on découvrait dans la grande rue. Supérieur aux petites jalousies, il fit l'honneur au brave Ordaz d'imiter la disposition qui l'avait rendu victorieux dans sa retraite. Les trois bataillons, étant sortis ensemble, n'allèrent pas loin sans trouver l'occasion de combattre. Mais l'ennemi soutint cette première décharge sans s'étonner. L'action devint fort vive. Les Mexicains se servaient de leurs massues et de leurs épées de bois avec une fureur désespérée. Ils se précipitaient dans les piques et les armes pour frapper les Espagnols aux dépens de leur vie, qu'ils paraissaient mépriser. On avait recommandé aux arquebusiers de tirer aux fenêtres ; mais leurs décharges continuelles n'arrêtant point une grêle de pierres que les Mexicains avaient trouvé le moyen de faire pleuvoir sans se montrer ; on fut obligé de mettre le feu à

quelques maisons pour faire cesser cette attaque importune. Enfin les ennemis tournèrent
le dos; mais en fuyant ils rompaient les ponts
et faisaient tête de l'autre côté des canaux. Cortez fit poursuivre les autres dans plusieurs
quartiers. Il perdit douze hommes, et la plupart des autres ne revinrent pas sans blessures.
Du côté des Mexicains, le nombre des morts
fut si grand, que les rues étaient couvertes des
corps qu'ils n'avaient pu retirer, et les canaux
teints de sang.

On donna quelques jours au repos, mais
toujours à la vue de l'ennemi, qui revenait un
moment à l'attaque, et qui se dissipait avec la
même facilité. Dans cet intervalle, Cortez hasar-
da quelques propositions d'accommodement
par divers officiers de Montézuma qui ne s'é-
taient point éloignés de leur maître. Ce soin ne
lui fit pas perdre l'attention qu'il devait à sa
défense. Il fit construire quatre châteaux mo-
biles en forme de tours, qui pouvaient être
traînés sur des roues pour les employer dans
l'occasion d'une nouvelle sortie. Chaque tour
pouvait contenir vingt ou trente hommes. Elles
étaient garnies de fortes planches, qui pouvaient
résister aux plus grosses pierres qu'on jetait des
fenêtres ou des terrasses; et sur toute leur face
elles étaient percées d'un grand nombre de trous
par lesquels on pouvait tirer sans se découvrir. Cette invention parut propre non-seulement à garantir les soldats, mais encore à leur
faciliter le moyen de mettre le feu aux édifices

de la ville et de rompre les tranchées qui traversaient les rues. Quelques historiens ajoutent qu'il entrait aussi dans les vues de Cortez d'épouvanter les Mexicains par la nouveauté de ce spectacle.

De plusieurs officiers qui étaient sortis pour tenter un accommodement, les uns revinrent fort maltraités, et les autres demeurèrent avec les ennemis. L'empereur, qui souhaitait la réduction de ses sujets, fut si vivement irrité de leur obstination, qu'il conseilla lui-même à Cortez de les traiter sans ménagement. On résolut une nouvelle sortie. Cette journée fut terrible. Les ennemis n'attendirent point le coup qui les menaçait. Ils vinrent au-devant des Espagnols avec une résolution surprenante. On s'aperçut qu'ils étaient conduits avec plus d'ordre et de justesse qu'on ne leur en connaissait. Ils tiraient ensemble; ils défendaient leurs postes sans confusion. A peine les Espagnols furent-ils engagés dans la ville, que tous les ponts furent levés pour leur couper la retraite. Il se trouva des Mexicains jusque dans les canaux pour les percer de leurs flèches ou de leurs zagaies lorsqu'ils approchaient des bords. Les châteaux de bois furent brisés par des pierres d'une énorme grosseur, qui devaient avoir été transportées dans cette vue sur les terrasses. On combattit pendant la plus grande partie du jour. Les Espagnols et leurs alliés se voyaient disputer le terrain de tranchée en tranchée. La ville en souffrit beaucoup. Plusieurs maisons furent brûlées, et les Mexicains, s'approchant de plus près des armes à feu, perdirent encore plus de monde que dans les deux actions précédentes. A l'approche de la nuit, Cortez, maître de plusieurs postes qu'il ne désirait pas de garder, conçut qu'il avait peu d'utilité à tirer de son expédition, et ne se servit de ses avantages que pour retourner heureusement au quartier. Il avait perdu quarante hommes, la plupart, à la vérité, Tlascalans; mais les deux tiers de ses Espagnols étaient blessés, et lui-même avait la main percée d'un coup de flèche.

Sa blessure lui servit de prétexte pour se retirer au fond de son appartement; mais, comme il le dit lui-même, il y portait une plaie plus profonde. Il revenait convaincu qu'il lui était impossible de soutenir cette guerre sans perdre son armée et sa réputation. Il ne pouvait penser sans une vive douleur à quitter la capitale du Mexique, et toutes ses lumières ne lui offraient aucune ressource pour s'y maintenir.

Après avoir passé la nuit dans cette agitation, il reçut dès la pointe du jour un autre sujet de chagrin par la déclaration de Montézuma, qui, désespérant de ramener ses sujets à la soumission, tant qu'ils verraient les Espagnols si près d'eux, lui ordonna d'un ton absolu de se disposer à partir. Quoique cet ordre parût dicté par la crainte plutôt que par l'autorité, Cortez, persuadé que la retraite était nécessaire, prit le parti de lui répondre qu'il était prêt à obéir, mais qu'il le priait de faire quitter les armes aux Mexicains avant qu'un seul Espagnol sortît du quartier. Cependant, pour soutenir sa fierté, il ajouta que, l'obstination des Mexicains le touchant moins que son respect pour l'empereur, c'était ce dernier sentiment qui lui faisait laisser à sa majesté le soin de punir les coupables, et qu'il lui suffisait de son épée pour se faire respecter dans sa marche. Montézuma, qui n'avait pas compté sur une décision aussi prompte, parut respirer après cette réponse, et ne pensa qu'à donner des ordres pour faire exécuter une condition qu'il trouvait juste.

Pendant qu'il se livrait à ce soin, on entendit sonner l'alarme dans toutes les parties du quartier. Cortez y courut, et trouva ses gens occupés à soutenir un nouvel assaut des Mexicains, qui, fermant les yeux au péril, s'étaient avancés si brusquement, que leur avant-garde, emportée par le mouvement de ceux qui la suivaient, se trouva tout d'un coup au pied du mur. Ils y sautèrent en plusieurs endroits sur le rempart. Les Espagnols avaient heureusement dans la grande cour du château un corps de réserve qui fut distribué aux postes les plus faibles. Mais Cortez n'avait jamais eu tant besoin de sa diligence et de sa valeur. Montézuma, informé de l'embarras des Espagnols, envoya dire à leur général que, dans une conjoncture si pressante, et suivant la résolution qu'ils avaient prise ensemble, il jugeait à propos de se montrer à ses sujets pour leur donner ordre de se retirer, et pour inviter les nobles à lui venir exposer paisiblement leurs prétentions. Cortez approuva d'autant plus cette ouverture, qu'elle pouvait donner quelques momens de repos à ses soldats.

L'empereur, quoique fort agité et incertain du succès, se hâta de prendre tous les ornemens de sa dignité, le manteau impérial, le diadème, et toutes les pierreries qu'il ne portait que dans le plus grand appareil de sa puissance. Cette pompe lui parut nécessaire pour se faire reconnaître et pour imposer du respect. Il se rendit, avec les nobles Mexicains qui étaient demeurés à son service, sur le rempart opposé à la principale avenue du château. Les soldats espagnols de ce poste formèrent deux haies à ses côtés. Un de ses officiers, s'avançant jusqu'au parapet, avertit les habitans à haute voix de préparer leur attention et leur respect pour le grand Montézuma, qui venait écouter leurs demandes et les honorer de ses faveurs. A ce nom les mouvemens et les cris s'apaisèrent. Une partie des mutins se mit à genoux; quelques-uns se prosternèrent jusqu'à baiser la terre. L'empereur, après avoir parcouru des yeux toute l'assemblée, les arrêta sur les nobles, et, distinguant ceux qu'il connaissait, il leur commanda de s'approcher. Il les appela par leurs noms; il leur prodigua les titres de parens et d'amis. Leur silence paraissant répondre de leurs dispositions, il les remercia du zèle qu'ils faisaient éclater pour sa liberté ; mais, après avoir ajouté qu'il était fort éloigné de leur en faire un crime, quoiqu'il y trouvât de l'excès, il les assura qu'ils s'étaient trompés s'ils avaient cru que les Espagnols le retinssent malgré lui ; que c'était volontairement qu'il demeurait avec eux pour s'instruire de leurs usages, pour reconnaître le respect qu'ils lui avaient toujours rendu, et pour marquer une juste considération au puissant monarque qui les avait envoyés ; qu'il avait pris néanmoins la résolution de les congédier, et qu'ils consentaient eux-mêmes à s'éloigner incessamment de sa cour ; mais qu'il ne pouvait exiger avec justice que leur obéissance prévînt celle de ses sujets. Là-dessus il donna ordre à tous ceux qui le reconnaissaient pour leur maître de quitter les armes et de retourner paisiblement à la ville, contens, comme ils devaient l'être, de sa parole et du pardon qu'il leur accordait.

Ce discours fut écouté sans interruption, et personne n'eut l'audace d'y répondre ; mais personne aussi ne parut disposé à quitter les armes : un profond silence, qui continua pendant quelques momens, semblait marquer de l'incertitude. Le bruit ne recommença que par degrés ; il venait de ceux qui travaillaient sourdement à rallumer le feu ; et le nombre en était fort grand, puisque, suivant quelques écrivains, on avait déjà fait l'élection d'un nouvel empereur, ou que, suivant les autres, elle était du moins résolue.

Enfin la sédition reprit toute sa force. On entendit crier que Montézuma n'était plus empereur du Mexique ; qu'il était un lâche, un traître, et le vil esclave des ennemis de la nation. En vain s'efforça-t-il de s'attirer de l'attention par divers signes. Les cris furent accompagnés d'une nuée de traits qui paraissaient lancés contre lui. Deux soldats espagnols que Cortez lui avait donnés pour garde le couvrirent de leurs boucliers ; mais tous leurs soins ne purent le garantir de plusieurs coups de flèches, ni d'une pierre qui l'atteignit à la tête, et qui le fit tomber sans aucun sentiment. Cet accident fut ressenti de Cortez comme le plus cruel contre-temps qui pût arriver. Il fit transporter ce malheureux monarque à son appartement ; et, dans son premier trouble, il courut à la défense avec un emportement terrible ; mais il se vit privé de la satisfaction de se venger. Les ennemis n'eurent pas plus tôt vu tomber leur maître, que, reconnaissant l'énormité de leur crime, ils furent saisis d'une affreuse épouvante qui les fit fuir et disparaître en un moment, comme s'ils eussent été poursuivis par la colère du ciel.

L'empereur était revenu à lui, mais avec tant de désespoir et d'impatience, qu'il fallut retenir ses mains pour l'empêcher d'attenter à sa vie. Il ne pouvait soutenir l'idée d'avoir été réduit à cet état par ses sujets. Il rejetait les secours ; il poussait d'effroyables menaces, qui se terminaient par des gémissemens et des

Tous leurs soins ne purent le garantir d'u-
ne pierre qui l'atteignit à la tête et le fit tomber sans aucun sentiment ?

pleurs. Le coup qu'il avait reçu à la tête parut dangereux ; mais ses agitations le rendirent bientôt mortel. Il expira le troisième jour, en chargeant, dit-on, les Espagnols de sa vengeance, mais sans avoir voulu prêter l'oreille à leurs instructions. Tels sont les sentimens que lui prêtent les historiens espagnols ; mais est-il bien sûr que ce faible et malheureux prince se soit mépris à ce point, même dans ses derniers momens, sur ses vengeurs et sur ses ennemis? Était-ce donc les Espagnols, auteurs de toutes ses infortunes et de tous ses affronts; était-ce eux qu'il devait implorer contre de fidèles sujets, qui, plus généreux que lui, signalaient, pour le venger, le courage qu'il n'avait osé montrer pour se défendre? Était-ce les Mexicains ou les Espagnols qui étaient ses véritables assassins? Ceux qui avaient osé l'enchaîner dans son propre palais étaient-ils ses défenseurs? et ceux qui venaient mourir pour lui au pied des murailles de ce même palais étaient-ils ses ennemis? Avouons-le, quelque admiration qu'on ait d'abord pour l'intrépidité imposante de cette poignée d'Espagnols qui bravaient toutes les forces d'un empire, peut-être est-il un hommage plus légitime à rendre à ce peuple, dont toute la conduite, examinée de près, ne peut manquer de paraître vraiment respectable? Après avoir prodigué l'accueil le plus hospitalier à ces étrangers qui parlent en maîtres, ils ne se déclarent contre eux que lorsqu'ils ne peuvent plus douter que leur empereur ne soit retenu dans la plus honteuse captivité. A la valeur qui brave la multitude ils opposent cette valeur, plus difficile peut-être, qui affronte la mort présentée sous une forme nouvelle et terrible; ils s'instruisent au milieu du carnage, et se disciplinent dans la destruction. Par le petit nombre de leurs ennemis ils comprennent que l'obstination à mourir est, avec le temps, un moyen sûr de les vaincre, et qu'en échangeant la vie de mille Mexicains contre celle d'un Espagnol, ils anéantiront la tyrannie dans des fleuves de sang. Ce calcul est, si l'on veut, celui du désespoir; mais ce désespoir est magnanime, et il est probable que, sans la mort de Montézuma, il aurait à la fin délivré le Mexique et achevé la perte des Espagnols. C'est la mort de ce prince qui peut-être empêcha leur ruine; et le repentir, la consternation des Mexicains, qui leur fait tomber les armes des mains au milieu de leur plus terrible emportement, fait encore l'éloge de leur sensibilité, et les justifie d'une mort qui ne peut guère être imputée qu'au mouvement de quelques séditieux, qui, dans un pareil trouble, entraînent aisément une multitude furieuse et effrénée.

Cortez prit d'abord le parti d'assembler les officiers mexicains qui n'avaient jamais quitté leur maître, et d'en choisir six qu'il chargea de porter son corps dans la ville. Quelques sacrificateurs qui avaient été pris dans les actions précédentes servirent de cortége, avec ordre de dire aux chefs des séditieux « que le géné-

» ral étranger leur envoyait le corps de leur
» empereur massacré par leurs mains, et que
» ce crime donnait un nouveau droit à la jus-
» tice de ses armes ; qu'en expirant, Monté-
» zuma l'avait chargé de la vengeance de cet
» attentat; mais que, le prenant pour l'effet
» d'une brutale impétuosité du peuple, dont
» les nobles avaient reconnu sans doute et châ-
» tié l'insolence, il en revenait encore aux pro-
» positions de paix ; qu'ils pouvaient envoyer
» des députés pour entrer en conférence, et
» s'assurer d'obtenir des conditions raisonna-
» bles ; mais que, s'ils tardaient à profiter de
» ses offres, ils seraient traités comme des re-
» belles et des parricides. »

Les seigneurs mexicains partirent avec le corps de Montézuma sur leurs épaules. On re- marqua du haut des murs que les séditieux venaient le reconnaître avec respect ; et qu'a- bandonnant leurs postes, ils se rassemblaient tous pour le suivre. Bientôt la ville retentit de gémissemens qui durèrent toute la nuit; et le lendemain, à la pointe du jour, le corps fut transporté avec beaucoup de pompe à la montagne de Chapultepeca, sépulture des em- pereurs du Mexique, où leurs cendres étaient religieusement conservées.

Les Mexicains n'avaient fait aucun mouve- ment considérable pendant que l'empereur avait langui de ses blessures ; et Cortez com- mençait à se flatter que cette suspension d'ar- mes venait du remords de leur crime ; ou de la crainte du châtiment qu'ils devaient attendre de la colère de Montézuma; mais il apprit par quelques informations de ses émissaires qu'ils avaient employé ces trois jours à se donner un nouveau maître, et qu'ils avaient couronné Quetlavaca, cacique d'Iztacpalapa, et second électeur de l'empire. Les officiers qui étaient sortis avec le corps de Montézuma s'étant dispensés de revenir, cette opiniâtreté fit mal juger des dispositions du nouveau monarque. Cortez ne souhaitait au fond que de faire sa retraite avec honneur. Ses forces ne lui permettaient pas d'entreprendre sérieusement la conquête d'une grande ville, où le nombre des habitans croissait tous les jours par le soin que les caciques avaient eu d'appeler les troupes des provinces; mais, dans la résolution où il était de revenir avec une armée plus nombreuse et de faire valoir le prétexte de venger Montézuma, il voulait laisser aux Mexicains une plus haute idée que jamais de la supériorité de ses lumières et de la valeur des Espagnols. Ce dessein occupait toutes ses réflexions lorsqu'il vit recommencer la guerre avec un ordre dont il n'avait point encore vu d'exemple au Mexique.

Le jour même des funérailles de Montézuma, toutes les rues voisines du quartier furent garnies d'un grand nombre de troupes, dont quelques-unes s'établirent dans les tours d'un temple peu éloigné, d'où l'on pouvait battre avec l'arc et la fronde une partie du logement

des Espagnols. Ils auraient pu fortifier ce poste,
s'ils avaient eu assez de forces pour les diviser.
On montait par cent degrés à la terrasse du
temple, qui soutenait plusieurs tours où les
Mexicains portèrent des munitions d'armes et
de vivres pour plusieurs jours. Cortez sentit la
nécessité de les déloger d'un lieu d'où ils pouvaient l'incommoder beaucoup : tous les délais
étant dangereux, il se hâta de faire sortir la
plus grande partie de ses gens, dont il forma
plusieurs bataillons pour défendre les avenues
et couper le passage aux secours. Escobar fut
nommé pour l'attaque du temple avec sa compagnie et cent autres soldats d'élite. Pendant
qu'on se saisissait des avenues, en écartant les
ennemis à coups d'arquebuses, il marcha vers
le temple, où il se rendit maître du vestibule
et d'une partie des degrés, avec si peu de résistance, qu'il jugea que le dessein des ennemis
était de lui laisser le temps de s'engager. En effet, ils parurent alors aux balustrades qui leur
servaient de parapets, et leur décharge fut
si furieuse, qu'elle força les Espagnols de s'arrêter. Escobar fit tirer sur ceux qui se découvraient ; mais il ne put soutenir une seconde
décharge, qui fut encore plus violente. Ils
avaient préparé de grosses pierres et des pièces
de bois qu'ils poussaient du haut des degrés, et
dont la rapidité, croissant par la pente, fit reculer trois fois les Espagnols. Quelques-unes de
ces pièces étaient à demi enflammées, par une
faible et ridicule imitation des armes à feu. On

était obligé de s’ouvrir pour éviter le choc, et les rangs ne pouvaient se rompre sans perdre nécessairement du terrain.

Cortez, qui courait à cheval dans tous les lieux où l’on combattait, reconnut l’obstacle qui arrêtait la troupe d’Escobar; ne consultant que son courage, il mit pied à terre, se fit attacher une rondache au bras où il était blessé, se jeta sur les degrés l’épée à la main, et son exemple inspira tant de courage à ses gens, qu’ils ne connurent plus le péril. En un instant les difficultés furent vaincues : on gagna heureusement la terrasse, où l’on en vint aux mains à coups d’épées et de massues. La plupart des Mexicains étaient des nobles, et leur résistance prouva quelle différence l’amour de la gloire est capable de mettre entre les hommes. Ils se laissaient couper en pièces plutôt que d’abandonner leurs armes; quelques-uns se précipitèrent par-dessus les balustrades, dans l’opinion qu’une mort de leur choix était la plus glorieuse. Tous les ministres du temple, après avoir appelé par de grands cris le peuple à la défense de leurs dieux, moururent en combattant; et, dans l’espace d’un quart d’heure, Cortez se vit maître de ce poste par le massacre de cinq cents hommes qui le gardaient.

Il fit transporter dans son quartier les vivres qu’il trouva dans les magasins du temple, et les Tlascalans furent chargés de mettre le feu aux tours, qui furent consumées en un instant. Le combat durait encore à l’entrée des rues, surtout dans celle de Tacuba, dont la largeur donnait plus de facilité aux Mexicains pour s'approcher, et par conséquent plus d'embarras aux Espagnols. Cortez, qui s'en aperçut, remonta aussitôt à cheval; et, passant le bras blessé dans les rênes, il s'arma d'une lance pour voler au secours de ses gens, avec quelques cavaliers qui le suivaient. Le choc des chevaux rompit d'abord les ennemis, et chaque coup de lance était mortel dans l'épaisseur de la foule. Cependant Cortez fut emporté si loin par son ardeur, que, se trouvant séparé de ses gens lorsqu'il se reconnut, il vit sa retraite coupée par le gros des ennemis qui fuyaient devant son infanterie. Dans cette extrémité, il se hâta de prendre une autre rue, qu'il jugea plus libre; mais il ne marcha pas long-temps sans rencontrer un parti d'ennemis qui menaient prisonnier André de Duéro, un de ses meilleurs amis, tombé entre leurs mains par la chute de son cheval : ils le conduisaient au premier temple pour le sacrifier aux idoles. Ce dessein, qui avait suspendu leur fureur, lui sauva heureusement la vie. Cortez poussa au milieu de la troupe, écarta ceux qui tenaient son ami, et le mit en état de se servir d'un poignard qu'ils avaient eu l'imprudence de lui laisser. Duéro en tua quelques Mexicains, et trouva le moyen de reprendre sa lance et son cheval; alors les deux amis se joignirent, et percèrent ensemble au travers de la foule, jusqu'au premier corps des Espagnols, qui avaient fait tourner le dos de toutes parts aux ennemis. Cortez compta toujours cette aventure entre les plus heureuses de sa vie. Il fit sonner la retraite : tous ses soldats revinrent accablés de fatigue; mais la joie de sa victoire fut augmentée par celle qu'il eut de n'avoir pas perdu un seul homme, et de ne trouver qu'un petit nombre de blessés.

Le jour suivant, quelques députés des caciques s'avancèrent au pied du mur avec des signes de paix; et Cortez ayant paru lui-même pour les recevoir, ils lui déclarèrent de la part du nouvel empereur que ce prince était résolu de faire cesser les attaques, et de laisser aux Espagnols la liberté de se retirer jusqu'à la mer; mais à condition qu'ils ne prendraient que le temps nécessaire pour le voyage, et qu'ils accepteraient sur-le-champ cette offre, sans quoi il leur jurait une haine implacable, qui ne finirait que par leur destruction. Il faisait ajouter que l'expérience lui avait appris qu'ils n'étaient pas immortels, et que la mort de chaque Espagnol dût-elle lui coûter vingt-cinq mille hommes, il en resterait encore assez pour chanter sa dernière victoire. Cortez répondit qu'il n'avait jamais prétendu à l'immortalité; mais qu'avec le petit nombre de ses gens, dont il connaissait le courage et la supériorité sur tous les autres hommes, il se croyait capable de détruire l'empire du Mexique; que néanmoins, affligé de ce que les Mexicains avaient souffert par leur obstination, il ne songeait qu'à se retirer, depuis que son ambassade avait cessé par la mort du grand Montézuma, dont la bonté le retenait à la cour, et qu'il ne demandait que des conditions raisonnables pour exécuter cette résolution. Les députés parurent satisfaits de sa réponse, et convinrent d'une suspension d'armes en attendant d'autres explications; mais rien n'était plus éloigné de l'intention des Mexicains que d'ouvrir le chemin de la retraite à leurs ennemis. Ils pensaient, au contraire, à se donner le temps de leur couper tous les passages pour les resserrer plus que jamais dans leur quartier, et les affamer par un siége opiniâtre qui les livrerait tôt ou tard à leur discrétion. Ils regrettaient, à la vérité, plusieurs caciques du cortége de Montézuma, qui se trouvaient au pouvoir des Espagnols, et qui étaient menacés de périr avec eux par la faim; mais on décida dans le conseil du nouvel empereur qu'ils seraient trop heureux de mourir pour la patrie. Le seul qu'ils se crurent obligés de délivrer, par respect pour leurs dieux, fut le chef des sacrificateurs, qui était dans la même prison, et qu'ils révéraient comme la seconde personne de l'état. C'était particulièrement dans cette vue qu'ils avaient proposé la suspension d'armes, et leur adresse eut le succès qu'ils s'en étaient promis. Les mêmes députés retournèrent le soir au quartier : ils firent entendre que, pour éviter les contestations et les retardemens, Cortez devait choisir quelque Mexicain d'une considération qui méritât la confiance de l'empereur, et le charger de ses instructions. Cet expédient ayant paru sans difficulté, on n'eut plus de peine à s'accorder sur le choix du grand sacrificateur. Il sortit, après avoir été soigneusement informé des conditions qu'on désirait pour la facilité du chemin, et de tout ce qui regardait les otages, dont Cortez réglait le nombre et la qualité ; mais on fut désabusé le lendemain en reconnaissant que les ennemis avaient investi le quartier dans une enceinte plus éloignée que les précédentes ; qu'ils faisaient des tranchées et des remparts à la tête des chaussées ; qu'ils rompaient tous les ponts, et qu'ils avaient envoyé des travailleurs en grand nombre pour embarrasser le chemin de Tlascala.

Lorsqu'il ne put lui en rester aucun doute, il revint à sa méthode ordinaire, qui était de bannir l'irrésolution dès qu'il avait connu les obstacles, et de fixer aussitôt le choix du remède. Sans expliquer son dessein, il commença par donner des ordres pour la construction d'un pont mobile de grosses solives et de planches assez fortes pour soutenir l'artillerie. Sur le plan qu'il en fit lui-même, quarante hommes devaient suffire pour le remuer et le conduire aisément ; ensuite, assemblant tous ses officiers, il leur exposa le danger de leur situation, et toutes les voies qu'ils avaient à tenter dans cette extrémité. On ne pouvait être partagé sur la nécessité du départ ; mais on agita long-temps s'il fallait prendre le temps de la nuit. Ceux qui préféraient le jour faisaient valoir la difficulté de marcher dans les ténèbres, avec l'artillerie et le bagage, par des routes incertaines, élevées sur l'eau, avec l'embarras de jeter des ponts et de reconnaître les passages. Les autres se formaient des images encore plus terribles d'une retraite en plein jour, tandis que les travaux de l'ennemi devaient faire juger qu'il était résolu d'embarrasser leur sortie. Quel moyen de risquer un combat continuel au passage du lac, où l'on ne pouvait dresser les rangs, ni se servir de la cavalerie, sans compter qu'on aurait les flancs découverts aux canots des Mexicains dans le temps qu'il faudrait encore les percer en tête et les soutenir par-derrière? La plupart des voix se réunirent pour la résolution de partir la nuit; et Cortez, qui n'avait remis ce point à la pluralité des suffrages que pour éviter de prendre sur soi l'événement, parut se rendre à l'opinion du plus grand nombre. Une si grande entreprise ne fut pas renvoyée plus loin qu'à la nuit suivante, dans la crainte de laisser du temps aux ennemis pour augmenter les obstacles. On pressa si vivement la construction du pont, qu'il fut achevé à la fin du jour; mais cette précipitation fit oublier que, les Mexicains ayant déjà rompu la digue en plusieurs endroits, on avait besoin de plus d'un pont; ou plutôt on se reposa trop sur la facilité qu'on se promettait à le transporter d'un canal à l'autre.

Vers la nuit, on envoya deux prisonniers à la ville sous prétexte de hâter la conclusion du traité, et dans l'espérance de tromper les Mexicains par cette feinte, en leur faisant juger qu'on attendait tranquillement leur réponse: mais Cortez ne pensait qu'à profiter d'un temps précieux. Il donna ses ordres avec des soins et des précautions qui semblaient tout embrasser. Deux cents Espagnols, qui devaient composer l'avant-garde avec les plus braves Tlascalans et vingt cavaliers, reçurent pour chefs Gonzalez de Gondoval, Azebedo, Ordaz, André Tapia et Lugo. L'arrière-garde, un peu plus nombreuse, fut confiée aux officiers qui étaient venus avec Narvaëz, sous le commandement de Pierre d'Alvarado et de Jean Vélasquez de Léon. Le corps de bataille, composé du reste des troupes, fut chargé de la conduite de l'artillerie, du bagage et des prisonniers. Cortez réserva près de sa personne cent soldats choisis, sous les capitaines Alphonse d'Avila, Olid et Bernardin Tapia, pour être en état de veiller sur ses trois divisions, et de porter du secours aux endroits les plus pressans. Après avoir expliqué ses intentions, il se fit apporter le trésor qui avait été jusqu'alors sous la garde de Christophe de Gusman. Il en tira le quint de la couronne pour le remettre aux officiers royaux, et quelques chevaux blessés en furent chargés. Le reste montait à plus de sept cent mille écus, qu'il résolut d'abandonner, en déclarant qu'il serait honteux pour des guerriers d'occuper leurs mains à porter de l'or pendant qu'elles devaient être employées à la défense de leur vie et de leur honneur. Cependant, la plupart des soldats paraissant touchés de cette perte, et n'approuvant point un dessein si généreux, il ajouta quelques mots par lesquels il fit concevoir que chacun pouvait prendre ce qu'il se croyait capable de porter dans sa marche. C'était donner trop de confiance à la discrétion du soldat. Aussi la plupart se chargèrent-ils avec une imprudente avidité, qu'ils reconnurent trop tard, et qui leur coûta cher.

Il était près de minuit lorsque les Espagnols sortirent du quartier. Leurs sentinelles et leurs coureurs n'ayant découvert aucune apparence de mouvement du côté de la ville, ils marchèrent quelque temps à la faveur des ténèbres et de la pluie, dans un silence auquel la soumission n'eut pas plus de part que la crainte. Le pont volant fut porté jusqu'au premier canal, et l'avant-garde s'en servit heureusement : mais le poids de l'artillerie et des chevaux ayant engagé cette masse dans la boue et dans les pierres, on jugea qu'il serait difficile de la retirer assez promptement pour la transporter aux autres ouvertures avant la fin de la nuit. Les officiers donnaient leurs ordres, et l'ardeur était extrême à les exécuter. Cortez, qui était passé avec la première troupe, la fit avancer sous le commandement de ses chefs, pour dégager la chaussée par degrés, et demeura sur le bord du passage avec quelques-uns de ses plus braves gens; mais, avant que le corps de bataille eût achevé de passer, on se vit dans la nécessité de prendre les armes.

L'adresse des Mexicains est remarquée avec admiration par les historiens. Ils avaient observé tous les mouvemens de leurs ennemis avec une dissimulation dont on ne les avait pas cru capables. Par quelque voie qu'ils eussent appris la résolution du départ, ils avaient employé la nuit à couvrir le lac, des deux côtés de la digue, d'une multiude de canots armés; et, s'aidant aussi de l'obscurité, ils avaient attendu que l'avant-garde fût engagée sur la chaussée pour commencer leur attaque. Cette entreprise fut conduite avec tant de mesure, que, dans le même temps qu'ils firent entendre l'effroyable bruit de leurs cris et de leurs instrumens militaires, on sentit les atteintes de leurs flèches. D'un autre côté, leurs troupes de terre étant tombées sur l'arrière-garde, le combat devint général, avec le désavantage pour les trois divisions espagnoles de ne pouvoir se rassembler dans leur situation ni se prêter le moindre secours. Aussi furent-elles si maltraitées, que, de l'aveu même de Cortez dans sa relation, si les Mexicains, qui avaient des troupes de reste, avaient eu la précaution d'en jeter une partie au bout de la digue, il ne serait pas échappé un seul de ses gens, et tous ces braves guerriers auraient trouvé leur tombeau dans le lac.

Le jour commençait à paraître lorsque tous les débris de l'armée, rassemblés sur le bord du lac, allèrent se poster près de Tacuba, ville fort peuplée, qui donnait son nom à la principale rue de la capitale. On y pouvait craindre quelque insulte des habitans; mais Cortez crut devoir en courir les risques, autant pour ôter l'air de fuite à sa retraite que pour recueillir ceux qui pouvaient s'être échappés du combat. Cette précaution sauva quelques Espagnols et quantité de Tlascalans qui, s'étant jetés à la nage, étaient arrivés au bord du lac, où ils s'étaient cachés dans les champs voisins. On trouva, dans la revue génerale de l'armée, qu'il manquait deux cents Espagnols, plus de mille Tlascalans, et tous les prisonniers mexicains, dont les uns étaient échappés à leur garde, et les autres avaient péri dans l'obscurité par les armes de leur nation. Aguilar et Marina avaient passé fort heureusement le lac; et toute l'armée, qui sentait l'importance de leur conservation, revit avec des transports de joie deux personnes si nécessaires pour traverser les nations inconnues ou suspectes, et pour se concilier celles dont on espérait l'assistance. La plus vive douleur de Cortez venait de la perte de ses officiers. Pendant que le brave Alvarado réglait l'ordre de la marche, il s'assit sur une pierre, où, se livrant à ses tristes réflexions, il s'attendrit jusqu'à répandre des larmes (1). On remarqua ses

____

(1) Le souvenir de cette nuit fatale s'est conservé dans la

agitations; et ce témoignage de sensibilité le fit chérir de ses troupes, autant que sa prudence et son courage l'en avaient toujours fait respecter.

Il eut un bonheur auquel il s'attendait peu. Les Mexicains lui donnèrent le temps de respirer. Cette inaction de ses ennemis vint d'un accident qu'il ignorait, et qu'il n'apprit que par d'autres événemens. Deux des fils de Montézuma, qui n'avaient pas quitté leur père depuis l'arrivée des Espagnols, se trouvèrent entre les prisonniers qui avaient été massacrés. Ces malheureux princes ayant été reconnus, le peuple de Mexico, qui respectait le sang impérial jusqu'à l'adoration, fut saisi d'une sorte de terreur qui se répandit dans tous les ordres de l'état. Le nouvel empereur, forcé d'entrer dans la douleur publique, pour flatter l'esprit de ses sujets, fit suspendre tous les mouvemens de guerre, et donna ordre que les funérailles des deux princes fussent commencés avec les cris et les gémissemens ordinaires, jusqu'au jour où leurs corps devaient être conduits à la sépulture de leurs ancêtres. Ainsi les vertus des Mexicains tournèrent plus d'une fois contre eux, et combattirent pour leurs ennemis.

L'armée se mit en marche vers Tlascala sous la conduite des troupes de cette nation : elle ne fut pas long-temps sans découvrir quelques compagnies de Mexicains qui la suivaient sans oser

Nouvelle-Espagne, et on ne lui donne d'autre nom que *Noche triste, la triste Nuit.*

trop s'approcher. Elles étaient sorties de Tacuba, d'Escapulzaco et de Tenecuyao par l'ordre de l'empereur, pour arrêter les Espagnols jusqu'à la fin des cérémonies funèbres; et d'abord elles marchèrent à quelque distance, d'où elles ne pouvaient les offenser que par leurs cris; mais, s'étant jointes à quantité d'autres qui venaient successivement de divers côtés, elles s'approchèrent d'un air si menaçant qu'on fut obligé de faire face pour les recevoir. Cortez étendit autant qu'il put ses gens sur un même front, et mit aux premiers rangs toutes les armes à feu. Dans la nécessité de combattre en pleine campagne, il voulait éviter d'être enveloppé. Ses cavaliers firent des irruptions sanglantes, et refroidirent beaucoup les ennemis; et les arquebusiers faisant tomber les plus ardens, il n'était incommodé que de quelques flèches qui lui causèrent peu de mal dans l'éloignement; mais lorsqu'il vit croître le nombre des ennemis, il résolut de s'avancer vers une hauteur sur laquelle il découvrit quelques bâtimens, et qui semblait commander toute la plaine. Ce mouvement fut d'autant plus difficile, que les Mexicains, pressant leur attaque aussitôt qu'ils le virent en marche, l'obligeaient à tous momens de faire tête pour les repousser. Cependant, à la faveur d'un feu continuel, et surtout avec le secours des chevaux, dont la seule vue causait encore de l'épouvante aux ennemis, il arriva heureusement au pied de la hauteur, où il s'arrêta pendant qu'il faisait visiter ce poste, et que ses gens y montaient par toutes les avenues. Divers pelotons d'arquebusiers qu'il plaça sur la pente ôtèrent aux ennemis le courage de tenter un assaut, et donnèrent aux Espagnols le temps de se fortifier. Ce lieu, qu'ils regardaient comme leur salut, était un temple d'idoles que les Mexicains invoquaient pour la fertilité de leurs moissons. L'enceinte de l'édifice était spacieuse, et fermée d'un mur flanqué de tours, qu'avec un peu de travail on pouvait rendre capable d'une bonne défense. La joie fut si vive de se trouver dans une retraite qu'on crut devoir à la protection du ciel, que, cette réflexion subsistant même après le péril, Cortez y fit bâtir dans la suite un ermitage sous le nom de *los Remedios*. Les ennemis, après avoir employé le reste du jour en cris et en menaces, se retirèrent, suivant leur usage, à l'entrée de la nuit.

Il était question de délibérer entre deux partis, dont il semblait qu'on avait le choix : celui de se maintenir dans un poste où l'on croyait pouvoir défier les Mexicains, et celui de se remettre en marche dans le cours même de la nuit; mais la nécessité des vivres qui commençait à se faire sentir ayant fait abandonner le premier, on résolut, malgré la fatigue des soldats et des chevaux, de partir après quelques heures de repos. Ce délassement fut si court, que l'ordre fut donné avant minuit. Cortez fit allumer des feux pour cacher sa résolution aux ennemis. Il donna le commandement de l'a-

vant-garde à Ordaz, avec les plus fidèles Tlascalans pour guides; et l'aventure du lac, dont
il ne pouvait se consoler, lui fit prendre le
parti de demeurer lui-même à l'arrière-garde
pour assurer la tranquillité des autres aux dépens de la sienne. On fit deux lieues dans les
ténèbres; et la pointe du jour ayant fait découvrir un autre temple moins élevé que le premier, mais assez bien situé pour n'y laisser
craindre aucune attaque, on s'y arrêta, dans
le seul dessein d'observer la campagne et de
prendre de nouvelles mesures pour la marche
du jour. Quelques troupes de paysans qui cou-
raient en désordre n'empêchèrent point l'armée
de quitter ce poste pour continuer sa marche
à leurs yeux. Elle essuya leurs cris, leurs in-
sultes, et les pierres qu'ils jetaient des montagnes, mais sans être obligée d'en venir aux armes. Deux lieues plus loin, on reconnut un bourg
dont Cortez résolut de s'ouvrir l'entrée pour
s'y procurer des rafraîchissemens à toutes sortes de risques. On eut peu de peine à mettre les
habitans en fuite; mais on trouva si peu de vivres, qu'après y avoir passé un jour, on continua la marche par un pays rude et stérile,
où les difficultés et le besoin ne firent qu'augmenter. La faim et la soif avaient jeté les soldats
dans le dernier accablement. Ils étaient réduits
à manger les herbes et les racines, sans en connaître la nature, et sur le témoignage des seuls
Tlascalans, qu'on détachait continuellement
pour les cueillir. Un cheval blessé qui mou-

rut alors fut distribué aux malades. Cette fâcheuse marche ayant duré plusieurs jours sans autre adoucissement que la tranquillité où l'on était de la part des Mexicains, on arriva vers le soir à l'entrée d'un petit bourg, dont les habitans, loin de se retirer comme tous ceux qu'on avait rencontrés jusqu'alors, témoignèrent autant de joie que d'empressement à servir les Espagnols; mais ces soins et ces caresses étaient un stratagème pour les arrêter, et pour les faire donner de meilleure foi dans le piége qui les attendait. Ils ne laissèrent pas d'en tirer un avantage considérable pour rétablir leurs forces. On leur apporta des vivres en abondance. Ils en reçurent même des bourgs voisins, qui contribuèrent sans violence au soulagement des étrangers, et qui semblaient vouloir leur faire oublier ce qu'ils avaient souffert dans une route si pénible.

L'armée se remit en marche vers la montagne d'Ottumba, dont la côte opposée donnait sur une vallée du même nom, et qu'il fallait nécessairement traverser pour arriver sur les terres des Tlascalans. On reconnut, en quittant le bourg, que les habitans prenaient des manières fort différentes, et que leurs discours n'étaient plus que des railleries, qui semblaient témoigner une autre espèce de joie. Marina observa qu'ils répétaient entre eux : « Allez, brigands, » vous serez bientôt dans un lieu où vous pé- » rirez tous. » Un langage de cette nature donna de l'inquiétude à Cortez. Il ne douta point que l'armée ne fût menacée d'une embuscade ou de quelque autre trahison. Il avait remarqué plus d'une fois dans les Mexicains cet empressement maladroit à découvrir ce qu'ils avaient le plus d'intérêt de cacher. Ses soupçons ne retardèrent point sa marche ; mais il en prit occasion d'animer ses troupes ; et, s'étant fait précéder de quelques coureurs, il apprit d'eux que du haut de la montagne on découvrait dans la vallée une multitude innombrable d'ennemis. C'était non-seulement la même armée qui s'était retirée la première nuit, mais l'assemblée régulière des principales forces de l'empire, qui, ayant été convoquées à Mexico pour attaquer les Espagnols dans leur quartier, avaient reçu ordre, après leur départ, de s'avancer par divers chemins jusqu'à la vallée d'Ottumba, où leurs ennemis devaient nécessairement passer, et d'y faire un dernier effort pour les accabler par le nombre. Elles avaient marché avec tant de diligence, qu'elles occupaient déjà toute la vallée. Un projet concerté avec cette justesse paraît digne des lumières et de l'expérience des nations les plus éclairées. Ces troupes étaient composées de différens peuples, qui se faisaient distinguer par la diversité de leurs enseignes et de leurs plumes. Au centre, le général de l'empire, élevé sur une magnifique litière, paraissait donner ses ordres et les faire exécuter à sa vue. Il portait l'étendard impérial, qui n'était jamais confié à d'autres mains que les siennes, et qu'on n'employait que dans les plus importantes occasions. C'était un filet d'or massif pendant au bout d'une pique, et couronné de plusieurs plumes, qui tiraient beaucoup d'éclat de la variété de leurs couleurs.

Ce spectacle, que Cortez eut bientôt lui-même, le jeta dans un étonnement dont il ne revint que pour implorer le secours du ciel. Il ne pouvait s'imaginer d'où tant d'hommes armés étaient sortis; et lorsque les Tlascalans lui eurent fait reconnaître aux enseignes ceux qu'il avait déjà rencontrés, en lui expliquant le chemin qu'ils avaient dû prendre pour une marche si prompte, il comprit à quoi il était redevable du repos dont on l'avait laissé jouir dans la sienne. Toutes ses espérances ne consistant plus que dans la valeur de ses troupes, il leur déclara qu'il était question de mourir ou de vaincre. Sa première résolution fut de s'ouvrir un passage au travers des ennemis, dans l'endroit le plus étroit de la vallée, où il semblait que, l'espace leur manquant pour s'étendre devant lui, il n'aurait à forcer que ceux qui occupaient ce terrain, sans craindre l'effort de leurs plus nombreuses légions, qui demeuraient inutiles des deux côtés, ou qui ne pourraient l'incommoder beaucoup dans l'éloignement. Il forma, suivant cette idée, une seule colonne de son infanterie, dont toutes les files furent bordées alternativement d'arquebuses et de piques. La cavalerie, qui était en possession d'épouvanter les Mexicains par le seul

mouvement des chevaux, fut rangée en partie
au front, pour ouvrir leurs premiers rangs, en
partie à dos, pour les empêcher de se rejoindre. On descendit dans cet ordre. La première
décharge des arquebuses et des arbalètes se fit
avec tant d'intelligence et de succès, qu'elle
ôta le temps aux ennemis qu'on avait en face
de lancer leurs flèches et leurs dards. Ils furent
chargés aussitôt à coups de piques et d'épées,
tandis que les cavaliers perçaient en rompant
tout ce qui se trouvait devant eux. On gagna
beaucoup de terrain à cette première charge.
Cependant les Mexicains combattirent avec tant
d'opiniâtreté, qu'à mesure qu'ils étaient forcés
de se retirer par la cavalerie et par les armes
à feu, un autre mouvement les repoussait
sur le terrain qu'ils avaient perdu. La vallée
ressemblait à une mer agitée par le flux et le
reflux de ses vagues. Cortez, qui s'était placé à
la tête des cavaliers, où il faisait un carnage
terrible avec sa lance, commençait à craindre
que cette continuelle agitation n'épuisât les forces de ses gens, lorsqu'en jetant les yeux de
toutes parts, il fut secouru par une de ces in-
spirations subites que le danger même produit
quelquefois, mais qu'il ne produit que dans
les hommes supérieurs.

A la vue de l'étendard impérial qui se faisait
remarquer à quelque distance, il se souvint
d'avoir entendu dire que tout le sort des batailles consistait parmi ces barbares dans l'é-
tendard général, dont la perte ou le gain déci-

dait de la victoire entre deux partis. Ne pouvant douter du trouble et de l'épouvante que le mouvement de ses chevaux causait aux ennemis, il résolut de faire un effort extraordinaire pour enlever cette fatale enseigne. Il appela Sandoval, Alvarado, Olid, et Avila, auxquels il communiqua son dessein; et, suivi de ces quatre braves avec une partie des cavaliers qu'ils avaient sous leurs ordres, il poussa au grand galop vers le général des Mexicains. Les chevaux n'ayant pas manqué de s'ouvrir un passage, il pénétra heureusement jusqu'à l'étendard, qui était environné d'un corps de nobles, et, pendant que ses compagnons écartaient cette garde à coups d'épée, il porta au général un coup de lance qui le fit tomber de sa litière. Les nobles étant déjà dispersés, un simple cavalier descendit de son cheval, ôta au général le peu de vie qui lui restait, et prit l'étendard, qu'il présenta respectueusement à Cortez.

Les barbares n'eurent pas plus tôt vu ce précieux dépôt au pouvoir de l'ennemi, qu'ils abattirent les autres enseignes, et que, jetant leurs armes, ils prirent de tous côtés la fuite vers les bois qui couvraient le revers des montagnes. Dans un instant le champ de bataille demeura libre aux Espagnols. Cortez fit poursuivre les fuyards, parce qu'il était important de les disperser. Il avait reçu à la tête un coup de pierre qui avait percé son casque, et qui lui laissa une douloureuse contusion. La vue de sa blessure animant ses soldats à la vengeance, ils firent main basse sur un si grand nombre de Mexicains, qu'on ne le fait pas monter à moins de vingt mille. Cette victoire passe pour une des plus célèbres que les Européens aient jamais remportées dans l'Amérique ; et ce fut entièrement l'ouvrage du général.

Cortez, ayant rassemblé ses troupes, ne pensa qu'à profiter de la consternation des ennemis pour continuer sa marche. Il se trouva le lendemain sur les terres des Tlascalans, qu'il reconnut à la grande muraille que ces peuples avaient élevée pour la défense de leurs frontières, et dont les ruines subsistent encore. La joie des Espagnols fut proportionnée aux souffrances et aux dangers dont ils se voyaient heureusement délivrés. Les Tlascalans baisaient la terre de leur patrie, qu'ils avaient désespéré de revoir. On passa la nuit près d'une fontaine, qui acquit dans cette occasion une célébrité qu'elle conserve dans l'histoire. Cortez prit ce temps pour représenter à ses soldats de quelle importance il était d'entretenir par toutes sortes d'égards l'amitié d'une république à laquelle ils avaient tant d'obligations ; et quoiqu'il y eût la même confiance, il résolut de s'arrêter en chemin pour s'assurer de la disposition du sénat. On alla loger, avant la fin du jour, à Gualipar, grosse bourgade, dont les habitans vinrent au-devant de l'armée avec des transports de joie et d'affection. Cortez accepta leurs offres, et prit le parti d'établir son quartier dans leurs murs.

Son premier soin fut d'informer les sénateurs de ses exploits et de son retour ; mais la renommée avait prévenu ses envoyés ; et dans le moment qu'ils partaient on vit arriver une députation de la république, composée de Magiscatzin, ami zélé de l'Espagne, de Xicotencatl l'aveugle, du général, son fils, et de quelques autres personnes du même rang. Après les félicitations et les caresses, Cortez apprit des députés que, sur le bruit de son retour, la république avait armé trente mille hommes, et qu'elle les aurait envoyés au-devant de lui, si la rapidité de son triomphe leur eût laissé le temps d'exécuter ce dessein, mais qu'il les trouverait prêts à tout entreprendre sous ses ordres. Ils lui offrirent toutes leurs forces avec de nouvelles protestations de zèle et de fidélité. Leur plus vif empressement était de le revoir dans leur ville ; mais ils convinrent d'autant plus aisément de lui accorder quelques jours de repos, qu'ils voulaient faire les préparatifs d'une magnifique réception, telle que l'usage en était établi pour le triomphe de leurs généraux. Il fit éclater à son tour une vive reconnaissance pour ces témoignages d'affection, qui lui paraissaient autant de nouveaux liens par lesquels toute la république s'attachait à lui, et, commençant à juger mal du secours qu'il s'était promis de l'Espagne, il ne désespéra point que celui d'une si brave nation ne pût lui suffire pour tenter régulièrement la conquête du Mexique.

Son entrée dans Tlascala ne fut différée que de trois jours, et se fit avec une pompe dont la description n'a rien de barbare. Mais au milieu des fêtes, sa dernière blessure, qui avait été mal pansée dans un si continuel exercice, porta au cerveau une violente inflammation, suivie d'une fièvre qui abattit entièrement ses forces, et qui fit tout appréhender pour sa vie. Les Espagnols regardèrent ce contre-temps comme le plus grand malheur, et tombèrent dans une consternation qui aurait pu les exposer au dernier péril chez un peuple moins ami de la bonne foi. On assure que Cortez ne dut sa guérison qu'à leur habileté; et la joie publique, dont les éclats remplacèrent l'excès de la douleur, acheva de le convaincre qu'il pouvait tout attendre de l'affection des Tlascalans.

Depuis les troubles de Mexico, il n'avait reçu aucune nouvelle de sa colonie; et cette négligence de Rodrigue Rangel, que Sandoval y avait laissé pour son lieutenant, commençait à lui causer de l'inquiétude. Les courriers de la république, aussi prompts que ceux des Mexicains, lui rapportèrent en peu de jours que tout était tranquille à Vera-Cruz, et que les alliés voisins vivaient dans une parfaite intelligence avec leurs hôtes; mais que cinquante-huit soldats espagnols, qui étaient partis pour le joindre, n'ayant pas fait connaître ce qu'ils étaient devenus, il y avait beaucoup d'apparence qu'en traversant la province de Tépéaca, ils avaient été massacrés par les habitans. Cette disgrâce l'affligea beaucoup, parce que dans ses projets il avait compté sur ce supplément, et que l'expérience lui avait appris qu'un Espagnol valait plusieurs milliers d'Américains. Il sentit la nécessité de châtier les auteurs de cette perfidie, d'autant plus que, la province de Tépéaca se trouvant dans une situation qui rompait la communication de Vera-Cruz à Mexico, il fallait s'assurer de ce passage avant de former d'autres entreprises. Cependant il suspendit la proposition qu'il voulait faire au sénat d'assister les Espagnols dans cette expédition, parce qu'il apprit que depuis peu de jours les Tépéaques avaient ravagé quelques terres des Tlascalans, et qu'il jugea que la république aurait recours à lui pour venger cette insulte. En effet, les principaux sénateurs l'ayant supplié d'embrasser leurs intérêts, il se vit en état d'accorder une grâce qu'il pensait à demander.

Un autre incident vint troubler ses résolutions. On reçut avis de Gualipar que trois ambassadeurs de la cour impériale, envoyés à la république, n'attendaient que la permission du sénat pour venir exécuter leur commission. Cette démarche parut fort étrange : quoique les sénateurs ne pussent douter qu'elle ne regardât les Espagnols, et qu'ils fussent bien affermis dans la fidélité qu'ils avaient promise à leurs alliés, ils se déterminèrent à recevoir les ambassadeurs, pour tirer avantage de cet acte d'égalité, dont l'orgueil des princes mexicains n'avait point encore fourni d'exemple; mais ils eurent la déférence de faire approuver leur conduite à Cortez. Les Mexicains firent leur entrée avec beaucoup d'éclat : leur parure et le cortège dont ils étaient suivis formèrent un spectacle imposant pour une nation qui ne connaissait que l'agriculture et la guerre ; ils furent admis dans l'assemblée du sénat. Après avoir nommé leur maître avec un grand nombre de titres et de profondes soumissions, ils offrirent de sa part aux Tlascalans une paix sincère, une alliance perpétuelle, un commerce libre et des intérêts communs, à condition que la république prendrait incessamment les armes contre les Espagnols, ou que, pour s'en défaire plus facilement, elle tirerait avantage de l'imprudence qu'ils avaient eue de se livrer entre ses mains. A peine eurent-ils le temps d'achever cette proposition, qu'ils furent interrompus dès les premiers mots par un murmure confus, d'où l'on passa bientôt aux plus vives marques d'indignation et de colère. Cependant, après les avoir renvoyés à leur logement pour y attendre une réponse, le sénat prit un tempérament digne de sa prudence et de sa bonne foi ; il leur fit déclarer par quelques députés qu'il accepterait volontiers la paix, lorsqu'elle serait proposée à des conditions raisonnables et glorieuses pour les deux états ; mais que les Tlascalans respectaient les lois de l'hospitalité, et n'étaient point accoutumés à payer la bonne foi par la perfidie. Diaz ajoute que les ambassadeurs partirent sans réplique, avec autant de précipitation que de frayeur, parce que, le bruit de leur commission ayant soulevé le peuple, ils se crurent menacés de n'être pas à couvert malgré la dignité de leur caractère. Comment ne pas reconnaître encore en cette occasion et les vertus de ces peuples, et le bonheur de Cortez? Qui peut douter que, si les Tlascalans eussent écouté les avis de cette politique si commune chez les autres peuples, de ne pas laisser échapper l'instant d'accabler un ennemi redoutable, les Espagnols n'eussent été hors d'état de résister aux deux nations réunies?

Cependant le jeune Xicotencatl, emporté par le torrent des opinions, n'avait osé déclarer la sienne au sénat; mais, dans les mouvemens de haine qu'il conservait contre les Espagnols, il ne put s'empêcher de répandre sourdement que le sénat avait oublié les véritables intérêts de la patrie en rejetant les offres de l'empereur, et qu'il fallait s'aveugler pour ne pas reconnaître que le dessein des Espagnols était de renverser la religion et la forme du gouvernement. Ces insinuations n'étaient pas sans vraisemblance : aussi commençaient-elles à lui faire des partisans, lorsqu'elles vinrent à la connaissance de Cortez. Il en fit des plaintes au sénat; l'affaire y fut traitée avec toutes les précautions qu'elle méritait par son importance. Il était impossible que la plupart des sénateurs ne reconnussent point le danger dont la république était réellement menacée; et quels que fussent les motifs de Xicotencatl, ils n'ôtaient rien à la force des raisonnemens : cependant l'intérêt de l'honneur et de la bonne foi prévalut dans l'assemblée. Toutes les voix se déclarèrent contre l'attentat d'un jeune mutin qui voulait troubler la tranquillité publique, diffamer les décrets du sénat, et ruiner le crédit de la nation ; quelques avis allèrent à la mort du coupable ; et, ce qui doit causer encore plus d'étonnement, le père même de Xicotencatl, que cette qualité n'avait point empêché d'assister au sénat, fut un de ceux qui soutinrent cette opinion avec le plus de force, sacrifiant toutes les affections du sang à l'honneur de sa patrie ; mais sa constance et sa grandeur d'âme touchèrent si vivement ceux qui avaient pensé comme lui, qu'ils revinrent en sa faveur au sentiment le plus modéré. Son fils fut arrêté par les exécuteurs ordinaires de la justice; il fut amené devant ses juges, sans armes et chargé de chaînes. On lui ôta le bâton de général que l'on jeta du haut en bas des degrés du tribunal. Cette humiliation le força de recourir à Cortez, qui s'empressa aussitôt de demander grâce pour lui, et de le faire rétablir dans sa dignité. Mais la plaie était trop profonde pour se fermer aisément, et ce cœur fier ne déguisa ses projets de vengeance que pour attendre l'occasion de les faire éclater.

La guerre, qui fut entreprise aussitôt contre les Tépéaques donna, pendant quelques semaines une distraction à sa fureur : elle fut poussée si vivement, que, malgré le secours des Mexicains, qui avaient fait marcher une partie de leurs forces, Cortez se rendit maître de la capitale du pays, après avoir défait dans plusieurs combats les ennemis de la république et les siens. Il ne lui restait que cent vingt soldats espagnols et seize cavaliers; mais, laissant à Xicotencatl le commandement des troupes de l'état, il s'était contenté de prendre un corps de huit mille Tlascalans, des mieux faits et des plus résolus, sous des capitaines dont il avait éprouvé la valeur à Mexico. Les Tépéaques, forcés dans le centre de leur puissance, prirent le parti de la soumission, et reconnurent qu'ils s'étaient laissé entraîner à la révolte par les artifices des Mexicains : ils étaient si désabusés des espérances qu'ils avaient conçues de leurs secours, qu'après avoir accepté un pardon général au nom du roi d'Espagne, ils supplièrent Cortez de ne pas abandonner leur ville. Il forma le dessein d'y construire une forteresse, en leur faisant comprendre qu'il ne pensait qu'à les protéger; mais il voulait s'assurer le chemin de Vera-Cruz par un poste que la nature avait fortifié, et qui pouvait devenir, avec un peu de travail, une ressource pour lui contre tous les accidens de la guerre. On ferma l'enceinte intérieure par des remparts de terre, et pour murailles on n'eut que le roc à couper dans quelques endroits où la pente était moins escarpée. Au sommet de la montagne on éleva une espèce de citadelle qui dominait sur la ville et sur la plaine. L'ouvrage fut conduit avec tant d'habileté par les officiers espagnols, et poussé avec tant de chaleur par les Tépéaques mêmes, qu'il fut achevé dans l'espace de quelques jours. Cortez laissa un sergent et vingt soldats pour la garde de cette place, qu'il nomma *Segura de la frontera*, ou Sûreté de la frontière, et qui fut la seconde ville espagnole de l'empire du Mexique.

Il fut bientôt occupé de soins plus importans : on apprit que l'empereur qui avait succédé à Montézuma était mort, et que les Mexicains avaient élevé sur le trône Guatimozin, jeune prince dont le caractère semblait promettre un règne éclatant. Il avait commencé par se livrer entièrement au soin des affaires. Plusieurs règlemens en faveur de la milice lui avaient attaché les officiers et les soldats; il ne s'était pas moins efforcé de gagner l'affection du peuple en le déchargeant d'une partie des impôts; et, prenant avec les nobles une méthode inconnue jusque alors au Mexique, il s'établissait un nouvel empire sur les cœurs par une familiarité majestueuse qui tempérait ces excès d'adoration que ses prédécesseurs avaient exigés. Cortez regarda ces préludes d'une sage administration comme autant d'obstacles qui se formaient contre ses desseins : il s'était promis la conquête du Mexique, et l'inviolable fidélité des Tlascalans le confirmait dans cette résolution, sans compter un grand nombre de nouveaux alliés qui lui offraient de se joindre à ses troupes. Le passage du lac faisait son principal embarras : cette difficulté lui paraissait terrible depuis que les Mexicains, ayant trouvé le secret de rompre les ponts et les chaussées, ne lui avaient pas laissé d'autre ressource que les ponts volans. Il s'arrêta au projet de faire construire douze ou treize brigantins capables de résister à leurs canots, et de conduire son armée jusqu'au centre de leur ville. Quoique des montagnes de Tlascala au bord du lac on ne comptât pas moins de seize lieues, il se flatta de pouvoir faire porter cette petite flotte en pièces sur les épaules des Tamènes. Martin Lopez, dont il connaissait l'habileté pour ces entreprises, ayant trouvé de la vraisemblance à son dessein, il lui donna le commandement de tous les Espagnols qui entendaient la charpente, avec le pouvoir d'employer les Américains à couper du bois. L'ordre fut donné en même temps d'apporter de Vera-Cruz le fer, les mâts et tous les agrès des vaisseaux qu'on avait coulés à fond. Cortez avait observé que les montagnes de Tlascala produisaient quelques espèces d'arbres dont on pouvait tirer de la poix ; il les fit ébrancher, et l'on en tira tout le brai nécessaire pour caréner ses brigantins.

La poudre commençait à lui manquer ; il imagina d'en composer une d'une qualité très-fine, en faisant tirer du soufre de ce volcan qu'Ordaz avait reconnu : il jugea qu'une matière si combustible devait être un aliment certain pour la flamme. Montano et Mesa, commandans de l'artillerie, offrirent de tenter l'aventure avec quelques soldats : ils revinrent avec une provision de soufre qui ne demanda point d'autre préparation, pour servir à l'artillerie comme aux arquebuses à mèche.

Pendant qu'il se livrait à ces soins, il apprit que deux vaisseaux espagnols qui apportaient de Cuba un secours d'hommes et de munitions à Narvaëz, avaient été saisis successivement par l'adresse et le zèle de Pedro Cavallero, qu'il avait chargé du commandement de la côte. Le gouverneur de Cuba ne doutant point que Narvaëz ne fût en possession de toutes les conquêtes de la Nouvelle-Espagne, lui envoyait Pierre de Barba, gouverneur de la Havane, le même à qui Cortez avait eu l'obligation du dernier service qui l'avait dérobé aux persécutions de ses ennemis. Cavallero était allé reconnaître son navire; il avait pénétré le dessein qui l'amenait à l'empressement avec lequel on s'était informé de la situation de Narvaëz; il avait répondu sans hésiter que ce général était en possession de tout le pays, et que Cortez fuyait à travers les bois avec un petit nombre de soldats qui lui étaient restés. Barba et tous ses gens n'avaient pas fait difficulté, sur cette assurance, d'aller droit à Vera-Crux, où ils furent arrêtés au nom de Cortez; mais, loin d'en être affligés, ils s'étaient engagés volontairement à le servir; et Barba obtint bientôt le commandement d'une compagnie d'arbalétriers. Un second vaisseau, conduit par Rodrigue Moreyon de Lobera, tomba de même au pouvoir de la colonie, et ne s'attacha pas moins volontiers au service du général. Bientôt on eut d'autres preuves de l'ascendant que la fortune lui promettait sur ses plus redoutables concurrens. Le gouverneur de Cuba lui avait fourni jusqu'alors du secours par les voies mêmes qu'il voulait employer à sa ruine; et les efforts de Garay pour usurper une partie de son gouvernement ne tournèrent pas moins heureusement en sa faveur. On doit se rappeler qu'après avoir paru sur la côte de Vera-Crux, les vaisseaux de cet aventurier avaient été repoussés par les Américains de Panuco. Ils ne s'étaient pas rebutés de leur disgrâce. Garay était revenu avec de nouvelles forces : mais la seconde expédition n'eut pas plus de succès que la première. A peine ses gens eurent touché au rivage, que la résistance des Américains les força de rentrer dans leurs navires; alors, chacun prenant différentes routes, ils coururent pendant quelques jours au hasard; et, sans s'être communiqué leur dessein, ils vinrent aborder presqu'en même temps à Vera-Crux, où la seule réputation de Cortez les rangea sous ses enseignes. Le premier de leurs vaisseaux, commandé par Camargo, portait soixante Espagnols : le second, qui en avait cinquante avec sept chevaux, était beaucoup mieux armé, sous le commandement de Michel Diaz d'Aux, gentilhomme aragonais, dont la valeur se distingua si singulièrement, que sa

seule personne aurait tenu lieu d'un grand secours. Un troisième vaisseau, qui arriva plus
tard avec quarante soldats, dix chevaux et
quantité d'armes et de munitions, était conduit par le capitaine Ramirez. Cette troupe de
guerriers prit aussitôt le chemin de Tlascala,
où Cortez fut agréablement surpris de leur
arrivée. Enfin le hasard amena aussi sur la
côte un navire des Canaries, chargé d'arquebuses, de poudre, et d'autres munitions de
guerre, avec trois chevaux et quelques passa-
gers qui cherchaient l'occasion de vendre leurs
marchandises aux conquérans espagnols. Non-
seulement le gouverneur de Vera-Cruz acheta
d'eux toute la charge de leur vaisseau, mais il
persuada aux officiers d'aller servir dans l'armée de Cortez avec treize soldats qui venaient
chercher fortune au Nouveau-Monde.

La joie de tant d'heureux événemens n'empêcha point les officiers espagnols de prendre
le deuil à Tlascala pour la mort de Magiscatzin, qui était regardé comme le père de la
patrie; et ce témoignage de sensibilité pour la
douleur publique fit tant d'impression sur les
sénateurs et sur le peuple, qu'ils prièrent Cortez de remplir la place qui vaquait au sénat.
Magiscatzin joignait à cette dignité celle de
gouverneur du principal quartier de la ville.
Deux charges de cette importance demandant
une assiduité qui ne pouvait s'accorder avec
les vues de Cortez, il se contenta de faire
tomber le choix de la république sur le fils

aîné du mort, qui avait hérité de tous les sentimens de son père pour les Espagnols.

Ensuite, ne s'occupant que de ses grands
desseins, dont il conçut que le succès dépendait
de la bonne volonté de ses troupes, il fit publier que ceux qui commençaient à se dégoûter
du métier des armes étaient libres de retourner à Cuba sur une partie des vaisseaux qu'il
avait sur la côte. Plusieurs soldats de Narvaëz
acceptèrent cette offre, et Duéro même suivit
leur exemple : Alvarado conduisit jusqu'à bord
ceux que la crainte du danger ou l'amour du
repos faisait ainsi renoncer à la gloire.

Il ne restait qu'un sujet d'inquiétude à Cortez. Les députés qu'il avait envoyés à la cour
d'Espagne ne l'informaient point du succès de
leur commission ; et ce long retardement devait lui faire douter qu'ils eussent obtenu
toute la faveur qu'il avait espérée. Avant de
s'engager dans de nouvelles entreprises, il résolut de faire partir d'autres agens pour solliciter l'expédition des premiers. Ordaz et Men-
doza furent destinés au voyage de l'Europe,
tandis que d'Avila et Chico reçurent ordre de
se rendre à Espagnola. Les deux premiers furent chargés d'une relation en forme de lettre,
qui contenait le détail des avantages et des dis-
grâces qui étaient arrivés aux troupes espagnoles depuis leur premier départ de Zampoala.
On y joignit un nouveau présent pour l'empereur, composé de l'or et des raretés qu'on
avait pu sauver dans la retraite. Les deux au-

tres étaient envoyés à l'audience royale de San-Domingo pour en obtenir des secours plus prompts qu'on ne pouvait les attendre d'Espagne.

L'année approchait de sa fin, lorsque Cortez prit ouvertement la résolution d'entrer avec toutes ses forces dans les terres de l'empire, et de remettre la décision de son entreprise au sort des armes. Ses brigantins n'étaient point encore achevés; mais les troupes de la république et celles de ses alliés avaient déjà pris poste aux environs de Tlascala, et le moindre délai commençait à lui faire craindre les inconvéniens de l'oisiveté. Il assembla ses officiers pour délibérer avec eux sur ses premières opérations : tous les avis se réduisirent à marcher vers Tezcuco. Cette ville étant située sur le chemin de la capitale, et presqu'au bord du lac, on se proposait de s'en saisir et de s'y fortifier pour en faire une place d'armes, avec le double avantage d'y pouvoir attendre les brigantins et d'y être en état de désoler le pays ennemi par des courses. C'était d'ailleurs une retraite assurée dans toutes les suppositions qui pouvaient rendre l'attaque de Mexico difficile, ou faire traîner le siége en longueur.

Le jour suivant fut employé à faire la revue des Espagnols, dont le nombre se trouva d'environ six cents hommes d'infanterie et quarante cavaliers. L'artillerie de campagne consistait en neuf pièces, les plus légères qu'on eût tirées des vaisseaux. Cortez donna tout l'éclat possible à

à cette fête militaire, autant pour la faire servir d'instruction aux Américains que pour
leur imposer par la pompe du spectacle. A
cet exemple, le général Xicotencatl, qui continuait de commander les troupes de la république, voulut aussi les faire passer en revue.
Celles que Cortez destinait à le suivre ne montaient qu'à dix mille hommes choisis, et le
reste avait ordre de suspendre sa marche pour
servir à la garde et au transport des brigantins. Les timbales, les cors et les autres instrumens de cette armée, qu'Herréra fait monter à
quatre-vingt mille hommes, marchaient à la
tête de chaque bataillon; et les officiers venaient ensuite, parés des plumes de diverses
couleurs, et de joyaux qui leur pendaient aux
oreilles et aux lèvres. Ils portaient sous le bras
gauche leur sabre garni de pierres, la pointe
en haut; et chacun avait un page, dont l'u-
nique office était de porter le rondache de son
maître, où ses exploits étaient exprimés par
diverses figures. Chaque compagnie était dis-
tinguée par la couleur de ses plumes, et par
la forme de ses enseignes, qui n'étaient que la
représentation de quelque animal au sommet
d'une pique.

FIN DU TREIZIÈME VOLUME.

TABLE DES MATIÈRES

CONTENUES DANS CE VOLUME.

TROISIÈME PARTIE. — AMÉRIQUE.

LIVRE PREMIER.

PREMIÈRES DÉCOUVERTES ET PREMIERS ÉTA-
BLISSEMENS DES ESPAGNOLS DANS LE NOU-
VEAU-MONDE.

LIVRE II.

MEXIQUE.

FIN DE LA TABLE.